NEUROVENTAS

NÉSTOR BRAIDOT
Con la colaboración de
PABLO A. BRAIDOT ANNECCHINI

NEUROVENTAS

Conozca cómo funciona el cerebro

para vender con inteligencia y resultados exitosos

GRANICA

BUENOS AIRES - BARCELONA - MÉXICO - SANTIAGO - MONTEVIDEO

© 2013 *by* Ediciones Granica S.A.

ARGENTINA
Ediciones Granica S.A.
Lavalle 1634 3° G / C1048AAN Buenos Aires, Argentina
Tel.: +54 (11) 4374-1456 Fax: +54 (11) 4373-0669
granica.ar@granicaeditor.com
atencionaempresas@granicaeditor.com

MÉXICO
Ediciones Granica México S.A. de C.V.
Valle de Bravo N° 21 El Mirador Naucalpan - Edo. de Méx.
53050 Estado de México - México
Tel.: +52 (55) 5360-1010 Fax: +52 (55) 5360-1100
granica.mx@granicaeditor.com

URUGUAY
Ediciones Granica S.A.
Scoseria 2639 Bis
11300 Montevideo, Uruguay
Tel.: +59 (82) 712 4857 / +59 (82) 712 4858
granica.uy@granicaeditor.com

CHILE
granica.cl@granicaeditor.com
Tel.: +56 2 8107455

ESPAÑA
granica.es@granicaeditor.com
Tel.: +34 (93) 635 4120

www.granicaeditor.com

ISBN 978-950-641-765-9

Hecho el depósito que marca la ley 11.723

Impreso en Argentina. *Printed in Argentina*

Braidot, Néstor Pedro
   Neuroventas : Conozca cómo funciona el cerebro para
vender con inteligencia y resultados exitosos . - 1a ed. -
Buenos Aires : Granica, 2013.
   280 p. : il. ; 23x17 cm.

   ISBN 978-950-641-765-9

   1. Marketing. 2. Ventas.
     CDD 658.8

Contenido

Prólogo del autor

¿Un libro sobre ventas? ¿Un manual de instrucciones para convertirse en un vendedor exitoso? ¿Un conjunto de recetas para diseñar estrategias eficaces? ¿Una simple reedición de *Venta inteligente*?

Una respuesta afirmativa a estas preguntas estaría muy lejos de las verdaderas razones que me han llevado a escribir esta obra, porque a la luz de los descubrimientos de las neurociencias, de sus aplicaciones y de la experiencia que hemos ido sumando durante años de trabajo en empresas de todo tipo y tamaño, nuestro **Método de Venta Neurorrelacional**® ha sido notablemente enriquecido.

El mundo ha cambiado. Y bastante. Sé que me coloco en un lugar común al decir esto que parece un cliché; sin embargo, mucha gente parece no asumirlo: todavía hay vendedores que utilizan técnicas tradicionales porque "les dan resultado" y, lo que es peor, realizan cursos de capacitación que, aun cuando parezcan nuevos, no dejan de ser más de lo mismo.

Sin duda, todos podemos llevar nuestros registros en fichas o trabajar utilizando la "IBM a bochita", una máquina que, reconozco, ha sido muy efectiva y sigue siendo "querida" por las secretarias de antaño. Sin embargo, la diferencia en productividad entre quienes eligen esta opción y los que utilizan una notebook es gigantesca.

¿Le parece exagerado el ejemplo? Sí, pero no deja de ser un dato de la realidad. Si bien es casi imposible encontrar un vendedor que no utilice un ordenador para elaborar sus informes, lo cierto es que hay unos cuantos que se resisten a incorporar herramientas de avanzada, porque consideran que su fórmula les da buenos resultados.

Afortunadamente, las neurociencias modernas nos ayudan a comprender por qué piensan de este modo: las actividades que realizamos en forma automática, o bien, como "siempre las hicimos", permiten al cerebro un gran ahorro de energía, creando una zona de comodidad de la que puede resultar difícil salir (mientras escribo esto, no puedo evitar que emerja en mi mente la contrafigura de quienes insisten con metodologías ya probadas: Steve Jobs[1], cuya muerte tan temprana realmente me ha conmocionado).

Cuando la pasión por cambiar, por innovar, no existe (al cerebro le cuesta salir de su zona de comodidad), la mediación de la voluntad consciente es imprescindible, ya que la mayoría de los seres humanos no nacen con el motor y, sobre todo, con las capacidades de este empresario excepcional: deben esforzarse por desarrollarlas.

No dudo de que habrá pocos Steve Jobs en el mundo y tampoco de que estoy presentando como ejemplo a un ser extraordinario, único, apasionado por sus productos[2]. Sin embargo, es una verdadera luz para ayudarnos a ver la importancia de cambiar no solo los métodos que conocemos, sino también, y fundamentalmente, nuestros mapas mentales.

Hoy por hoy, y en las antípodas de lo que seguramente debe ocurrir en empresas como Apple, existen más vendedores tradicionales de lo que creemos. Con sus técnicas antiguas y gastadas quizá puedan sobrevivir en alguna empresa familiar pequeña, donde los lazos emocionales con el personal que tiene cierta antigüedad son importantes, pero tienen muy pocas posibilidades de éxito *afuera*.

En un contexto que exige modernidad, flexibilidad, plasticidad y dinamismo, solo pueden vender con inteligencia y resultados los profesionales que aprendan *cotidianamente*, capitalizando el avance del conocimiento y la tecnología.

Por ello, y a medida que vamos formando profesionales con nuestro Método de Venta Neurorrelacional® (más de 50.000, según el cálculo de nuestro departamento comercial), nosotros también investigamos, aprendemos e incorporamos todo aquello que nos permita continuar en el camino de nuestro propio crecimiento.

Por ejemplo, hasta hace poco decíamos que la neuroventa es interdisciplinaria porque incluye conocimientos procedentes del neuromarketing, la programación neurolingüística, las ciencias de la comunicación y las neurociencias. Hoy afirmamos lo mismo, solo que agregamos los desarrollos de la psicología positiva y la neuropsicología.

---

1 Cofundador y CEO de Apple cuyo temprano fallecimiento (en octubre de 2011) conmocionó prácticamente al mundo entero.

2 Jobs no era partidario de los estudios de mercado porque, en su opinión, la gente se iba a inclinar por lo que ya conocía. Esta filosofía (centrada en el producto) contradice la visión del neuromarketing centrada en el cliente. Sin embargo, dado que era un gran consumidor y un avanzado en materia de tecnología, sus diseños respondían a lo que él consideraba que también eran necesidades de muchas personas, como trasladar gran cantidad de música en aparatos pequeños y bien diseñados (caso del ipod).

Todas estas disciplinas tienen un factor común, que es nada más ni nada menos que la aplicación de los conocimientos sobre el funcionamiento del cerebro a diferentes facetas de la actividad humana.

Sin duda, un enfoque apropiado sobre la gestión del vendedor debe incluir una formación de estas características porque hemos entrado de lleno en la *revolución de las neurociencias*, esto es, en una era donde sus avances y aplicaciones son prácticamente insoslayables.

En lo personal, con esta obra espero cumplir mi objetivo de incentivarlo para incorporar una metodología que, si bien utiliza un lenguaje sencillo, fácil de comprender, se sustenta en conocimientos de avanzada.

Luego, en nuestro sitio de internet: –www.braidot.com/neuroventas. com– podrá seguir aprendiendo mediante la lectura de documentos, *papers* y material informativo, así como también con las experiencias que intercambiamos con vendedores del mundo entero.

Lo esperamos.

Néstor Braidot

Cómo leer esta obra

Neuroventas está estructurado en cuatro partes en las que se desarrollan contenidos teórico-prácticos.

Con excepción de la Parte IV, el lector puede abordar esta obra en el orden que desee. Por ejemplo, puede comenzar por la Parte II, donde se desarrolla el Método de Venta Neurorrelacional, retroceder a la Parte I (sobre el funcionamiento del cerebro) y avanzar a la Parte III (neurocomunicaciones), o viceversa, esto es: luego de leer el Método, continuar con neurocomunicación y dejar para el final la Parte I.

Con el fin de facilitar esta decisión, sintetizamos los principales contenidos:

PARTE I: Marco teórico-práctico

Capítulo 1: aborda en forma sencilla y amena el tema del **cerebro y su funcionamiento**, que es de gran importancia para comprender la aplicación práctica de cada etapa del Método de Venta Neurorrelacional.

Capítulo 2: focaliza en el funcionamiento del **cerebro emocional** y metaconsciente, ya que allí se desencadena más del 90% de las decisiones de compra.

Capítulo 3: analiza los factores neurobiológicos que inciden o tienen posibilidades de incidir en la conducta de compra y la toma de decisiones según el género a partir de los últimos avances en el conocimiento del **cerebro masculino y el cerebro femenino**.

PARTE II: Método de Venta Neurorrelacional

Capítulos 1 a 7: se aborda el **Método de Venta Neurorrelacional**: marco conceptual y desarrollo en las siete etapas que lo componen, que deben ser leídas en el orden en que están descriptas. Cada una de ellas explicita las técnicas paso a paso e incluye una síntesis a modo de revisión final.

PARTE III: Entrenamiento comunicacional del vendedor

Capítulos 1 a 4: focaliza en los últimos avances de la neurocomunicación aplicables a la comunicación interpersonal, intrapersonal y mediada. Se estudia el sistema de percepción humana, los principales componentes del lenguaje no verbal (gestos, posturas, miradas, etc.) y sus aplicaciones en neuroventas.

PARTE IV: Desarrollo cerebral del vendedor

Explica en forma breve y de fácil comprensión cómo se trabaja en la práctica para el desarrollo neurocognitivo y emocional del vendedor. Asimismo, incluye un conjunto de ejercicios para que pueda comenzar con su entrenamiento cuando lo desee y evalúe los avances que va obteniendo.

PARTE I

EL CEREBRO

CÓMO COMPRAN ELLOS, CÓMO COMPRAN ELLAS

El principal factor de diferenciación de la neuroventa respecto de los métodos tradicionales es la aplicación de los conocimientos sobre el funcionamiento del cerebro en todos los procesos de interrelación vendedor-cliente.

Ello exige un equipo capacitado no solo para captar la atención de los compradores a través de un anclaje relacionado con el producto o servicio que se comercializa, sino también, y fundamentalmente, para comprender cómo intervienen los mecanismos cognitivos y emocionales en la toma de decisiones de compra en el cerebro masculino y en el femenino.

Néstor Braidot

Capítulo 1

Neurociencias aplicadas: el cerebro del comprador… y el del vendedor

CONTENIDOS

1. El arte de vender a partir de la "década del cerebro"

La explosión de conocimientos, metodologías y herramientas aplicables a varias disciplinas relacionadas con el ámbito organizacional –como el neuromanagement, el neuroliderazgo, el neuromarketing, la neuroeconomía y las neuroventas– se produjo a partir de los años noventa, período que se conoce como "década del cerebro"[1]. A partir de entonces, los avances comenzaron a ser sorprendentes debido, en gran parte, a la fuerte contribución de gobiernos y empresas a las investigaciones neurocientíficas y sus aplicaciones.

A nivel tecnológico, los procedimientos que permiten observar la actividad cerebral que se desencadena ante determinados estímulos, como las sensaciones de placer, displacer o indiferencia que provoca la degustación de un producto, evolucionan también a un ritmo sorprendente.

NUESTRO CEREBRO DECIDE ANTES QUE NOSOTROS

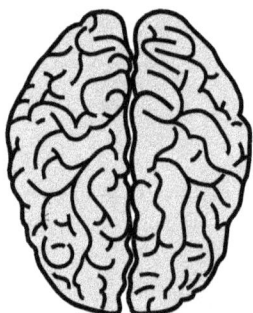

La neurociencia ha comprobado que existen procesos mentales ultrarrápidos que preceden a la toma de conciencia de la realidad y nos llevan a decidir sin que sepamos que ya lo hemos hecho.

Por ejemplo, por medio de la resonancia magnética funcional por imágenes (fMRI), es posible saber qué ocurre en el cerebro de una persona cuando observa la postura de otra, cuando escucha los argumentos de un vendedor o cuando ve un comercial por televisión. Las aplicaciones son tantas como aspectos haya en la vida para observar, investigar y analizar.

Uno de los casos más sorprendentes tiene que ver con la investigación policial, ya que en algunos países (entre los más avanzados se encuentra la India) se está experimentando con electroencefalogramas y escáneres debido a que la actividad eléctrica del cerebro y las activaciones de determinadas zonas actúan como pistas para llegar a la verdad (se le muestran varias imágenes al acusado, entre las cuales se intercalan escenas donde se ha producido el homicidio, mientras se observan sus reacciones)[2].

---

1 Los años noventa (1990-1999) fueron declarados como "década del cerebro" por el Congreso de los Estados Unidos. Esta iniciativa, que involucró importantes inversiones destinadas a la investigación en el ámbito de las neurociencias, fue imitada por la Comunidad Europea y algunos países asiáticos, entre ellos, Japón, China y la India.
2 *The New York Times* (14/09/2008), "India's Novel Use of Brain Scans in Courts is Debated".

Al enterarnos de este tipo de avances suele volar nuestra imaginación: "...entonces, va a llegar el día en que podamos leer los pensamientos de otra persona", suelen decirme (no sin sorpresa) algunos de los participantes de mis seminarios. Quizá sí, pero no creo que sea colocándonos unos anteojos "especiales" (como suele elucubrarse cuando se le da rienda suelta a la fantasía).

Lo real, hoy por hoy, es que una organización que se proponga predecir qué decisión puede tomar un cliente cuando es expuesto a determinados argumentos de venta (hablo aquí de una muestra representativa) puede hacerlo con la ayuda de especialistas que sepan leer el lenguaje del cerebro.

Veamos otro ejemplo, en ese caso procedente de Alemania. Allí se realizó una investigación durante la cual las personas que participaron debían decidir si pulsar el botón que se encontraba a la izquierda de una pantalla o el que se ubicaba a la derecha, mientras su cerebro era escaneado.

- En más del 90% de los casos, las decisiones que toma un cliente tienen origen metaconsciente.

- Los aspectos emocionales desempeñan un papel determinante durante el proceso de ventas.

- El cerebro del cliente tomará una decisión entre 7 y 10 segundos antes de que él sea consciente de que lo ha hecho.

Observando la actividad cerebral en dos zonas, las cortezas prefrontal y parietal, se detectó que era posible predecir qué botón iban a pulsar ¡siete segundos antes de que lo hicieran![3] Dado que este no ha sido el único experimento[4], es posible afirmar que la mayor parte de nuestras decisiones (entre el 90 y el 95%) se originan en forma metaconsciente.

Por fortuna, la neuroventa cuenta con un conjunto riquísimo de metodologías que permiten llegar a las profundidades. Una de las más importantes consiste en trabajar para que la información contenida en los distintos sistemas de memoria del cliente (vendedor-experiencias-beneficios del producto) se relacione en forma positiva y que su cerebro genere una decisión favorable hacia la compra de manera ultrarrápida.

---

3 Dylan Haynes J. *et al.*, "Unconscious determinants of free decisions in the human brain", *Nature Neuroscience* 11, 543-545 (2008) y http://www.mpg.de/567905/pressRelease20080414, "Unconscious decisions in the brain", sitio del Instituto Max Planck, Alemania.

4 Véase Braidot, N., *Sácale partido a tu cerebro*, Ediciones Gestión 2000, Barcelona, 2011, Capítulo 6.

¿Cómo funciona esto? Veamos un ejemplo muy simple de la vida cotidiana: le propongo que cierre el libro y piense en una palabra: España. Luego, anote en un papel todo lo que emergió en su mente durante esta evocación.

Sin duda, su cerebro ha generado relaciones con determinados conceptos y/o personas que pueden ser positivas, por ejemplo, "flamenco", "Asturias", "Mediterráneo", "Gaudí", "Almodóvar"; neutrales (la palabra no le dice mucho, España no le interesa), o negativas: "indignados", "crisis", "paro", "Atocha". ¿En qué categoría ubica lo que connota para usted la palabra "España"? Haga su propia evaluación.

En mi caso, España activa en mi cerebro un sinnúmero de asociaciones positivas. Al escribirlo (en este momento) evoco el hermoso rostro de mi hija (que vive en Madrid), las aulas de mi querida Universidad de Salamanca, la última noche de tapas con mi amigo Pablo Muñoz, el festejo por la edición de mi último libro, el viaje por Europa con mi mujer que continuó después… Podría escribir varias páginas si sigo pensando en España.

Ello se debe a que hay un tipo de memoria, denominada **priming**, que determina la mayor sensibilidad que tenemos ante determinados estímulos e influye en la toma de decisiones sin que seamos conscientes de lo que está ocurriendo. Esta memoria se va formando mediante una amplia red de asociaciones neuronales donde se van inscribiendo conocimientos y, fundamentalmente, las experiencias asociadas a estos.

Con los productos y servicios ocurre exactamente lo mismo: veamos un caso sencillo, extraído de mi libro *Neuromarketing en acción*[5]:

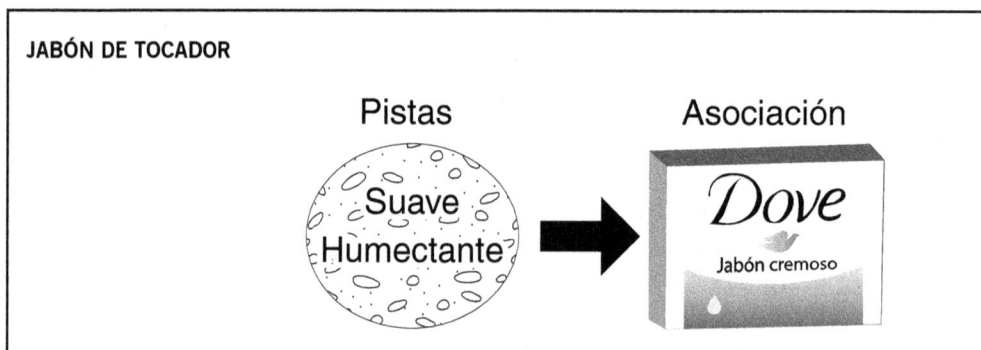

JABÓN DE TOCADOR

Pistas   Asociación

Suave Humectante → *Dove* Jabón cremoso

Dado que el efecto priming consiste en la activación de un recuerdo mediante una pista, la neuroventa apunta a que, ante una determinada necesidad, surja *automáticamente* el nombre de la marca que vendemos y el rostro

---

5 Véase Braidot, N., *Neuromarketing en acción*, Ediciones Granica, Buenos Aires, 2011, Capítulo 5.

o el nombre del vendedor. ¿Es esto manipulación del cerebro del cliente? Formulo la pregunta porque suelen hacérmela muy seguido y quizá usted también tenga esta duda al leer este apartado. La respuesta es claramente "no", debido a los siguientes motivos:

El efecto priming depende de lo que haya hecho la organización para crear una relación amigable con el cliente o, a la inversa, para que no vuelva a comprarle nunca más.

Esto incluye los beneficios del producto o servicio, el cumplimiento de lo que se promete en la estrategia de comunicaciones y *todo* lo que sucede en cada punto de contacto: atención telefónica, actitud del vendedor, entrega y, fundamentalmente, servicios de posventa.

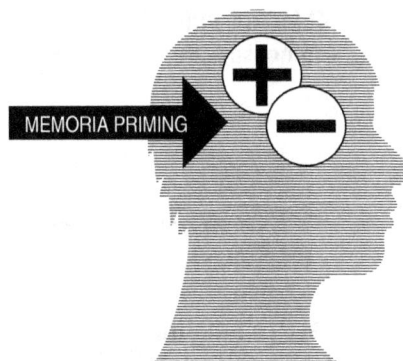

MEMORIA PRIMING

Como el efecto priming activa determinadas memorias a través de pistas en forma *no consciente*, una excelente gestión del vendedor puede ser insuficiente para neutralizar el recuerdo de algún aspecto negativo, como el incumplimiento en los plazos de entrega o algún otro tipo de descuido.

Por lo tanto, y para que el priming sea positivo, es necesario un trabajo en conjunto que permita lograr:

- Un lazo **positivo** con la marca y el producto (dominio de la estrategia de comunicaciones del producto o servicio: publicidad en televisión, radio, promociones, etc.).
- Un lazo **positivo** con la empresa (dominio de la estrategia de comunicación institucional).
- Un lazo **positivo** entre el cliente y el vendedor (**dominio de la neuroventa**).

Los términos en negritas no son casuales, ya que **en todos los puntos de contacto el vendedor neurorrelacional "se compromete" con la generación de un lazo positivo con la marca, el producto y la empresa**. En ello, que aquí hemos simplificado, intervienen fundamentalmente todas las experiencias de posventa.

Tal como veremos a lo largo de esta obra, una venta jamás finaliza cuando se entrega un producto y se cobra una factura. **La venta neurorrelacional involucra una interrelación permanente**; por lo tanto, para lograr un priming positivo hay que trabajar de manera minuciosa sobre todos los puntos de contacto con el cliente, incluidos aquellos en los cuales no estamos presentes físicamente, como ocurre cuando utiliza y disfruta (o no) el producto o servicio que le hemos vendido.

➤ En síntesis:

MEMORIA PRIMING (no consciente) → En el proceso de toma de decisiones del cliente existen motivaciones metaconscientes que derivan de:

- Conocimientos y experiencias previas con el producto/servicio.
- Experiencias con el vendedor.
- Información resultante de la estrategia de comunicaciones de la organización.

EFECTO PRIMING (no consciente) → Al activar memorias relacionadas con conocimientos y experiencias similares, el cerebro del cliente:

- *Decide entre 7 y 10 segundos antes de que tome conciencia de ello.*
- *Privilegia alternativas relacionadas con resultados positivos anteriores.*
- *Rechaza alternativas relacionadas con resultados negativos anteriores.*

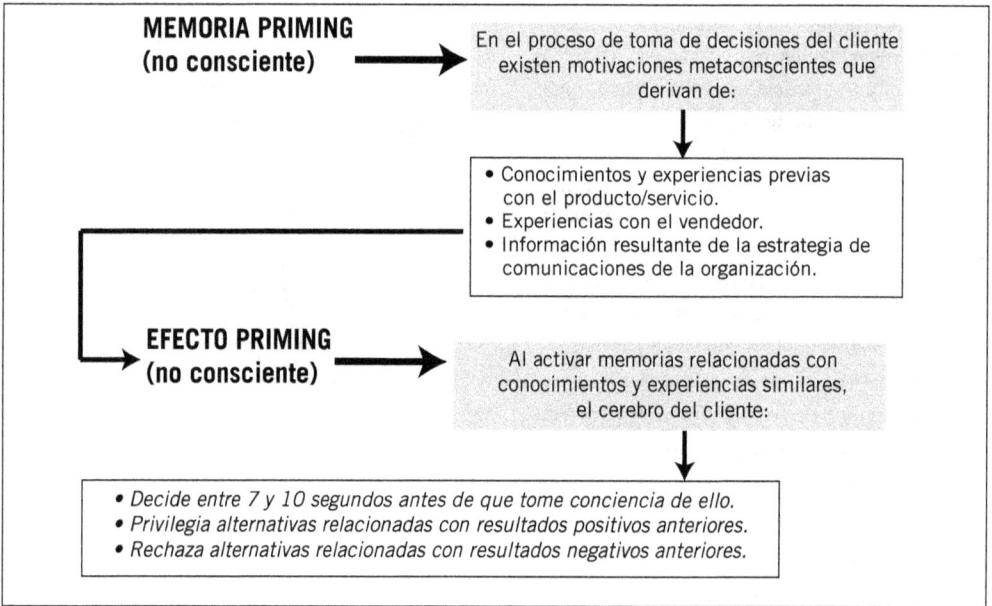

En la práctica: si su empresa cuenta con un buen posicionamiento de marca y el cliente ha tenido una experiencia satisfactoria con usted como vendedor, las pistas mnésicas del efecto priming determinarán una decisión favorable a la compra en forma prácticamente no consciente *antes* de la entrevista.

Piense en esto: cuando usted ya ha elegido una marca, repite la compra una y otra vez, no se detiene en la góndola de un supermercado a leer las descripciones que contiene el envase, directamente lo pone en su carrito.

Lo mismo sucede en otros ámbitos de negocios: cuando los estímulos y las experiencias sensoriales se repiten en cada contacto, las asociaciones positivas del cliente se irán reforzando hasta llegar a un punto en que, cuando necesite el producto que usted vende, el primer número de teléfono que marque será el suyo.

Como veremos más adelante, los estudios vinculados con el circuito de recompensa (placer, bienestar) también han arrojado mucha luz para determinar dónde enfocar los argumentos durante las entrevistas, así como también qué aspectos es conveniente abordar para generar densidad de atención[6] y evitar que el cliente se disperse hablando sobre los competidores o cualquier otro tema.

En síntesis: aunque parezca complejo, implementar lo que se va conociendo sobre el funcionamiento cerebral en realidad no lo es. A medida que avance en la lectura de esta obra, verá qué sencillo y, a su vez, apasionante es aplicar las metodologías que han sido y son desarrolladas para que la gestión del vendedor sea cada vez más eficaz.

2. Neuroventa en la práctica: conociendo nuestro cerebro

¿Cómo se generan los pensamientos y las percepciones? ¿Por qué razón un hombre y una mujer reaccionan de manera tan distinta ante los beneficios que ofrece un producto o servicio? ¿Qué herramientas podemos utilizar para entender qué buscan realmente los clientes?

Y en el plano personal: ¿por qué a veces nos sentimos tan cansados mentalmente? ¿Qué podemos hacer para revertir un estado de angustia o mal humor antes de una entrevista de ventas? ¿De qué forma podemos mejorar nuestra memoria? ¿Cómo comunicarnos mejor con los demás?

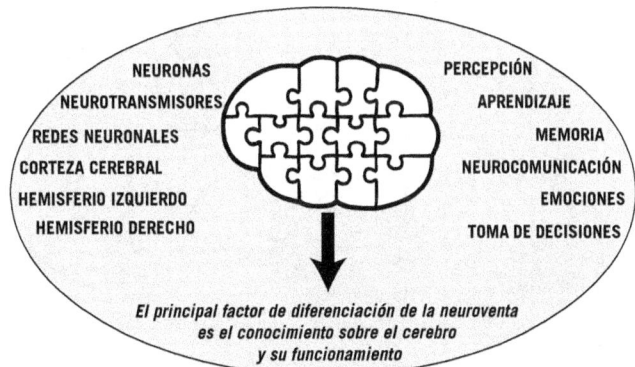

NEURONAS
NEUROTRANSMISORES
REDES NEURONALES
CORTEZA CEREBRAL
HEMISFERIO IZQUIERDO
HEMISFERIO DERECHO

PERCEPCIÓN
APRENDIZAJE
MEMORIA
NEUROCOMUNICACIÓN
EMOCIONES
TOMA DE DECISIONES

El principal factor de diferenciación de la neuroventa es el conocimiento sobre el cerebro y su funcionamiento

Entender cómo funciona el cerebro puede ayudarnos a responder varias de estas preguntas y, fundamentalmente, a lograr una mejor comprensión de lo que nos ocurre a nosotros mismos. Para ello, tendremos que familiarizarnos con algunas palabras que ya hemos leído o escuchado y otras que no, y lo haremos de un modo sencillo y ameno.

---

6 Véase Capítulo 2, apartado 2.2.

Lo relevante (para comenzar) es conocer las principales estructuras relacionadas con las capacidades cognitivas y emocionales que intervienen en los procesos de venta y acceder, asimismo, a la posibilidad de desplegar el potencial cerebral que nos permita obtener el máximo rendimiento, tanto en nuestro trabajo como en las actividades que desempeñamos de manera cotidiana.

➤ En síntesis:

Para aplicar el Método de Venta Neurorrelacional®, que constituye el eje y la razón de ser de la neuroventa, el vendedor necesita incorporar un conjunto de conocimientos sobre el cerebro y su funcionamiento con un triple objetivo:

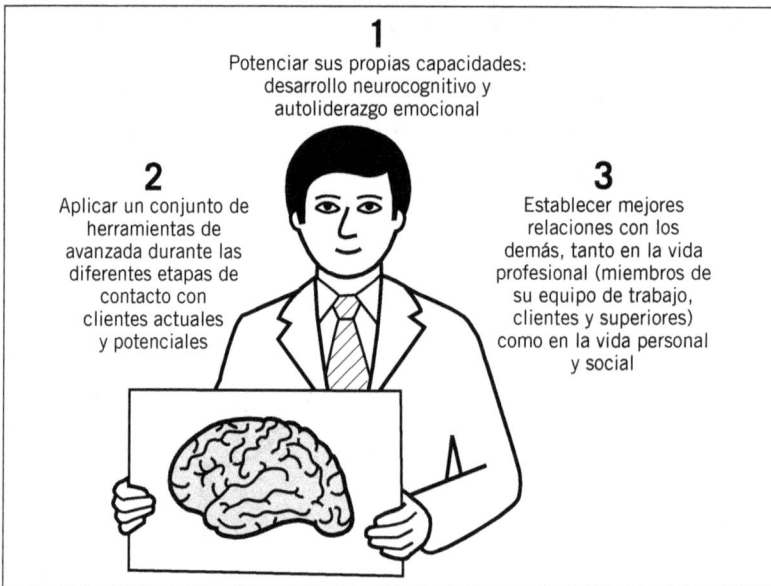

1
Potenciar sus propias capacidades: desarrollo neurocognitivo y autoliderazgo emocional

2
Aplicar un conjunto de herramientas de avanzada durante las diferentes etapas de contacto con clientes actuales y potenciales

3
Establecer mejores relaciones con los demás, tanto en la vida profesional (miembros de su equipo de trabajo, clientes y superiores) como en la vida personal y social

Ello le permitirá no solo alcanzar y superar sus propias metas, sino también incorporar un maletín de herramientas que lo diferenciarán de la improvisación que caracteriza a muchos profesionales, los cuales, ante las enormes dificultades existentes para vender en los mercados actuales, incurren en el camino del ensayo y el error, probando diferentes métodos en forma errática.

A partir del próximo apartado comenzaremos a abordar lo que hemos definido como el principal factor de diferenciación del vendedor neurorrelacional: el conocimiento del cerebro y su funcionamiento.

2.1. ¿Qué es el cerebro?

El cerebro es el órgano que alberga las células y las estructuras imprescindibles para que podamos percibir, aprender, memorizar, razonar, planificar, sentir, movernos e interactuar con el mundo que nos rodea. Controla todas las actividades del cuerpo, desde el hambre, la respiración o el deseo sexual hasta las funciones cognitivas más elevadas.

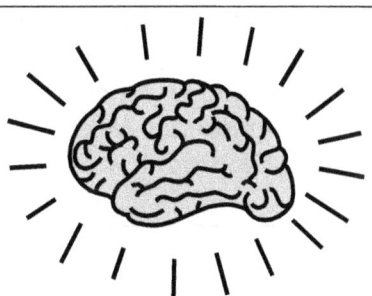

La principal función del cerebro es mantenernos vivos.

A través de los sentidos, percibe la información que llega desde el medio ambiente en el que vivimos y genera respuestas químicas y físicas que se convierten en pensamientos, aprendizajes, recuerdos, movimientos y acciones.

Si quisiéramos hallar dos cerebros iguales sería completamente imposible, aun cuando trabajáramos en una multinacional, como Procter & Gamble o Unilever, y reuniéramos a todos los clientes que tienen en el mundo.

Ello se debe a que **la característica distintiva del cerebro es la neuroplasticidad**: el entramado que genera la conexión entre neuronas se modifica segundo a segundo, a medida que el ser humano recibe y procesa la información que procede del medio ambiente en el que vive.

Por esa razón el cerebro de un hombre que ha nacido y vivido toda su vida en la India será diferente al de otro que lo ha hecho en España. Del mismo modo, el cerebro de un arquitecto será distinto al de un cineasta o al de un escritor, aun cuando se trate de tres hermanos que vinieron al mundo con una determinada herencia genética y crecieron en un medio ambiente idéntico o similar.

- Cada cerebro es *único* y cambia segundo a segundo.
- Cada ser humano construye la realidad a partir de lo que percibe y de la interpretación que realiza sobre ello.
- Debido al fenómeno de neuroplasticidad, todos podemos desarrollar nuestras capacidades cognitivas y emocionales en forma autodirigida.

Entender, en forma sencilla, cómo funcionan sus principales mecanismos cerebrales le aportará al vendedor una perspectiva de avanzada para crear relaciones con sus clientes y, a su vez, le permitirá conocerse mejor a sí mismo y trabajar en pos de su propio desarrollo cerebral.

2.2. ¿Qué zonas abarca y cuáles son sus funciones?

Anatómicamente, el cerebro forma parte del **sistema nervioso central**[7], que está integrado por el tejido que tenemos dentro del cráneo y de la columna vertebral. Las siguientes son sus principales funciones:

FUNCIONES DEL CEREBRO

SENSITIVAS	MOTORAS	INTEGRADORAS
Recibe y procesa la información sensorial para formar nuestras percepciones	Emite impulsos que controlan nuestros movimientos (voluntarios e involuntarios)	Genera actividades mentales: razonamiento, aprendizaje, memorización

En neuroventas, el estudio de las funciones sensitivas es de enorme importancia, ya que estas permiten que toda la información que llega del medio ambiente, como el aroma que percibe un cliente al ingresar en una oficina, el color y la textura de los sillones, la temperatura, el sonido de la música funcional y el sabor del café con el que lo invitamos, sea procesada por el cerebro para formar un percepción unificada sobre nuestra organización.

Cuanto más rica sea esa experiencia sensorial, esto es, cuanto mejor trabajemos para que sus cinco sentidos registren todos los puntos de contacto como placenteros, mayores posibilidades tenemos de que las funciones integradoras del cerebro le den forma a un conjunto de relaciones que lo predispondrán positivamente para la compra.

---

7 El sistema nervioso central comprende el encéfalo y la médula espinal. El cerebro se ubica dentro del encéfalo, que también está integrado por el diencéfalo, el tronco cerebral y el cerebelo.

Para comprender de manera sencilla cómo se va desencadenando este fenómeno y, más adelante, comenzar a trabajar en nuestro propio desarrollo cerebral, empezaremos por conocer las características y el funcionamiento de las principales células cerebrales.

2.3. Neuronas, redes y conexiones: la arquitectura cerebral

Las principales arquitectas de nuestro cerebro son las neuronas, que se ocupan de recibir y transmitir información a medida que son estimuladas, por ejemplo, cuando saboreamos un café, leemos un libro, hablamos con nuestro vecino o corremos a resguardarnos ante la presencia de un temporal.

De estas células dependen no solo nuestras funciones mentales (como la atención, el aprendizaje y la formación de la memoria) y físicas (como caminar o practicar un deporte), sino también el registro y procesamiento de nuestras emociones.

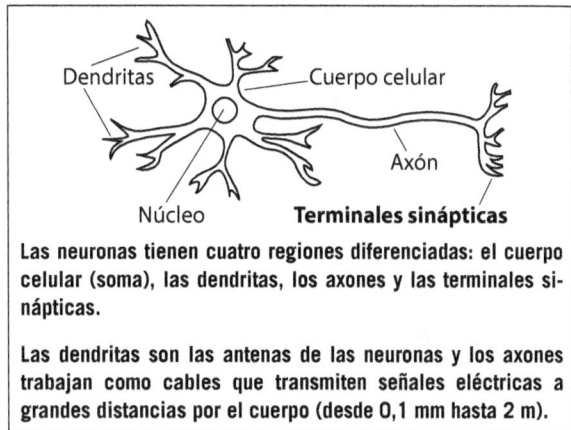

Las neuronas tienen cuatro regiones diferenciadas: el cuerpo celular (soma), las dendritas, los axones y las terminales sinápticas.

Las dendritas son las antenas de las neuronas y los axones trabajan como cables que transmiten señales eléctricas a grandes distancias por el cuerpo (desde 0,1 mm hasta 2 m).

Para que ello sea posible, las neuronas se comunican constantemente con otras, creando lo que conocemos como redes neuronales, cableado neuronal o circuitos cerebrales, y lo hacen mediante un proceso que se llama **sinapsis** o **conexión sináptica**. De este modo, se va construyendo el entramado donde está inscripto "todo lo que somos", lo que hacemos y lo que sentimos. Dicho proceso funciona como muestra la figura ubicada la derecha.

Algunas redes son pequeñas y pueden localizarse, otras están formadas por una gran cantidad de neuronas que se distribuyen en grandes regiones del cerebro.

Cada neurona se ramifica en un axón y cada axón, a su vez, se divide en varias ramas que contactan con otras neuronas. Este punto de contacto se denomina sinapsis.

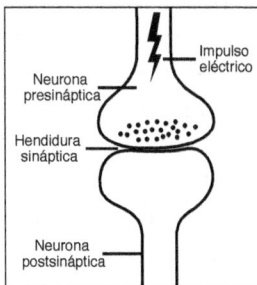

A través de sus dendritas, una neurona recibe información de otra, la procesa y envía sus conclusiones a otra u otras mediante un impulso eléctrico que circula a través de su axón.

Todas se van creando a medida que vamos recibiendo diferentes estímulos.

Durante la mayor parte de los procesos de conexión entre neuronas intervienen unas sustancias, denominadas **neurotransmisores**, que son la base de los estados de ánimo, como la euforia o la depresión, por eso es tan importante su estudio[8].

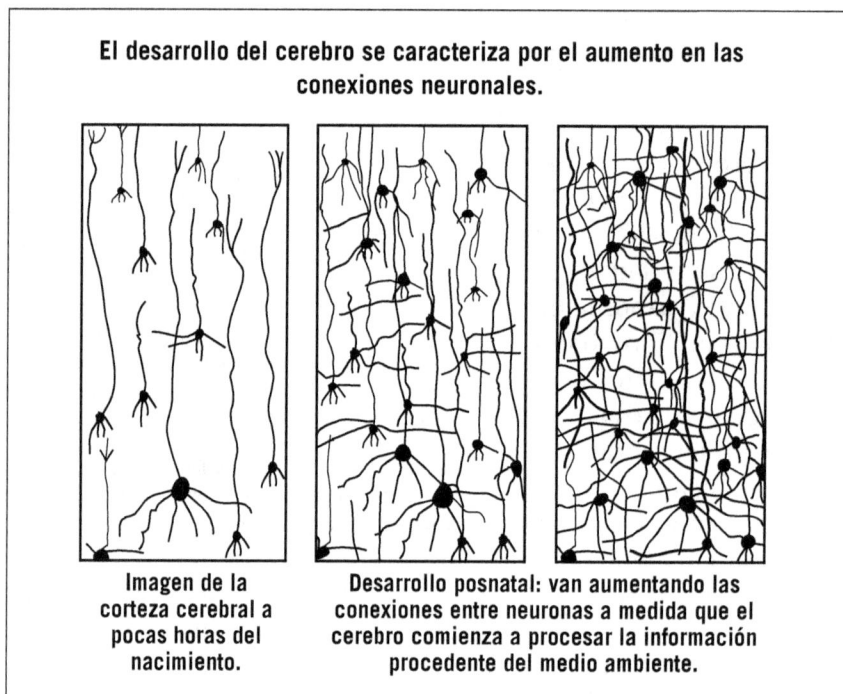

El desarrollo del cerebro se caracteriza por el aumento en las conexiones neuronales.

Imagen de la corteza cerebral a pocas horas del nacimiento.

Desarrollo posnatal: van aumentando las conexiones entre neuronas a medida que el cerebro comienza a procesar la información procedente del medio ambiente.

Por ejemplo, cuando el cerebro segrega un neurotransmisor en abundancia o, a la inversa, en cantidad insuficiente, puede producirse un desequilibrio emocional: una persona puede estar muy eufórica o muy deprimida sin que le haya sucedido algo que justifique ese estado de ánimo.

Asimismo, algunas enfermedades, como la de Alzheimer y el mal de Parkinson, están ligadas a una inadecuada secreción de estas sustancias, cuyo estudio es muy complejo: se conocen aproximadamente cien y se cree que hay algunas que aún no han sido descubiertas por la ciencia.

---

8 Existen dos tipos de sinapsis, las eléctricas y las químicas. En las primeras un estímulo pasa de una célula a la siguiente sin necesidad de mediación química, por ello su característica distintiva es la velocidad. En las segundas –que constituyen el porcentaje más grande– intervienen los neurotransmisores.

Uno de los neurotransmisores más estudiado es la **dopamina**, porque está relacionada con las adicciones y los placeres, e interviene activamente en los **sistemas de recompensa del cerebro**[9]. Y es importante también para el desarrollo de nuestra metodología de neuroventas.

Por ejemplo, el neuromarketing ha comprobado que cuando un cliente experimenta placer con un producto o servicio, el área tegmental ventral del cerebro libera este neurotransmisor, que actúa a través del núcleo accumbens en la corteza prefrontal (sede de la toma de decisiones) generando una actitud positiva hacia la compra[10].

Los neurotransmisores determinan gran parte del comportamiento y constituyen la base bioquímica de los estados de ánimo.

También se han realizado experimentos tendientes a que los participantes asociaran el producto con el rostro de una mujer bella. Luego de varios anuncios repetidos, se comprobó que la imagen actuaba como refuerzo de la memoria visual y, a su vez, activaba el sistema de recompensa[11].

Otra sustancia muy estudiada por su gran influencia en el estado de ánimo es la **serotonina**. Cuando aumenta, experimentamos una sensación de bienestar y relajación.

Lo contrario sucede cuando disminuye: la depresión se caracteriza por niveles bajos de esta sustancia. Por ello, los antidepresivos actúan modificando los niveles de serotonina.

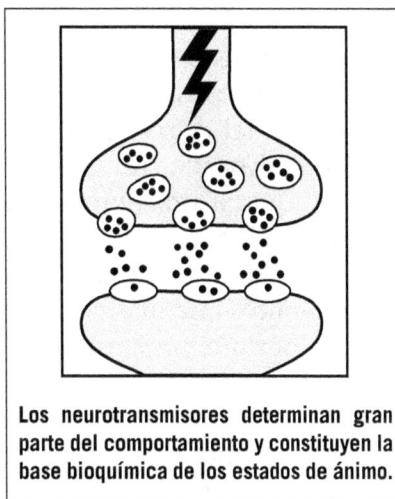

El sistema de recompensa del cerebro es un circuito dopaminérgico, responsable de generar estados de bienestar.

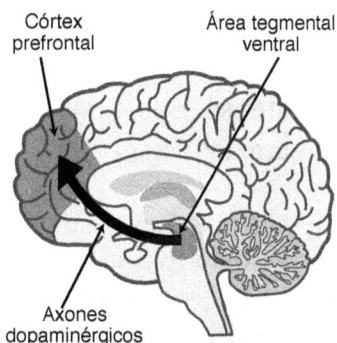

Córtex prefrontal

Área tegmental ventral

Axones dopaminérgicos

Cuando el vendedor logra estimular este sistema en el cerebro del cliente, aumenta la predisposición a la compra:

- El control racional disminuye, consecuentemente, la sensibilidad al precio.
- La posibilidad de ventas presentes aumenta y también las futuras, ya que la sensación de placer se almacena en la memoria, generando una actitud que favorece la creación de una relación perdurable.

9 Berns, G., "Something funny happened to reward". En: *Trends in cognitive science*. Vol. 8, N° 5, 2004.
10 Véase Braidot, N., *Neuromarketing en acción*, Ediciones Granica, Buenos Aires, 2011.
11 Braidot, N., *Neuromarketing en acción*, Ediciones Granica, Buenos Aires, 2011.

Asimismo, y dado que el cerebro masculino genera más cantidad de este neurotransmisor que el femenino (a veces esta diferencia llega al 50%), la mujer es más proclive a deprimirse que un hombre, por ello, e incluso en el momento del cierre, el vendedor debe asegurarse de que no tome una decisión equivocada. Tengamos presente que lograr una venta no es lo mismo que conquistar un cliente, y que este último es el principal objetivo de nuestra metodología.

Otro descubrimiento interesante de las neurociencias es que uno de los alimentos que más contribuyen a generar serotonina es el chocolate; entonces, por qué no llevar en el maletín algunas exquisiteces preparadas con este producto para seducirlas durante una entrevista (siempre que no estén obsesionadas con su figura, claro).

Por último, cabe destacar que al hablar de células cerebrales casi todos pensamos en neuronas, lo cual está bien. Sin embargo, hay otro tipo de células muy importantes: la glía o neuroglía. Además de desempeñar funciones de nutrición y soporte de las neuronas, intervienen en la formación de las redes neuronales y están comprometidas con la salud del cerebro: cuando detectan una lesión se multiplican y participan activamente para protegerlas[12].

2.4. Las neuronas espejo: una vía de conexión rápida con el cerebro del comprador

Las espejo son un tipo particular de neuronas cuyas funciones se estudian intensamente debido a su rol en el aprendizaje, la imitación y la vida social. Los avances en el conocimiento de estas células son de enorme importancia para la neuroventa debido, entre otros, a los siguientes motivos:

- Se activan tanto cuando un individuo observa a otro realizar una acción como cuando es él mismo quien la ejecuta; por lo tanto, su rol es decisivo durante los procesos de interrelación vendedor-cliente.
- Tienen un rol importantísimo en las presentaciones audiovisuales; por ejemplo, en el cerebro de una mujer que está observando el poder de seducción de la actriz que conduce un coche deportivo de la marca equis, se encienden las áreas cerebrales que se activarían si estuviera ella misma realizando esa acción.

---

12 Véase también Braidot, N., *Neuromarketing, neuroeconomía y negocios*, Edit. Puerto Norte-Sur, Madrid, 2005, Capítulo 1.

Este descubrimiento, que también ha sido verificado cuando el mensaje se envía a través de internet, justifica las enormes inversiones de las marcas que recurren a celebridades, como Antonio Banderas o Penélope Cruz, ya que tanto ellos como los productos que promocionan actúan como "espejos" en los cuales las personas desean verse reflejadas.

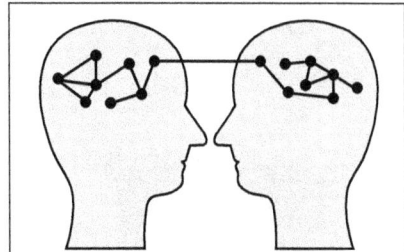

El sistema de neuronas espejo tiene un rol fundamental en las entrevistas de ventas, ya que está formado por dos áreas cerebrales que comparten una característica única: ambas están activas cuando se lleva a cabo una acción o cuando se observa a otra persona ejecutarla.

- Están especialmente activas durante los procesos de comunicación que se establecen cara a cara, caso de las entrevistas personales de ventas en las que los procesos de acompasamiento del cliente son metaconscientes, por lo tanto el vendedor debe cuidar al máximo su postura y sus acciones[13].
- Son fundamentales en los procesos de comunicación no verbal (gestos y posturas). En este sentido, el interés de la neuroventa reside en la aplicación de técnicas que permiten al vendedor asumir un papel de liderazgo en el sistema espejo de su cliente.

➤ En síntesis:

Cuando un vendedor logra liderar el sistema espejo de su cliente, la venta está prácticamente asegurada.

Para que ello sea posible, debe estar interiormente convencido sobre los beneficios que proporciona su producto o servicio.

3. El cerebro por dentro

La glía, las neuronas y las conexiones que se establecen entre estas dan como resultado el tejido que constituye el cerebro.

Ese tejido es el soporte físico de la mente y controla tanto las funciones cognitivas (hablar, comprender o memorizar) como los sentimientos y la personalidad.

---

13 Véase Capítulo 3, apartado 2.2.

LA MENTE ES UN PRODUCTO DEL FUNCIONAMIENTO DEL CEREBRO

Mente y cerebro no son compartimentos estancos, porque no solo nuestra capacidad de pensar, hablar, memorizar y caminar dependen del cerebro. También los sentimientos, los juicios morales, la ética e incluso nuestras creencias religiosas están inscriptos en nuestras redes neuronales.

Esto último ha sido corroborado por las neurociencias en muchísimos casos, y si bien aún hoy hay quienes están convencidos de que el alma es un ente espiritual que trasciende al cerebro, lo cierto es que basta mirar alrededor para encontrar (entre amigos, vecinos, compañeros de trabajo) el triste caso de personas que, luego de un accidente cerebrovascular u otro que le haya provocado lesiones importantes, han cambiado su personalidad en forma notable.

Algunos pasaron de ser dóciles a agresivos, de agradables a desagradables, de tranquilos a ansiosos, de respetuosos a maleducados[14]. Quizá al lector le resulten fuertes algunas de estas expresiones, sin embargo, todas proceden de relatos científicos de los cuales las he extractado en forma literal.

Queda claro, entonces, que la anatomía cerebral está estrechamente relacionada no solo con nuestras capacidades para aprender, razonar y memorizar, sino también con determinadas características ligadas al comportamiento. Veamos cómo es esa anatomía y por qué es necesario conocerla para mejorar la gestión de ventas.

3.1. Principales estructuras

Si extraemos un cerebro, u observamos imágenes sobre este, veremos con claridad que está dividido en dos **hemisferios**, el izquierdo y el derecho, y que su parte externa es un tejido caracterizado por numerosos pliegues: la **corteza cerebral**.

Su aspecto arrugado se considera una obra maestra de la naturaleza[15]: como es tan grande con relación al tamaño del cráneo, se va plegando sobre sí misma a medida que va creciendo y, si pudiéramos retirarla y desplegarla, observaríamos que ocupa unos 2.500 cm².

14 Greenfield, S., *El poder del cerebro*, Crítica, Barcelona, 2007.
15 Ídem.

Anatómicamente, la corteza se encuentra dividida en los cuatro lóbulos que se ven en la figura:

- El **frontal**: se ocupa de las funciones cerebrales más elevadas, como las que utilizamos cada vez que incorporamos conceptos, razonamos, estudiamos, planificamos una entrevista de ventas o hablamos con nuestros clientes. También nos permite registrar nuestras emociones.

Su rol es tan importante que una persona que sufra una lesión en esta zona puede cambiar su personalidad y

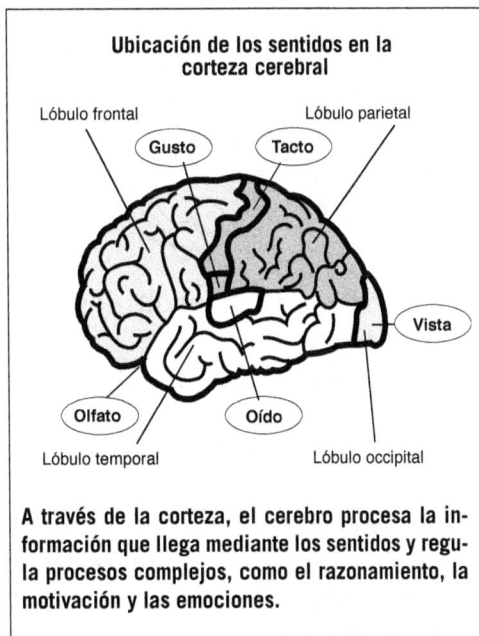

Ubicación de los sentidos en la corteza cerebral

Lóbulo frontal — Lóbulo parietal — Gusto — Tacto — Vista — Olfato — Oído — Lóbulo temporal — Lóbulo occipital

A través de la corteza, el cerebro procesa la información que llega mediante los sentidos y regula procesos complejos, como el razonamiento, la motivación y las emociones.

convertirse en otra completamente distinta. Esto ha sido confirmado por numerosos casos de individuos que pasaron de ser sociales a antisociales, de equilibrados a agresivos o de optimistas a depresivos luego de un accidente que dañó sus lóbulos frontales.
- El **occipital** se ocupa del procesamiento visual. También está involucrado en nuestras habilidades visuoespaciales. Una lesión en esta zona puede provocar pérdida de la vista (en los casos más graves) o distorsión en la percepción de las formas (los objetos se ven de un tamaño diferente al real), entre otros problemas importantes.
- El **temporal**: tiene funciones muy importantes relacionadas con la audición, la comprensión del habla (en el lado izquierdo) y algunos aspectos de la memoria y la vida emocional.
- El **parietal**: se ocupa de funciones relacionadas con el movimiento, la orientación y el cálculo, e incluye zonas que registran sensaciones corporales. Por ejemplo, una lesión en esta zona puede provocar pérdida de sensibilidad relacionada con una parte del cuerpo.

Dentro de cada lóbulo, han sido identificadas estructuras que son responsables de funciones muy importantes.

Veamos algunos ejemplos:

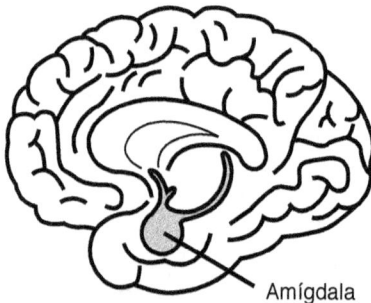
Amígdala

La **amígdala** es clave en nuestra vida emocional. Ha sido definida como una especie de "centinela" que registra lo que ocurre en el medio ambiente dado que constantemente nos envía señales sobre lo que está sucediendo.

Tiene un rol activo en el aprendizaje y la memoria emocional: ante un hecho determinado, explora la experiencia, compara lo que está sucediendo en el momento con el registro de memorias pasadas y desencadena rápidamente una conducta. Esto explica por qué un cliente que fue defraudado por un vendedor no querrá ni siquiera escuchar los argumentos de otro que pertenezca a la misma compañía.

El **hipocampo** está ubicado en el medio del lóbulo temporal. Es imprescindible para la consolidación de la memoria inmediata, y tiene un rol muy importante en el aprendizaje, el registro de emociones y la memoria a largo plazo.

Las últimas investigaciones revelan que interviene en procesos de decisión propios del lóbulo prefrontal, al crear y almacenar conceptos que después integra y utiliza la corteza prefrontal; por ejemplo,

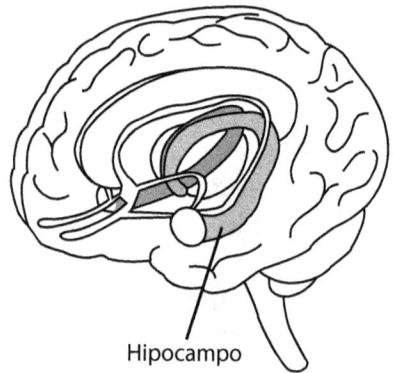
Hipocampo

cuando un cliente evalúa un producto o servicio para tomar una decisión en el momento de cierre de una venta.

Del hipocampo depende la formación de nuevos recuerdos, por ello, cuando está dañado severamente es imposible almacenar información sobre rostros, sonidos, recorridos, personas. Esta dificultad se ve claramente en la película *Memento*[16], cuyo protagonista debe tomar fotografías o notas porque no puede fijar nueva información en su memoria.

El **hipotálamo** regula emociones primarias, como el hambre, los impulsos sexuales y la temperatura corporal. También está relacionado con las

---

16 *Memento* es una película de suspenso, estrenada en el año 2000. Fue nominada para los premios Oscar y Globo de Oro. En algunos países de habla hispana su título fue traducido como *Amnesia*.

respuestas hormonales del cuerpo: recibe información nerviosa (vía neuronas) del cerebro y le envía los datos a la **hipófisis** (una glándula neuroendocrina) para que los reenvíen forma de diversas hormonas a todo el cuerpo. Una de estas hormonas es la adrenalina.

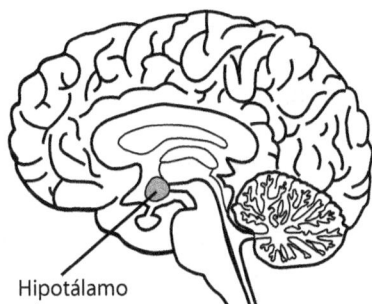

Hipotálamo

Núcleo accumbens: está asociado con el centro del placer del cerebro y con el sistema de recompensa y apego. El estudio de esta estructura confirma la importancia de generar un buen clima en todos los puntos de contacto con el cliente, ya que al activarse provoca una sensación placentera que perdura y favorece una actitud positiva durante todo el proceso.

Normalmente, la actividad en esta región provoca una sensación placentera, de bienestar, que puede perdurar durante varias horas e influye en la conducta.

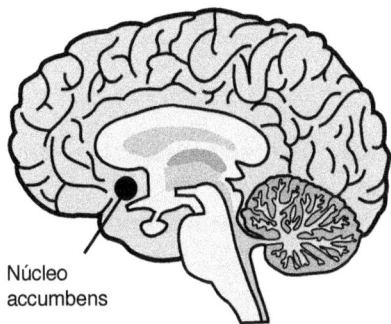

Núcleo
accumbens

Putamen ventral: se ubica en el área tegmental ventral, que está asociada a determinados placeres, por ejemplo, los que provocan las bebidas y los alimentos que las personas consideran "ricos".

Esta zona fue clave en la investigación realizada por Read Montague con fMRI para entender por qué en los test a ciegas la gente decía que le gustaba más Pepsi, pero luego compraba Coca.

"Si les gusta más Pepsi –razonó este prestigioso neurólogo–, debería haber mayor actividad en el putamen ventral que cuando toman Coca-Cola." Y así fue: era cinco veces mayor.

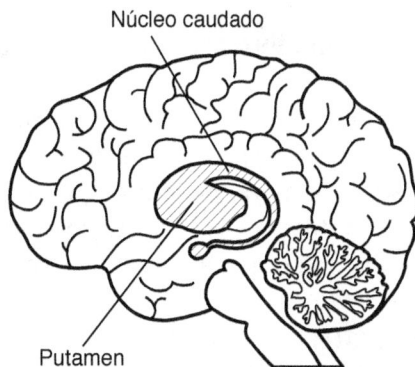

Núcleo caudado

Putamen

Ahora bien, cuando la investigación viró hacia la marca, casi todos dijeron que preferían Coca-Cola. Esta preferencia fue revelada también por la actividad cerebral de otras áreas donde se almacenan las emociones agradables y los recuerdos positivos, lo cual explica que el vínculo emocional con una marca es mucho más fuerte que los atributos de un producto en sí.

La **ínsula**: esta pequeña estructura se activa ante sentimientos negativos, como el asco, la rabia, la injusticia y el dolor. Por ejemplo, cuando el precio de un producto o servicio es percibido como excesivo. Esta activación influye, a su vez, en la activación/desactivación de la corteza prefrontal medial, implicada en la percepción de pérdida y ganancia, por lo que una decisión favorable a la compra tiene muy pocas posibilidades de concretarse. En cambio, cuando el precio es percibido como justo se activa el núcleo accumbens (que forma parte del sistema de recompensa), generando una predisposición positiva hacia a la compra.

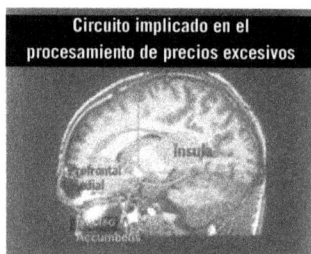

Fuente: Braidot, N., *Neuromarketing en acción*, Ediciones Granica, Buenos Aires, 2011.

Como vemos, las neuroimágenes son sumamente efectivas para predecir la conducta de los clientes ya que, subrayamos una vez más, no siempre dicen lo que verdaderamente piensan sobre un producto o su precio y ello no se debe, en la mayor parte de los casos, a razones de tipo intencional, sino más bien al desconocimiento de sus propios procesos internos.

3.2. Del cerebro reptil al cerebro pensante

El ser humano desciende de los primates (el ADN de los chimpancés difiere del de los seres humanos solamente en un 1%). La gran diferencia entre nosotros y ellos reside en la corteza cerebral, y se debe a adaptaciones que dieron como resultado la superposición progresiva de tres niveles que funcionan de manera interconec-

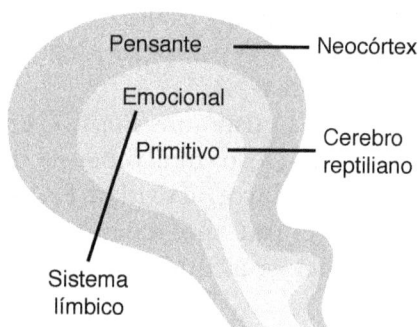

tada, cada uno de ellos con sus características específicas: el sistema reptiliano (instintivo), el sistema límbico (emocional) y el córtex (cerebro pensante)[17].

El **reptiliano**[18] (se desarrolló hace aproximadamente unos 500 millones de años) es un cerebro funcional, territorial, responsable de conservar la vida. En esta zona se organizan y procesan muchas funciones que tienen que ver con el hacer, como el comportamiento rutinario y los hábitos.

Desempeña un rol fundamental en la vida instintiva, es decir, no es el que utilizamos para hacer cálculos cuando estamos negociando con un cliente, sino para actuar ante circunstancias que tienen que ver con

Cerebro
reptiliano

la supervivencia (como la seguridad y la alimentación) y la reproducción (conducta sexual).

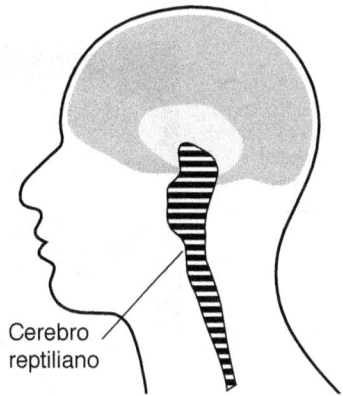

El **sistema límbico**[19] es una especie de cerebro que recubre la parte reptiliana y rige las funciones relacionadas con la autoconservación, la lucha y, principalmente, los sentimientos y emociones. Se ubica debajo de la corteza cerebral y comprende estructuras muy importantes, entre ellas, la amígdala, cuyo rol es fundamental en el aprendizaje y la memoria emocional.

El **córtex** o **cerebro pensante** es la zona más nueva (tiene aproximadamente tres millones de años). Es el que utilizamos para razonar; por ejemplo, cuando planificamos una entrevista de ventas[20].

Como vemos, en cada ser humano existe un cerebro primitivo así como también las estructuras que nos diferencian claramente de los animales.

El predominio de uno u otro nivel varía entre personas; por ejemplo, un vendedor guiado constantemente por el razonamiento lógico (córtex)

---

17 MacLean, P., *The Triune Brain in Evolution: Role in paleocerebra functions*, Plenum Press, New York, 1990.
18 Llamado así porque se encuentra en reptiles, aves, anfibios y peces. Es el más antiguo de los tres.
19 El estudio sobre el sistema límbico como sistema de las emociones tuvo su origen en investigaciones realizadas por el neurólogo francés Paul Broca en 1878, aunque su denominación fue introducida en 1952 por MacLean.
20 Las áreas más evolucionadas del córtex se conocen como "neocórtex" y aluden a la parte de la corteza cerebral más reciente, caracterizada por una serie de pliegues y repliegues en forma de surcos y cisuras que separan las circunvoluciones.

Si comparamos el cerebro del hombre con el de un chimpancé, veremos que al nacer ambos tienen un tamaño similar. Sin embargo, el cerebro del hombre se expandirá en forma extraordinaria: al llegar a la vida adulta, su corteza cerebral ocupará una superficie dos veces mayor que la del primate.

En el desarrollo del neocórtex se manifiesta todo lo que nos define como humanos: la elaboración del yo, la conciencia de nosotros mismos, de nuestras emociones y de nuestro entorno.

Símio   Homo sapiens

Tomado de: Braidot, N., *Sácale partido a tu cerebro,* Gestión 2000, Barcelona, 2011.

puede desconocer las señales que le envía el sistema emocional de su cliente. A la inversa, si es excepcionalmente emotivo o no puede controlar los impulsos que fluyen desde el reptiliano, puede perder más de una venta.

Afortunadamente, los programas de entrenamiento neurocognitivo, así como también los que focalizan en el desarrollo del autoliderazgo emocional[21], mejoran lo que está inscripto en la naturaleza del cerebro y permiten alcanzar el equilibrio deseado.

3.3. El pequeño cerebro

En la parte posterior del cerebro, casi fundido con este, se encuentra el **cerebelo**. Sus funciones son tan importantes que ha sido denominado "pequeño cerebro".

Por ejemplo, cuando nos acercamos a un cliente para extenderle la mano, esta pequeña estructura es la que está trabajando para que podamos mantener el equilibrio; sin embargo, no lo registramos.

Cerebelo

El cerebelo es fundamental para mantener el equilibrio y controlar las actividades musculares rápidas y sincronizadas. Por ello, una pequeña lesión en esta región puede acabar con la carrera de un atleta, un bailarín o cualquier otro profesional cuyo éxito dependa de una perfecta sincronización de sus movimientos corporales.

21 Véase la Parte IV de esta obra.

El cerebelo interviene también en algunas funciones cognitivas y es muy sensible a los efectos del alcohol. Esto explica por qué quienes se exceden al irse de copas luego pierden el equilibrio, tienen dificultades con el habla o se ponen demasiado "sensibles" (esta estructura tiene extensas conexiones con los hemisferios, entre ellas, las que se dirigen a zonas relacionadas con aspectos emocionales).

4. El cliente: cerebro izquierdo, cerebro derecho... y viceversa

El cerebro humano está dividido en dos hemisferios que tienen una apariencia similar, sin embargo, realizan distintas funciones y no son exactamente iguales. Por ejemplo, el lóbulo frontal derecho es más extenso y tiene más protuberancias que el frontal izquierdo, y también se han observado diferencias según el género[22]: en el cerebro femenino los lóbulos frontales poseen mayor densidad celular que en el masculino (aproximadamente un 15%) y las áreas del hemisferio izquierdo relacionadas con el lenguaje son, en promedio, un 25% más grandes en la mujer que en el hombre.

Entre ambos hemisferios se ubica una estructura muy importante, denominada cuerpo calloso, que actúa como un puente de comunicación. A través de ella, los datos almacenados en el lado izquierdo pueden ser utilizados por el derecho, y viceversa.

En las mujeres, el cuerpo calloso es más voluminoso y tiene conexiones axonales más largas. Esta característica explica (en parte) por qué pueden integrar pensamientos que vinculan información diferente con mayor facilidad que los hombres durante los procesos de compra y, asimismo, por qué suelen tardar más que ellos en tomar una decisión.

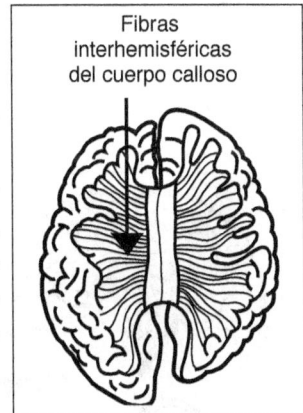

Fibras interhemisféricas del cuerpo calloso

Las investigaciones en neuromarketing han revelado que el cierre de una venta es (en promedio) más lento cuando la compra está a cargo de una mujer y que, durante el proceso en el que analiza y evalúa alternativas, la actividad de sus neuronas ocupa un área más extensa en comparación con la de un hombre.

---

22 Estas diferencias se abordan detalladamente en el Capítulo 3.

Cuando la compra de un producto o servicio exige una evaluación de cierto grado de complejidad, las mujeres tienden a utilizar los dos hemisferios cerebrales, mientras que los hombres utilizan solo el más adecuado, con lo cual la evaluación de alternativas y el proceso de decisión de compra es diferente según el género.

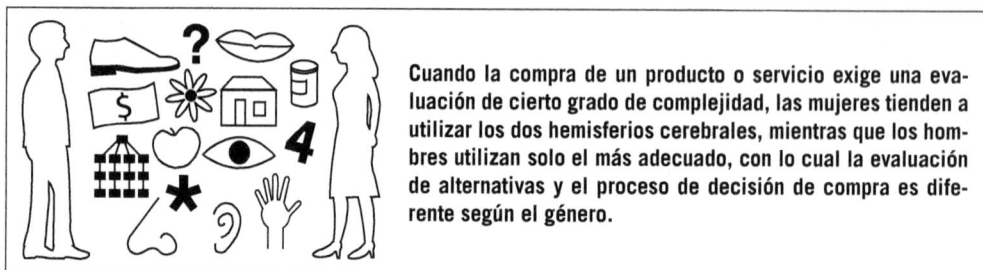

También se ha verificado que las mujeres manejan mejor el tráfico de información entre hemisferios debido a que su istmo (una zona del cuerpo calloso) es también mayor que el de los hombres.

4.1. Especialización y diferencias. ¿Cómo funcionan ambos hemisferios?

Cada hemisferio se ocupa de los procesos sensoriales y motores del lado opuesto del cuerpo[23]. Por ejemplo, si usted examina la textura del tapizado de un sillón con la mano derecha, la información será procesada por la zona izquierda del cerebro. La única excepción es el olfato, ya que los olores se procesan en el mismo lado de la fosa nasal que los capta.

A su vez, cada hemisferio actúa como un subsistema especializado en determinadas funciones; por ejemplo, en la mayoría de los individuos diestros el lenguaje es controlado por el hemisferio izquierdo, mientras que el derecho se ocupa de procesos no verbales, como la visualización tridimensional y la rotación mental de objetos.

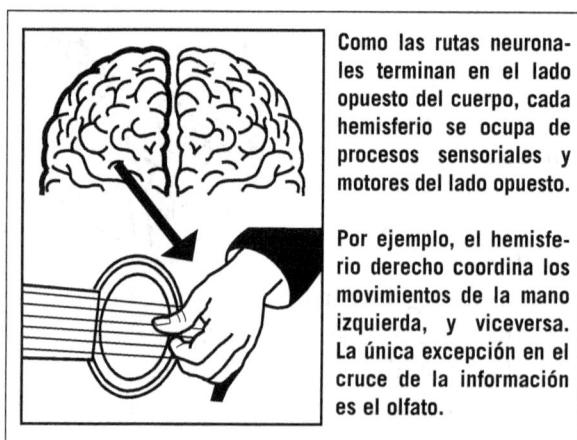

Como las rutas neuronales terminan en el lado opuesto del cuerpo, cada hemisferio se ocupa de procesos sensoriales y motores del lado opuesto.

Por ejemplo, el hemisferio derecho coordina los movimientos de la mano izquierda, y viceversa. La única excepción en el cruce de la información es el olfato.

Esta especialización ha sido confirmada por la neurociencia durante distintos tipos de investigaciones. Por ejemplo, las personas que sufren un daño importante en el hemisferio izquierdo tienen dificultades para hablar. Si la lesión se produce en una

---

23 Braidot, N., *Neuromanagement*, Ediciones Granica, Buenos Aires, 2007; Parte I, Capítulo III.

determinada zona del derecho, les costará realizar cualquier actividad que les exija procesamiento visuoespacial, como orientarse en un aeropuerto o en zonas desconocidas de una ciudad.

En casos extremos, una persona lesionada puede, incluso, no reconocer un lado de su cuerpo y tener actitudes extrañas, como no peinar el lado izquierdo o derecho de su cabello. Esta disfunción se conoce como síndrome de negligencia. En la gráfica siguiente, sintetizamos las principales funciones que desempeña cada hemisferio en el caso de las personas diestras:

Diferencias fundamentales hemisféricas

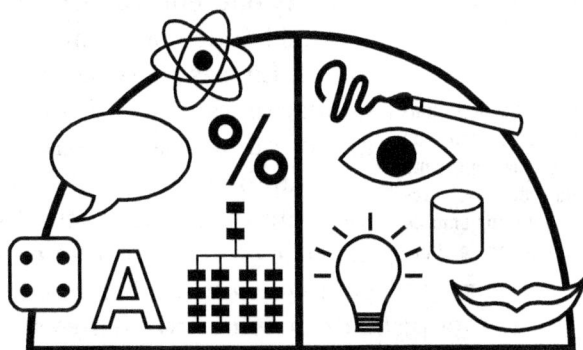

Hemisferio izquierdo	**Hemisferio derecho**
• Procesos verbales	• Procesos no verbales
• Lenguaje	• Visualización tridimensional
• Cálculo	• Reconocimiento y expresión
• Lógica	de emociones
• Análisis	• Creatividad
• Orden	• Capacidades visuoespaciales
• Secuencias	• Imaginación
• Ritmo	• Pensamiento holístico
• Sentido del tiempo	intuitivo
• Control	• Orientación
• Normas	• Comprensión de metáforas
• Relaciones causa-efecto	• Comprensión del significado
• Jerarquías	de expresiones faciales

En la forma de pensar, sentir y actuar de una persona –por caso, un cliente– normalmente hay predominio de uno u otro hemisferio. Un vendedor entrenado puede detectar rápidamente cuál es a pocos minutos del comienzo de la entrevista y direccionarla en función de esas particularidades.

Por ejemplo, si observa que el cliente es minucioso, verbal, tiene un comportamiento analítico y se detiene mucho en los cálculos, utilizará una estrategia de comunicaciones que apunte a su hemisferio izquierdo.

A la inversa, si detecta que es emotivo, se interesa más por los beneficios del producto que por los números y tiene cierta predisposición al hedo-

La dominancia cerebral involucra el predominio de uno u otro hemisferio en el momento de procesar, solicitar e interpretar información.

Dado que este fenómeno tiene una enorme influencia en el proceso de toma de decisiones del cliente, es muy importante que el vendedor aprenda a detectar estas particularidades y aplique un conjunto de estrategias diseñadas en función de ellas.

nismo, obtendrá mejores resultados con un mensaje dirigido a su hemisferio derecho.

Parece complicado, sin embargo no lo es. Simplemente, debemos memorizar las características de cada hemisferio y prestarle mucha atención a las pistas: si observamos que nuestro interlocutor es "hemisferio izquierdo", no tiene sentido que le dediquemos la mayor parte de la entrevista a hablar de alcances y diferentes aplicaciones del producto porque lo que más le interesa a él son los números. Lo más probable es que haya hecho la evaluación de beneficios antes y quiera "ir al grano" durante la entrevista de ventas.

También es posible que, si focaliza en los atributos del producto, lo haga en forma minuciosa y extremadamente detallada (en comparación con la media).

A la inversa, si tenemos pistas de que nuestro cliente es "hemisferio derecho", el mejor camino es utilizar técnicas visuales u otros recursos que apelen a la emotividad durante la entrevista. Ello postergará la intervención analítica del hemisferio izquierdo, logrando que este aparezca en el escenario cuando el derecho "ya esté convencido".

➤ En síntesis:

¿CÓMO ES UN CLIENTE CON PREDOMINIO DEL HEMISFERIO DERECHO?

- Original, innovador, creativo.
- Intuitivo, lúdico, afectuoso.
- Prefiere las imágenes visuales.
- Le gusta discutir y suele ser extravertido.
- Salta de un tema a otro.
- Suele ser desorganizado.

¿CÓMO ES UN CLIENTE CON PREDOMINIO DEL HEMISFERIO IZQUIERDO?

- Analítico.
- Ordenado.
- Le gustan los argumentos claros y precisos.
- Se interesa por los cálculos y la información secuencial, organizada.
- Controla.
- Es minucioso, evaluador y crítico.

LA DOMINANCIA CEREBRAL DETERMINA A QUÉ ASPECTOS
LE PRESTARÁ ATENCIÓN UN CLIENTE Y A CUÁLES NO.

5. El vendedor: desarrollo cerebral, neuroplasticidad autodirigida

Tal como vimos al principio, la neuroplasticidad es el fenómeno que hace que el cerebro se vaya modificando como respuesta a las condiciones medioambientales y a lo que nosotros mismos hacemos en pos de esa construcción.

Si bien el período de mayor plasticidad cerebral nos viene dado a los adultos, porque es el que se encuentra comprendido entre la gestación y los 3 años, la morfología cerebral va cambiando durante toda la vida. Por ese motivo:

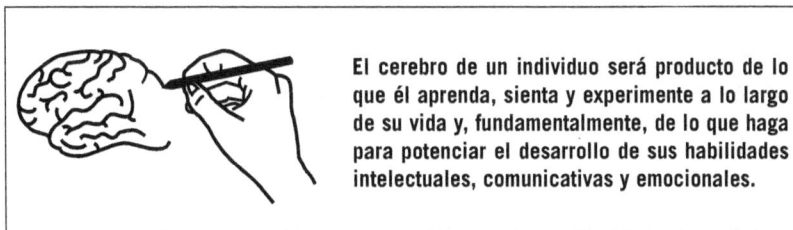

El cerebro de un individuo será producto de lo que él aprenda, sienta y experimente a lo largo de su vida y, fundamentalmente, de lo que haga para potenciar el desarrollo de sus habilidades intelectuales, comunicativas y emocionales.

Día a día, la neurociencia verifica que, si bien todos tenemos las mismas estructuras (como la ínsula, el hipocampo o la amígdala), estas varían en función de lo que cada persona ha ido inscribiendo en sus conexiones neuronales. Por ejemplo (este es uno de los primeros casos publicados), se ha descubierto que los taxistas de Londres tienen un hipocampo mayor que la media y que la variación es más significativa en aquellos que han trabajado durante cuarenta años en forma ininterrumpida en esa actividad.

¿A qué se deben estas diferencias? Dado que se les exige un gran conocimiento de la ciudad que incluye memorizar los nombres de calles y lugares más importantes, entrenan constantemente su memoria. Asimismo, el trabajo que realizan cotidianamente genera un desarrollo natural de sus habilidades visuoespaciales[24].

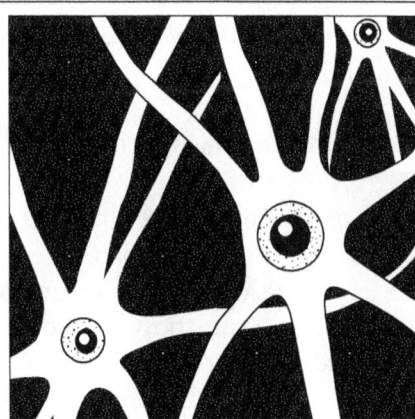

El cerebro tiene una capacidad de expansión cuyo alcance se desconoce.

---

24 Véase el caso Los Pumas y otros similares en: Braidot, N., *Neuromanagement*, Ediciones Granica, Buenos Aires, 2008, Capítulo 16.

El fenómeno de la neuroplasticidad también explica por qué los músicos profesionales tienen un desarrollo superior en las zonas cerebrales relacionadas con el oído y la agilidad de las manos.

También se ha descubierto que en el cerebro de Einstein (que fue donado a la ciencia) los lóbulos parietales, que tienen funciones muy importantes en el conocimiento matemático, visual y espacial, eran un 15% mayores que la media[25].

Estos casos revelan con claridad que estudiando la anatomía cerebral es posible inferir cuáles pueden ser las actividades que realiza una persona y cuál es o ha sido su grado de desarrollo dentro de estas. Por ejemplo, si le pidiéramos a un especialista que observe las neuroimágenes de dos cerebros de adultos de contextura física, sexo y edad similar (A y B) sin decirle que A es un ingeniero y B un escritor, es probable que encuentre rápidamente las pistas para descifrar a quién pertenece cada imagen.

➤ En síntesis:

- La mayoría de los seres humanos venimos a este mundo con una plataforma dotada de un enorme potencial y todo lo que somos y hacemos está inscripto en nuestras redes neuronales.
- Nuestras capacidades cerebrales dependen tanto del medio ambiente en el que crecemos como de lo que nosotros mismos hagamos por su desarrollo.
- El cerebro se va modificando "nanosegundo a nanosegundo", en cada instante de la vida. En el siglo XXI contamos con numerosas herramientas para desarrollar su potencial y "modelarlo" en función de nuestras necesidades.

5.1. Modelando nuestro cerebro

Los neurocircuitos que son estimulados se hacen más fuertes mientras que otros se van debilitando o directamente se pierden porque no se utilizan. Ello es lo que marca la diferencia entre la morfología cerebral de un ingeniero que aplique todo el tiempo las matemáticas y utilice casi a pleno sus capacidades visuoespaciales y la de un escritor que las "ignore" por completo.

Aquí las comillas no son casuales, ya que si el escritor en cuestión es un fanático de los juegos mentales, como la resolución de enigmas, sudokus, TEG y similares (este es el caso de uno de mis amigos), las diferencias en el

---

25 Falk, D., "Nueva información sobre el cerebro de Albert Einstein". En: *Frontal Evol. Neuroscience*. 1 : 3. doi: 10.3389/neuro.18.003.2009. En: http://www.frontiersin.org/evolutionary%20 neuroscience/10.3389/neuro.18.003.2009, 2009.

desarrollo de las áreas que controlan el cálculo y la ubicación en el espacio pueden no ser tan significativas.

Ahora bien, hasta aquí hemos visto casos de lo que podríamos denominar "neuroplasticidad natural", esto es, lo que se inscribe en nuestro cerebro en función de lo que experimentamos y hacemos de manera cotidiana.

Lo que a nosotros nos interesa particularmente, ya que esta obra está destinada al desarrollo de los vendedores, es la **neuroplasticidad autodirigida**, esto es, lo que cada uno de ellos puede hacer en pos del desarrollo de sus capacidades neurocognitivas, emocionales y comunicacionales.

Además de nuestra propia experiencia, así como también de la de quienes ya han sido formados con el Método de Venta Neurorrelacional, contamos con el soporte de numerosas investigaciones que han demostrado que la estructura anátomo-cerebral que corresponde a cada capacidad que se estimula –por ejemplo, la memoria o la atención– expande sus conexiones, multiplica y refuerza las sinapsis relacionadas.

Afortunadamente, vivimos en un mundo que abunda en posibilidades de crecimiento personal. Lo importante es generar situaciones que desplacen al cerebro de su zona de confort, saliendo de los viejos paradigmas para ingresar en los nuevos. Lo único que necesitamos es "voluntad" para emprender el camino que nos conduzca al desarrollo de nuestras potencialidades cerebrales. Esto se logra con un entrenamiento cerebral diseñado a medida que abarca dos grandes campos: desarrollo neurocognitivo y autorregulación emocional.

➤ En síntesis:

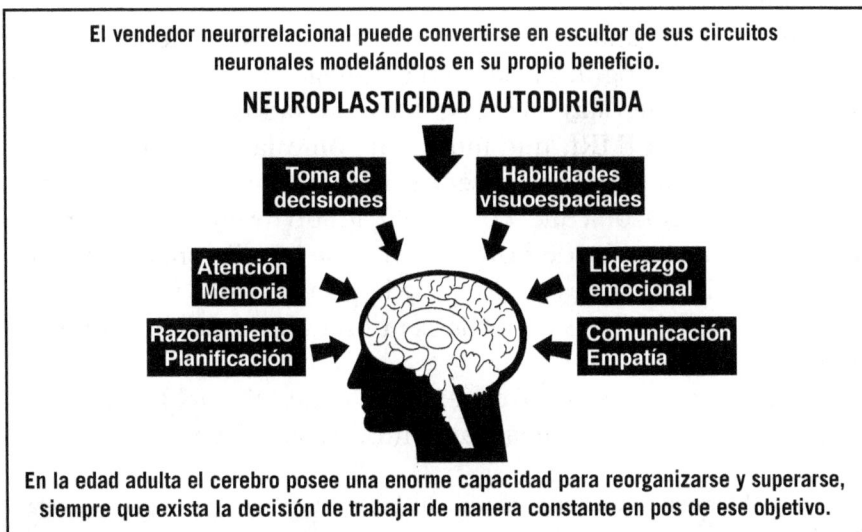

El vendedor neurorrelacional puede convertirse en escultor de sus circuitos neuronales modelándolos en su propio beneficio.

NEUROPLASTICIDAD AUTODIRIGIDA

Toma de decisiones

Habilidades visuoespaciales

Atención Memoria

Liderazgo emocional

Razonamiento Planificación

Comunicación Empatía

En la edad adulta el cerebro posee una enorme capacidad para reorganizarse y superarse, siempre que exista la decisión de trabajar de manera constante en pos de ese objetivo.

Todo ser humano puede alcanzar las metas que desea en cuanto al desarrollo de sus capacidades cerebrales si trabaja acertadamente. En la Parte IV de esta obra suministramos un conjunto de ejercicios para que el lector comience a implementarlos y evalúe, al cabo de un período muy breve, los resultados de esta importantísima actividad.

5.2. El poder del pensamiento en la arquitectura cerebral

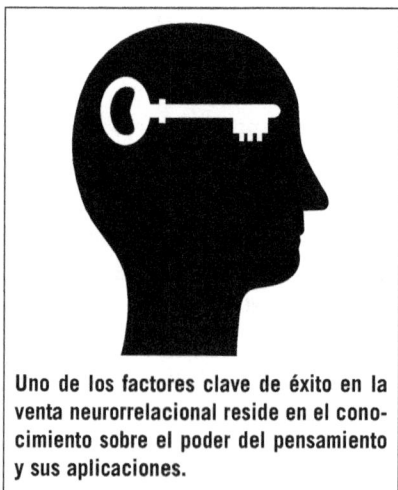

Uno de los factores clave de éxito en la venta neurorrelacional reside en el conocimiento sobre el poder del pensamiento y sus aplicaciones.

El cerebro no distingue entre lo real y lo que nosotros, por propia voluntad (o involuntariamente) emplazamos en la mente. Esto significa que no solo el entorno modela el cerebro (lo que vivimos, lo que estudiamos, lo que aprendemos, lo que hacemos), también lo hace lo que pensamos, y de manera asombrosa.

Al leer biografías de personas exitosas, o bien cuando estudiamos algunos casos de deportistas y líderes famosos, es posible detectar un factor en común: muchos han recurrido a la visualización creativa, generando mentalmente imágenes claras y definidas de las metas a alcanzar, desde las grandes (como llegar a presidente de una gran empresa o ganar un torneo), hasta las más pequeñas (como ganar un punto en un set o lograr el éxito en una negociación).

Los resultados de estas técnicas fueron avalados en varios casos por estudios realizados con fMRI, que muestran cómo la mente puede afectar la realidad y cómo el pensamiento puede ser determinante de logros y fracasos.

Por caso, una persona que, con un alto grado de concentración, visualice una postura o una acción determinada, puede condicionar la respuesta de su cuerpo del mismo modo que lo haría la postura física si, en vez de imaginarla, la adoptara[26]. Muchos deportistas utilizan este método para mejorar su destreza.

Un ejemplo que cito con frecuencia es el de Michael Jordan: milésimas de segundos antes de hacer un lanzamiento, visualizaba en su mente la pelota

---

26 Davoli, C. y Abrams, R., "Reaching out with the imagination". En: *Psychological Science*, 20: 293-295, 2009.

entrando en la cesta sin tocar el aro (este famoso basquetbolista es considerado el jugador con el mayor porcentaje de efectividad desde cualquier sector de la cancha)[27].

A la inversa, cuando el pensamiento es negativo los resultados pueden ser devastadores. Por ejemplo, durante una investigación se detectó que cuando los participantes esperaban sentir dolor su sensación de malestar iba aumentando. Cuando cambiaba la expectativa, dicha sensación iba disminuyendo[28].

Un ejemplo que surge de la vida cotidiana, ya que muchos hemos podido comprobarlo, es el famoso efecto placebo: cuando una persona cree que está tomando un remedio su dolor disminuye, aunque se trate de una sustancia inocua.

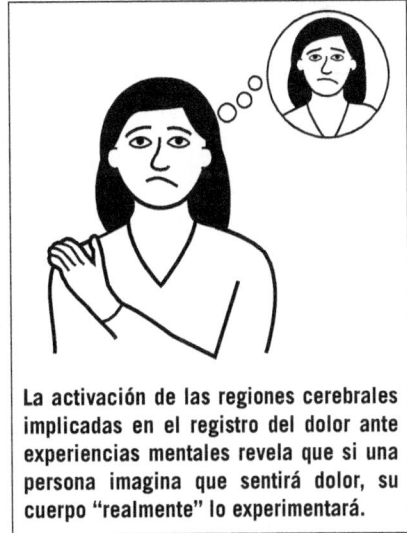

La activación de las regiones cerebrales implicadas en el registro del dolor ante experiencias mentales revela que si una persona imagina que sentirá dolor, su cuerpo "realmente" lo experimentará.

Este caso ha sido estudiado por las neurociencias[29], que han confirmado que el cerebro puede ser engañado en base a promesas que generen determinadas expectativas. Por ejemplo, uno de los experimentos reveló que cuando una persona cree que va a obtener una recompensa, por ejemplo, alivio de su malestar al ingerir un medicamento determinado, se activa el núcleo accumbens y libera dopamina, que en estos casos actúa como si fuera un analgésico.

En la Parte IV suministramos varios modelos de ejercicios. Asimismo, recomendamos la meditación, ya que su eficacia para crear realidades utilizando el pensamiento ha sido comprobada, también, por las neurociencias[30]. Por ejemplo, durante un experimento en el que se utilizaron neuroimágenes, se observó que esta práctica incrementa la actividad del lóbulo frontal izquierdo (donde se procesan las emociones positivas)[31] y, al mismo tiempo, reduce la de otras zonas relacionadas con las negativas.

---

27 Véase Braidot, N., *Sácale partido a tu cerebro*, Ediciones Gestión 2000, Barcelona, 2011, Capítulo I.
28 Koyama, T.; McHaffie, J.; Laurienti, P. y Coghill, R., "The subjective experience of pain: Where expectations become reality". En: PNAS, 102: 12950-12955, 2005.
29 Uno de los científicos que han estudiado este tema es Brian Knutson, de la Universidad de Stanford, en los Estados Unidos.
30 En la Universidad de Wisconsin (Estados Unidos), se destaca el aporte realizado por Richard Davidson, quien concluye en que la meditación tiene efectos biológicos y produce cambios en el cerebro asociados a emociones positivas.
31 Boto, A., "La meditación sana", Suplemento N° 547, www.elmundo.es.

➤ En síntesis:

El cerebro reacciona ante lo que pensamos *creyendo que es verdad*. Por ello, las imágenes mentales y los pensamientos actúan como escultores, no solo de nuestra arquitectura cerebral, sino también de nuestras realidades cotidianas.

Las herramientas para automonitorear los *buenos pensamientos* y neutralizar los *malos* forman parte esencial del Método de Venta Neurorrelacional.

Capítulo 2

El cerebro emocional del vendedor... y el comprador

CONTENIDOS

1. Las emociones en la neuroventa

Más de una vez usted se habrá encontrado con clientes contentos, alegres o equilibrados, y también con personas irritadas, ansiosas, malhumoradas o deprimidas. El clásico "loco", que (¡encima!) suele ser el que más peso tiene en las decisiones, es probable que también figure en su agenda.

¿Qué hacer? Mejor dicho: ¡qué hacer! Aunque está claro que podemos identificar una emoción por medio del canal verbal (cuando nuestro interlocutor la expresa con palabras), la mayoría de las veces debemos buscar pistas para detectarla. Precisamente, una de las principales características de las emociones es que son percepciones subjetivas. Si quien las experimenta suele decir, por ejemplo: "no sé qué me pasa, pero no estoy bien", imagine la situación de un vendedor que debe "descifrar" lo que está sintiendo su cliente.

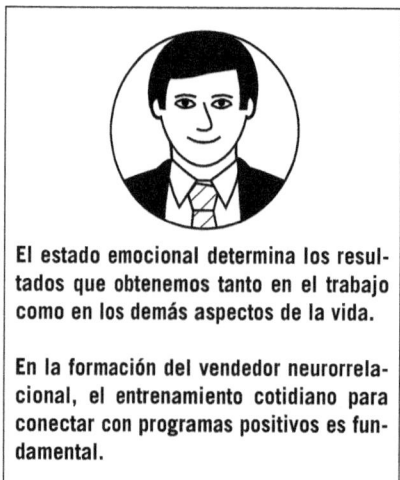

Con seguridad, sabe que "algo" le pasa... pero ¡qué es! Hallar la respuesta no es sencillo, por eso debemos entrenarnos para comprender y actuar en consecuencia. Fíjese qué interesante es esta reflexión de Gardner[1]: "*La inteligencia interpersonal se construye a partir de una capacidad nuclear para sentir distinciones entre los demás, en particular, contrastes en sus estados de ánimo, temperamentos, motivaciones e intenciones. En formas más avanzadas, esta inteligencia permite a un adulto hábil leer las intenciones y deseos de los demás, aunque se hayan ocultado*".

El estado emocional determina los resultados que obtenemos tanto en el trabajo como en los demás aspectos de la vida.

En la formación del vendedor neurorrelacional, el entrenamiento cotidiano para conectar con programas positivos es fundamental.

A nivel personal, esto es, si nos ponemos en la piel del vendedor, de todos los sucesos que lo esperan cada vez que comienza un nuevo día el modo en que logre establecer una relación con los demás es el menos predecible, justamente por eso debe prepararse.

Por ejemplo, cada vez que decimos que la alegría es contagiosa y que, a la inversa, debemos poner una muralla invisible para que no nos afecte el encuentro con una persona que tiene mal humor, lo que estamos haciendo es reconocer el enorme poder que ejercen sobre nosotros las emociones ajenas.

---

1 Gardner, H, *Frames of the Mind: The Theory of Multiple Intelligences*, Basic Books, New York, 1983.

Dado que con las propias ocurre lo mismo, ya que el buen humor de un vendedor puede contagiar a su cliente, comenzaremos por comprender qué son las emociones y, posteriormente, cómo influyen en las diferentes etapas de un proceso de ventas.

1.1. ¿Qué son las emociones?

En términos de un colega que ha escrito una especie de manual sobre el tema, Luis José Uzcátegui[2], "*La emoción es la función más utilizada de la mente; sin ella, no se moverían con excelentes resultados ni la inteligencia ni la memoria*". Es verdad: sin emociones, no habría novelas, música, películas, publicidad, recuerdos, conmemoraciones, etcétera. Viviríamos en sociedades mecánicas, racionales, autómatas, donde la comunicación humana se manifestaría de una forma difícil de imaginar.

Si bien todas las emociones tienen un sustrato biológico, no podemos obviar su carácter espiritual y moral. De hecho, sería muy difícil concebir actos guiados por la bondad, la generosidad o el amor al prójimo si estuviéramos desprovistos de emociones.

Cuando los centros cerebrales relacionados con las emociones están dañados, las personas lesionadas se convierten en algo parecido a un autómata. Además de no poder sentir, tienen grandes dificultades para tomar decisiones[3].

Las emociones no pueden comprenderse si no analizamos sus mecanismos neurobiológicos.

Aunque registremos que nuestro corazón late más rápido cuando sentimos euforia o miedo, la verdadera base de las emociones reside en el cerebro.

Rodolfo Llinás, un científico que dedicó gran parte de su vida a entender la relación entre la actividad del cerebro y la conciencia, sostiene que las emociones son estados funcionales del cerebro porque allí se genera nuestro "yo"[4]. Esto puede resultar complicado, tal vez extraño para algunos vendedores, sobre todo para aquellos que profesan una religión, pero es así.

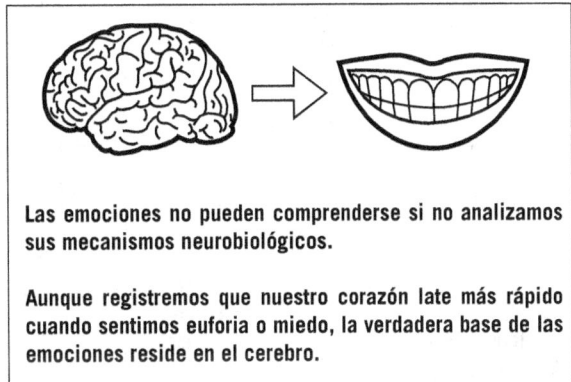

---

2   Uzcátegui, J. L., *Emociones inteligentes: el manual de la inteligencia emocional*, Litho Polar, Caracas, 1998.
3   Damasio, A., *El error de Descartes: la razón de las emociones*, Andrés Bello, Madrid, 1999.
4   Llinás, Rodolfo R., *El cerebro y el mito del yo*, Norma, Bogotá, 2003.

La neurociencia ha demostrado varias veces que las emociones son estados de la mente que articulan aspectos neurocognitivos (como lo que estamos pensando o aprendiendo en un determinado momento) con sensaciones físicas. Al mismo tiempo, actúan como filtros en la percepción y tienen un rol importantísimo en la fijación de la memoria. Sin emociones no podríamos ni siquiera sobrevivir.

Por ejemplo, si estamos haciendo trekking en una zona de montañas y de repente aparece un tigre, nuestro cerebro no tiene tiempo para razonar "¿hacia dónde corro?". Es la zona emocional comandada por la amígdala la que desencadena la reacción que nos hace pegar un salto y alejarnos del peligro.

En cambio, cuando el riesgo es moderado se ocupa la neocorteza de mantener el control: recibe información sensorial a través del tálamo, analiza la situación, decide un plan de acción y le ordena a la amígdala una respuesta determinada[5].

Como vemos, el sistema emocional tiene una memoria no consciente que desencadena comportamientos instintivos. Estos pueden salvarnos la vida o, a la inversa, traernos problemas cuando es la amígdala, y no la corteza, la que predomina en determinados momentos.

Cuando el riesgo percibido es alto, una parte de los estímulos sensoriales que llegan desde algunos sentidos –por caso la vista y el oído– pasan primero por la amígdala.

Ello permite a esta estructura emitir una respuesta rápida antes de que la señal llegue a los lóbulos frontales, que se ocupan de elaborar reacciones pensadas.

Las reacciones irracionales de algunos clientes, por ejemplo, pueden ser un indicador de que su amígdala no solo se activa ante situaciones reales que pueden causarle un perjuicio importante, sino también ante aquellas en las que su propio pensamiento ha creado una realidad determinada.

---

5 LeDoux, Joseph, *The Emotional Brain*, Simon and Schuster, New York, 1996. Junto a otros investigadores, este autor demostró que en el cerebro existen vías neuronales que transmiten información sensorial desde el tálamo a la amígdala, sin intervención de la corteza. Esto constituye una evidencia de que existe un procesamiento de las emociones que es previo a la conciencia que se tiene sobre estas.

1.2. Marcadores somáticos: ¿por qué son tan importantes en la neuroventa?

Para pegar un salto o generar adrenalina no necesariamente tenemos que encontrarnos de manera inesperada con un tigre. La mayor parte de nuestra vida está regida por disparadores de origen emocional vinculados a **episodios** que hemos vivido y **nos marcaron en forma no consciente**.

En neuroventas, estos marcadores (que Antonio Damasio denominó "somáticos") tienen una enorme influencia en el comportamiento del cliente y pueden ser:

> Los marcadores somáticos son experiencias emocionales (positivas y negativas) que el cerebro asocia y archiva junto al estado fisiológico que se experimentó en un momento determinado.

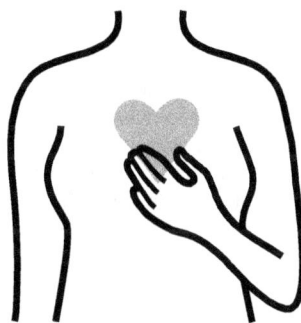

- **Positivos:** generan una predisposición favorable a la compra.
- **Negativos:** generan una conducta de rechazo hacia la empresa, los productos o el vendedor (según la experiencia).

En ambos casos, el cliente no es consciente de este proceso.

Por ejemplo, mi hijo Pablo recibe cada tanto un catálogo bien ilustrado de un proveedor de equipos de audio. Lo lee detenidamente e incluso dialogamos sobre el avance de la tecnología incorporada en estos aparatos (que a él le fascina). Sin embargo, luego los compra en el negocio de un competidor. ¿Por qué sucede esto?

> Por ejemplo, un estado de miedo asociado al temblor corporal por una compra institucional tan desacertada que puede provocar la pérdida del empleo (cliente).

Haciendo memoria, recordé una experiencia negativa que Pablo tuvo con ese proveedor hace muchísimos años, cuando equipó su primer departamento. Estoy prácticamente convencido de que no la recuerda, ni siquiera la registra cuando le llegan ofertas; sin embargo, por "algo" no compra allí.

Ese "algo" seguramente tiene que ver con los marcadores somáticos, que en forma no consciente determinan no solo el mayor o menor bienestar que sentimos al estar en determinados lugares y con ciertas personas, sino también, y este es el tema que nos interesa en esta obra, el rechazo o la aceptación de un producto, un punto de ventas, un vendedor.

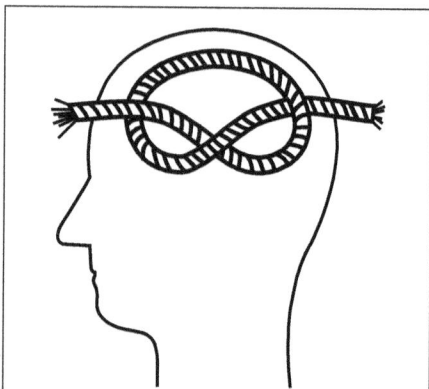

Desactivar un marcador somático negativo es complejo; por ello, el vendedor debe estar atento a todo lo que ocurre desde el momento en que el cliente realiza el primer contacto.

Cuando se han creado determinados neuro-circuitos, por más que el departamento de atención al cliente intente resarcir errores con atenciones especiales o cualquier otro tipo de gratificación, la primera experiencia será la que se grabe con más fuerza en el cerebro, e influirá en la conducta de compra futura.

En estos procesos juega un papel decisivo la amígdala, que participa tanto en la recepción y el procesamiento de los estímulos que ingresan a través de los sistemas sensoriales como en la fijación de la memoria emocional.

Cuanto más intensa es la activación de la amígdala, más imborrable es la huella mnésica de una experiencia que nos ha generado una emoción, tanto en forma positiva (satisfacción, disfrute del producto) como negativa (lamentablemente, es común que haya clientes furiosos por acciones inconcebibles de parte de algunos vendedores y empresas).

Si bien se han desarrollado herramientas para ayudar al vendedor en el arduo trabajo de desactivar determinados neurocircuitos en el cliente, la neuroventa (al igual que en la medicina), apunta a la prevención, esto es, a evitar la creación de un patrón de respuesta derivado de un marcador somático negativo.

Por su parte, el neuromarketing se ocupa de capitalizar las emociones positivas contribuyendo, de este modo, a la gestión de ventas: *"Las marcas líderes se caracterizan por su riqueza en la cantidad de imágenes y asociaciones emotivas que provocan en el cliente, por todo lo que significan para él, y hoy se sabe exactamente en qué lugar del cerebro residen las emociones vinculadas con estas"*[6].

Una estrategia de ventas eficaz debe seguir el ejemplo de estas marcas, tratando no solo de generar marcadores somáticos positivos, sino también, y fundamentalmente, de capitalizarlos mediante mensajes que activen su memoria priming. Esta es la principal razón por la que un vendedor debe conocer, además, cuál es el contenido del mensaje diseñado por la estrategia de comunicaciones, tanto para la empresa como para el producto o servicio que él se ocupa de vender.

---

6 Braidot, N., *Neuromarketing, neuroeconomía y negocios*, Edit. Puerto Norte-Sur, Madrid, 2005.

1.3. La influencia emocional en el sistema de recompensa del cliente

Tal como vimos en el Capítulo 1, el sistema de recompensa del cerebro es un circuito responsable de generar estados de bienestar[7]. De hecho, cuando las emociones que experimenta un cliente activan estas zonas, es posible lograr una predisposición positiva a la compra que se va reforzando con experiencias similares subsiguientes (reforzamiento positivo).

Ahora bien, cuando el producto o la gestión del vendedor (también puede ser de un área de la empresa, como ocurre con el incumplimiento en los plazos de entrega) provoca una sensación de disgusto e insatisfacción en el comprador, ocurre exactamente lo contrario (reforzamiento negativo):

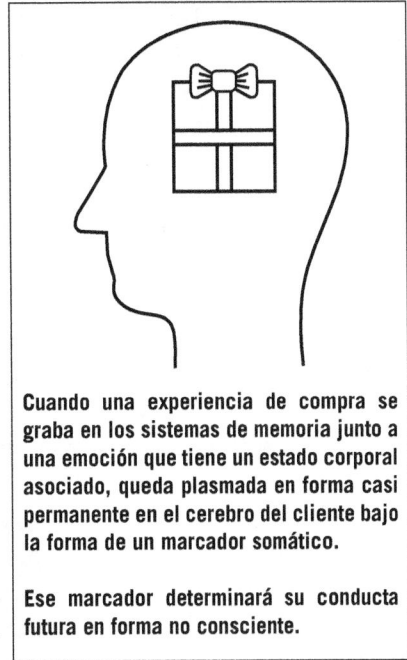

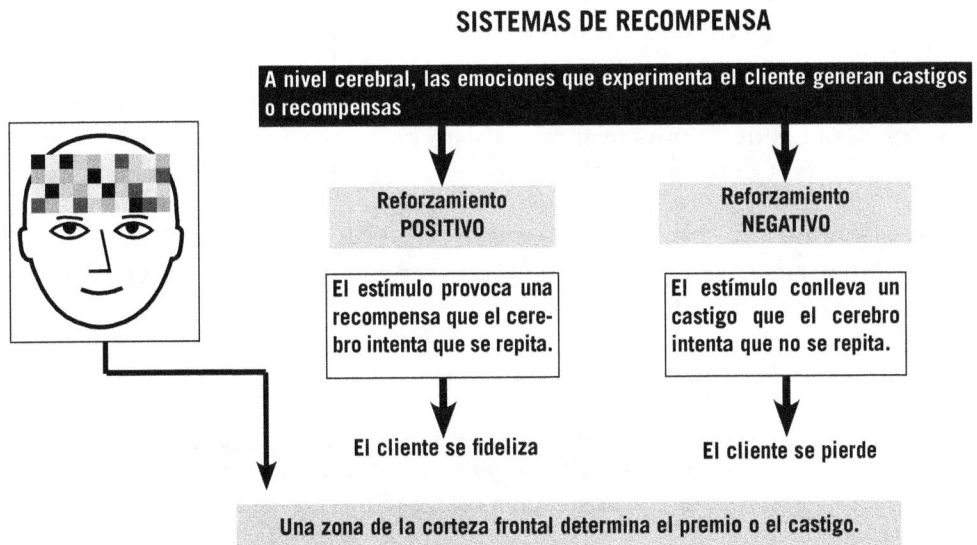

Cuando una experiencia de compra se graba en los sistemas de memoria junto a una emoción que tiene un estado corporal asociado, queda plasmada en forma casi permanente en el cerebro del cliente bajo la forma de un marcador somático.

Ese marcador determinará su conducta futura en forma no consciente.

SISTEMAS DE RECOMPENSA

A nivel cerebral, las emociones que experimenta el cliente generan castigos o recompensas

Reforzamiento **POSITIVO**

Reforzamiento **NEGATIVO**

El estímulo provoca una recompensa que el cerebro intenta que se repita.

El estímulo conlleva un castigo que el cerebro intenta que no se repita.

El cliente se fideliza

El cliente se pierde

Una zona de la corteza frontal determina el premio o el castigo.

---

7   Belsasso G.; Estañol B. y Juárez H. "Los sistemas de recompensa en el cerebro". *Revista de Neurología, Neurocirugía, Psiquiatría;* 2001, 22-24.

Si bien al abordar este sistema se suele focalizar en el hedonismo (dada la relevancia de determinados segmentos de mercado en la búsqueda de placer a través de productos y servicios), es muy importante saber que el cerebro, además de un experto en premios, también lo es en castigos: el neuromarketing ha corroborado que los clientes eligen o rechazan a las marcas según su valor de recompensa. Para comprender la enorme influencia emocional en este sistema, veremos un caso de reforzamiento positivo.

Durante una investigación realizada en la Universidad de Cambridge en la cual se estudió lo que ocurría en el cerebro de un grupo de personas mientras leían el menú de un restaurante[8], se observó que las primeras luces se encendieron en la amígdala y que las diferencias en el nivel de activación de esta dependían del valor que los participantes les otogaban a los platos.

Dado que el menú se les entregó luego de conocer sus preferencias alimenticias (no había platos desconocidos), tanto esta como otras investigaciones han dejado en claro que el valor que las personas les otorgan a determinados productos y servicios depende de lo que representan para ellos a nivel emocional y, fundamentalmente, de lo que quede registrado en el sistema de recompensa de su cerebro. En la citada investigación, y milisegundos después de la amígdala, se activó la zona de la corteza órbito-frontal-medial, que se ocupa de la toma de decisiones.

Si bien los vendedores saben perfectamente que las experiencias anteriores (que son las que componen el proceso de aprendizaje del cliente) determinan los comportamientos futuros, la neurociencia está mostrando que, a nivel cerebral, estos procesos son más potentes de lo que se creía.

Por ello, y dado que todos tenemos clientes de primera vez, uno de los mayores desafíos de la neuroventa consiste en bucear en las profundidades de su mente para detectar preferencias con un doble objetivo:

- Generar un reforzamiento positivo.
- Neutralizar y/o eliminar cualquier acción que pudiera conducir a un reforzamiento negativo.

➤ En síntesis:

> **Entre las emociones que experimenta el cliente y la decisión de compra hay un mediador importantísimo: el sistema de recompensa.**
> **Si el cerebro no registra recompensas, no hay ventas.**

---

8 Arana, S. *et al.*, "Dissociable Contributions of the Human Amygdala and Orbitofrontal Cortex to Incentive Motivation and Goal Selection". En: *Journal of Neuroscience*, octubre 22, 2003.

2. El cerebro emocional y la toma de decisiones

Para poder interpretar al cliente, descubrir cuáles son las verdaderas necesidades que subyacen a sus requerimientos y, más aún, entender por qué se queja, por qué compra y por qué decide no hacerlo, es muy importante tener nociones sobre el cerebro emocional y, a su vez, sobre el modo en que sus estructuras influyen en la toma de decisiones.

Estos conocimientos tienen, a nivel macro, dos grandes campos de aplicación:

- Comprender el **proceso de toma de decisiones del cliente.**
- Mejorar el **proceso de toma de decisiones del vendedor.**

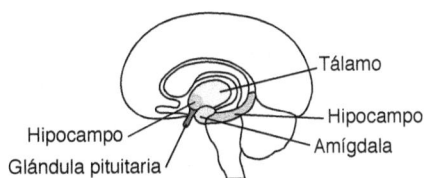

Las emociones se generan en el sistema límbico mediante un grupo de estructuras cerebrales que ayudan a registrarlas y regular su expresión.

La más importante es la amígdala, que participa tanto en la recepción y el procesamiento de los estímulos que ingresan a través de los sistemas sensoriales como en las respuestas que generamos.

Tengamos presente que desde el primer contacto con el cliente el vendedor comienza a tomar decisiones, por ejemplo, sobre el lugar más conveniente para la reunión, los argumentos que utilizará, el tipo de presentación que realizará. Luego, durante la entrevista, puede encontrarse ante situaciones o planteos de menor o mayor complejidad que le exigirán decidir y resolver sobre la marcha.

Por lo tanto, cuanto más sepamos sobre los procesos cerebrales vinculados a la toma de decisiones (tanto los propios como los del cliente) mayores probabilidades tendremos de construir relaciones a largo plazo, es decir, de aumentar la rentabilidad de los negocios actuales y futuros.

Al respecto, quisiera destacar que, si bien se publican muchos artículos según los cuales la fidelidad es cada vez más volátil, nosotros estamos en condiciones de discrepar con esa afirmación, dado que desde hace años trabajamos con la fuerza de ventas de organizaciones de varios países. En el mercado de intangibles, como los seguros, muy pocos clientes se juegan a cambiar de compañía (aun cuando les convenga económicamente) si se sienten "seguros" en la que vienen contratando desde hace tiempo.

En los mercados de consumo hay diferencias que es necesario estudiar, ya que suele haber una migración temporal de clientes que se ubican en el mismo segmento ante ofertas específicas de las primeras marcas (caso de lácteos en supermercados). No sucede lo mismo en otras categorías. Por ejemplo, aunque Coca-Cola ofrezca seis botellas al precio de cuatro, el cliente de Pepsi seguirá comprando Pepsi, y viceversa.

Ahora bien, la venta de gaseosas *premium* en otros segmentos es diferente. Por ejemplo, en la mayor parte de los bares y restaurantes venden Coca-Cola o Pepsi. Si el cliente desea una bebida cola no puede elegir, ya que la presencia de una marca involucra la ausencia de la otra. Dado que la facturación asciende a sumas siderales en este segmento, la gestión de la fuerza de ventas es fundamental, incluso en productos tangibles dirigidos al mercado masivo.

Por lo tanto, y al igual que en el caso precedente, en muchos sectores no hay modo de vender si no se crea una relación que perdure en el tiempo. Como la venta neurorrelacional involucra principalmente una relación persona a persona, cara a cara, es necesaria una formación interdisciplinaria, que abarque la mayor cantidad de temas posibles. De momento, nos detendremos en el proceso de toma de decisiones.

2.1. Rol de las emociones en el proceso de decidir

Para comprenderlo de manera sencilla, recurriremos al caso de uno de los pacientes de Antonio Damasio, conocido como "caso Elliot". Este paciente era un empresario que, tras habérsele extirpado un tumor en el área frontal del cerebro, no podía "sentir": no se inmutaba frente a imágenes horrorosas ni frente a situaciones extremas. Ante este hecho, podríamos pensar que Elliot era ideal para tomar decisiones, ya que su condición impediría que se dejara llevar por sus sentimientos.

Sin embargo, sucedía todo lo contrario: este paciente tenía graves problemas para decidir. La conclusión de Damasio, que realizó numerosas investigaciones sobre este tema con otros especialistas[9], es que sin emociones es prácticamente imposible evaluar correctamente una situación.

Por ejemplo, al no sentir miedo, carecemos del instinto necesario para saber si podemos contratar o no un servicio de seguridad. Al desconocer el afecto, somos incapaces de establecer un diálogo amigable con un cliente.

Para comprender mejor el mecanismo de las emociones y por qué tendríamos graves dificultades para decidir si estas no funcionaran, le proponemos que se detenga y analice la siguiente gráfica:

---

9 Bechara, A. y Damasio, A., "The somatic marker hypothesis: a neural theory of economic decision-making". En: *Games and Economic Behavior*, 52: 336-372, 2005.

¿QUÉ OCURRE EN EL CEREBRO CUANDO TOMAMOS UNA DECISIÓN?

Una región de la corteza prefrontal integra la información implicada en el proceso.

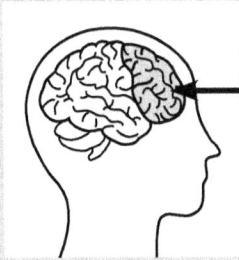

- Estados somáticos.
- Información procedente de los sentidos.
- Recuerdos almacenados en la memoria.
- Datos procedentes de la amígdala, el hipotálamo y algunos núcleos del tronco cerebral.

Queda claro que, si bien lo que vamos a decidir se define en la corteza (que es la parte más evolucionada del cerebro del ser humano), la mayoría de los factores que actúan como input están vinculados con estructuras emocionales que le facilitan al cerebro la tarea de elegir una entre dos o varias opciones. Por ejemplo, los marcadores somáticos pueden enviar señales no conscientes que preceden y, al mismo tiempo, agilizan el proceso de decidir, llevándonos a que, más de una vez, no podamos explicar "conscientemente" por qué elegimos esto y no aquello.

Cuando están ausentes o se han debilitado, es posible que las decisiones que se tomen sean inadecuadas o desventajosas (como en el caso de Elliot), y que nos lleven a tropezar con la misma piedra, por ejemplo, comprando nuevamente en un lugar donde hemos tenido una mala experiencia.

Estos conocimientos son de suma importancia en la formación de los vendedores y tienen numerosas aplicaciones (que veremos en detalle al llegar a la Parte II, en la que desarrollamos nuestra metodología), por ejemplo:

- Aprenden a preparar las entrevistas sabiendo que será el pensamiento emocional, no el racional, el que prevalezca en la toma de decisiones, aun cuando se encuentren ante personas que aparenten lo contrario.

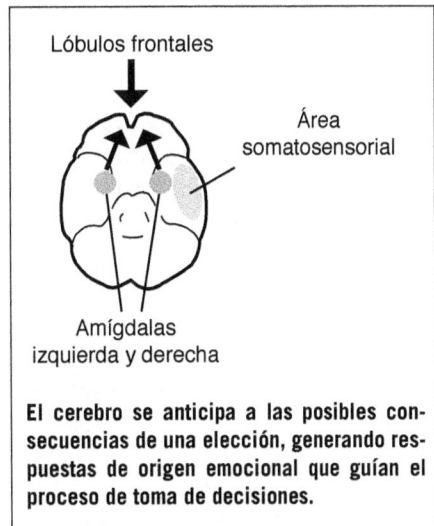

Lóbulos frontales

Área somatosensorial

Amígdalas izquierda y derecha

El cerebro se anticipa a las posibles consecuencias de una elección, generando respuestas de origen emocional que guían el proceso de toma de decisiones.

- Adquieren herramientas para detectar las claves emocionales que suministra el cliente durante todo el proceso.
- Sus nociones sobre la anatomía del proceso de toma de decisiones los ayudan a contener al cliente cuando este actúa como si no tuviera capacidad para pensar. Aprenden a contenerlo.
- Obtienen nuevas herramientas para elaborar argumentos que apunten directamente a los centros emocionales y neutralicen la acción de los racionales.
- Adquieren conocimientos importantes para, posteriormente, trabajar en su propio entrenamiento: autoliderazgo emocional.

Sin duda, el conocimiento de los mecanismos emocionales es sumamente importante ya que la mayoría de los problemas con que nos enfrentamos en la vida requieren métodos de análisis que, en el fondo, involucran sentimientos.

Hoy se sabe que no solo la capacidad para analizar conceptos abstractos y organizarlos en la mente está relacionada con las emociones, también se sabe que estas van moldeando nuestro potencial cerebro y determinan la forma en que cada uno de nosotros se comunica consigo mismo y con los demás.

2.2. Cliente y vendedor: el cerebro ejecutivo y el emocional

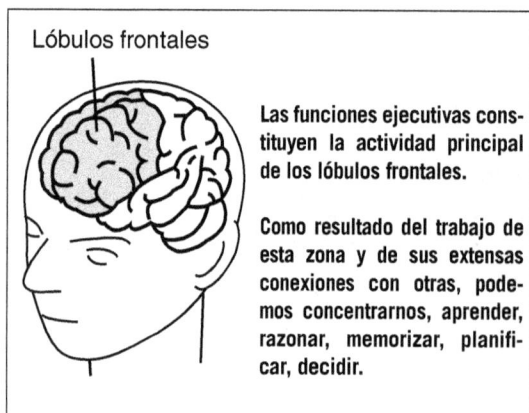

Lóbulos frontales

Las funciones ejecutivas constituyen la actividad principal de los lóbulos frontales.

Como resultado del trabajo de esta zona y de sus extensas conexiones con otras, podemos concentrarnos, aprender, razonar, memorizar, planificar, decidir.

Las principales funciones cerebrales que diferencian a los seres humanos de los demás mamíferos se asientan en la corteza prefrontal y se denominan **funciones ejecutivas**. Son las que organizan nuestros pensamientos, ideas y acciones, y los dirigen hacia un fin determinado.

Estas funciones actúan, además, como sustento de la personalidad, la conciencia, la sensibilidad social y la empatía[10]. En lo que respecta a la toma de decisiones, regulan procesos que son muy importantes, como la atención, el razonamiento, la evaluación y el autocontrol[11].

---

10 Estévez González *et al.*, "Frontal Lobes. The executive brain". En: *Rev. Neurol*, 31(6): 566/577, 2000.

11 Tirapu Ustárroz, J., "Estimulación y rehabilitación de las funciones ejecutivas", Universidad

Por ejemplo, cuando un cliente analiza el precio de nuestro producto, realiza cálculos relacionados con la compra, y evalúa los pro y los contra de la financiación que le ofrecemos, está utilizando sus funciones ejecutivas.

Dado que el principal objetivo de esta obra es formar a los vendedores con el Método de Venta Neurorrelacional, las funciones ejecutivas cuya performance nos interesa especialmente son las del vendedor, ya que todas pueden desarrollarse y optimizarse. Para comprender la enorme importancia de estas afirmaciones, analicemos lo que ocurre cuando hay dificultades:

SÍNTOMAS QUE REVELAN UN MAL DESEMPEÑO DE LAS FUNCIONES EJECUTIVAS:

- **Dispersión:** dificultades para focalizar la atención y concentrarse.
- **Problemas de aprendizaje y memoria.**
- **Problemas para manejar secuencias de información.**
- **Dificultades con el manejo del tiempo.**
- **Inconvenientes en la formulación de objetivos, planificación y toma de decisiones.**
- **Impulsividad. Problemas para automonitorear la conducta.**

Como vemos, una persona con un mal desempeño de estas funciones no puede dedicarse a vender. Afortunadamente, en el caso de hombres y mujeres sanos (esto es, que no hayan sufrido ninguna lesión cerebral) los problemas son coyunturales, en general provocados por estrés o un inadecuado automonitoreo emocional, y se resuelven en el corto plazo con un entrenamiento adecuado.

Ahora bien, a veces los seres humanos tendemos a conformarnos, esto es, a aceptar que nuestras capacidades de atención y concentración son normales y que... "bueno, hay personas que tienen una memoria

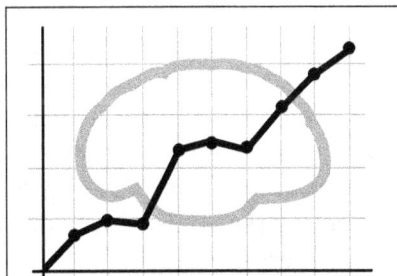

La neuroventa está comprometida con la productividad y la obtención de resultados que contribuyan al éxito de un negocio.

Por ello, el entrenamiento de las funciones ejecutivas es esencial en la formación del vendedor neurorrelacional.

Abierta de Cataluña. En: http://es.scribd.com/doc/57770458/7-NeuroPsi-Estimulacion-Funciones-Ejecutivas.

de elefante, no es mi caso, yo no nací con esa suerte" (esta frase pertenece a José, uno de mis alumnos de la Universidad de Salamanca, la recuerdo textualmente).

Por suerte para José, "nada es para siempre" (como bien dice una canción), porque las funciones ejecutivas del cerebro pueden mejorarse muchísimo a la luz de las herramientas que se han desarrollado y se continúan desarrollando a medida que aumentan los conocimientos sobre el cerebro.

En el entrenamiento neurocognitivo del vendedor hay un conjunto de técnicas que son muy efectivas, como las que apuntan a mejorar lo que se conoce como **densidad de atención**.

Por ejemplo, una de ellas consiste en abordar problemas distintos a aquellos con los que se enfrenta de manera cotidiana el participante: casos ficticios o aportados por vendedores que atienden un target completamente diferente del suyo y casos vinculados a áreas que le son desconocidas y no pertenecen al ámbito de las ventas, como el avance de la energía eólica o la reproducción de los cocodrilos.

¿Esto último le resulta extraño o irrisorio? Aunque no lo crea, es muy importante. Como el aburrimiento es un potente enemigo de la atención, y casi todos los vendedores deben tratar con clientes que los aburren soberanamente, necesitan herramientas que los ayuden a concentrarse y, al mismo tiempo, a acortar los procesos.

Esto se debe a que en general estos clientes tardan en decidirse y, peor aún, durante la entrevista suelen dedicarle mucho tiempo a hablar sobre temas que son completamente ajenos a la venta y no despiertan ningún tipo de interés en el vendedor. Tal como dicen mis amigos en España: "una verdadera lata".

> La cantidad de atención que una persona le presta a un tema o situación determinada se denomina densidad de atención.
>
> Cuanto mayor es el grado de concentración, mayor es la densidad de atención.
>
> Las neurociencias han demostrado que una adecuada densidad de atención mejora las funciones ejecutivas, ya que refuerza circuitos neurales de la corteza prefrontal.

Otro aspecto muy importante que se procura modificar tiene que ver con **optimizar la memoria de trabajo**, que es la que utilizamos para almacenar y manipular *temporalmente* la información, por ejemplo, cuando retenemos lo que el cliente nos está diciendo a medida que vamos escuchando lo que sigue y elaboramos lo qué le responderemos.

También es sumamente importante el entrenamiento de la **memoria de largo plazo**, ya que el vendedor constantemente necesita recuperar datos y, a su vez, demostrarle al cliente que lo conoce muy bien. Un descuido en este sentido puede ser grave; por ejemplo, si se equivoca con su nombre o no recuerda lo que le ha vendido en otras oportunidades puede disgustarlo, generando una predisposición negativa para la venta.

El entrenamiento de la memoria de trabajo es fundamental en la formación del vendedor debido a que es un estado de la mente en el que se retiene y utiliza la información para resolver un problema, razonar, comprender lo que le está diciendo el cliente y tomar decisiones.

Ambos sistemas interactúan constantemente; por ejemplo, si el vendedor intenta descifrar los verdaderos requerimientos que subyacen a los argumentos de su cliente, necesita una memoria operativa ágil, que asocie con velocidad las relaciones entre lo que va diciendo y lo que ya dijo.

El manejo inadecuado de las emociones afecta negativamente el rendimiento de las funciones ejecutivas del vendedor.

Por ello, el Método de Venta Neurorrelacional incorpora un conjunto de herramientas destinadas a neutralizar este problema.

Paralelamente, precisa una memoria de corto plazo eficaz, que le suministre información sobre **episodios** anteriores, como compras ya efectuadas, comentarios sobre la empresa, los competidores o cualquier otra que resulte útil. El término en negritas no es casual, alude a la **memoria episódica**, que es la que permite almacenar y evocar hechos, lugares, fechas, por eso es tan importante en la gestión del vendedor.

Cuanto mejor funcionen los sistemas de memoria, más fácil será llevar adelante una entrevista que culmine en una venta exitosa y, fundamentalmente, que maximice el grado de satisfacción del cliente.

2.3. Influencia de las emociones en el desempeño de las funciones ejecutivas

La ausencia de liderazgo emocional afecta negativamente las funciones ejecutivas y, en consecuencia, su desempeño.

Así como un alumno puede bloquearse durante un examen si se pone nervioso y un tenista puede perder un torneo por el mismo motivo, el vendedor que no aprenda a monitorear sus emociones puede fracasar, tanto ante sus clientes como dentro de la organización para la que trabaja.

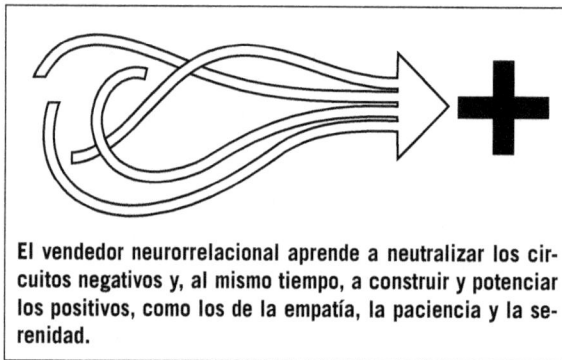

El vendedor neurorrelacional aprende a neutralizar los circuitos negativos y, al mismo tiempo, a construir y potenciar los positivos, como los de la empatía, la paciencia y la serenidad.

Si bien existen temas coyunturales (como la angustia originada por una situación personal que se va en cuanto esta se resuelve), también hay cuestiones que son inherentes a la personalidad: hay vendedores más susceptibles que otros, unos que se enojan fácilmente y otros que se deprimen cuando no logran los resultados esperados.

En cuanto a la **memoria**, se ha comprobado que el cerebro evoca con mayor facilidad los recuerdos felices cuando estamos contentos y los desagradables cuando estamos tristes o deprimidos, por eso es tan importante realizar un trabajo sistemático para sentirse bien.

Afortunadamente, hoy es posible transformar los circuitos cerebrales responsables del desequilibrio emocional siempre que se implementen las técnicas adecuadas, porque todas nuestras capacidades tienen un correlato anatómico. Por ejemplo, si bien los lóbulos frontales son esenciales para el desempeño ejecutivo, se ha comprobado que también intervienen en la asimilación de las emociones: moderan las reacciones viscerales y participan en la elaboración de los planes que determinan el comportamiento cuando está dirigido por estas.

A este tema apunta gran número de los ejercicios que se suministran como ejemplos en la Parte IV de esta obra. Cualquier persona que los realice con constancia podrá comprobar su eficacia en el corto plazo.

Otra estrategia para desbloquear el efecto de las emociones negativas consiste en recurrir al poder del pensamiento[12]. Justamente, uno de los grandes trabajos que forman parte de la preparación previa a la entrevista consiste en *generar emociones positivas* mediante la imaginación. Si el vendedor lo logra, es muy probable que la comunicación que establezca con él mismo, los demás y sus clientes sea mejor y, más aún, que tome decisiones más acertadas durante todo el proceso de negociación.

---

12 Véase Parte IV, "Desarrollo cerebral del vendedor".

Del mismo modo que para acompasar al cliente, esto es, comunicarnos con él en una misma sintonía, necesitamos de una técnica, para recuperar emociones debemos recurrir a su propia lógica: la asociativa, en este caso, buceando dentro de nosotros mismos.

Por ejemplo, cuando algún aspecto de un acontecimiento aparece como similar a un recuerdo cargado emocionalmente, el cerebro responde activando los sentimientos que acompañan el acontecimiento rememorado. ¿A qué concepto corresponde esta expresión? Sí, lo recordó bien: a los marcadores somáticos.

Si bien los marcadores son no conscientes, esto es, nos llevan a actuar de una determinada manera sin saber por qué lo hacemos, todos podemos rememorar voluntariamente un hecho que nos ha marcado con alegría o felicidad, generando de este modo un estado de ánimo que nos predisponga de manera favorable para obtener resultados positivos.

Los pensamientos pueden adoptar el matiz de los sentimientos que acompañaron nuestros mejores momentos y predisponernos en forma positiva para afrontar el día que nos espera.

Por lo tanto, y en síntesis:

El vendedor puede hacerlo, al igual que cualquier otra persona, rememorando algún acontecimiento en el que se haya sentido muy feliz, un momento de su vida profesional en el que haya alcanzado el éxito que deseaba, las picardías de sus chicos… Insisto en que todos tenemos momentos felices para recordar. Lo importante es que el cerebro reciba un mensaje como el siguiente: "me siento bien", y experimente esa sensación.

Como veremos al llegar a la Parte IV, existen técnicas muy sencillas para generar un estado de ánimo positivo, como sonreír y modificar conscientemente una expresión facial o la postura para cambiar el perfil anímico.

➤ En síntesis:

Todos podemos entrenar nuestro cerebro para pensar, sentir, comunicarnos y decidir en forma más eficaz.

Varios experimentos han constatado que es posible revertir los estados de ánimo negativos solo con el pensamiento.

2.4. El vendedor: cuando las emociones se incrustan en el cuerpo

Cuando decimos, por ejemplo: "tengo un nudo en la garganta"; "soy una bola de nervios"; "se me parte el corazón", estamos reflejando la relación directa entre los estados del cuerpo y el sentimiento generado por las emociones.

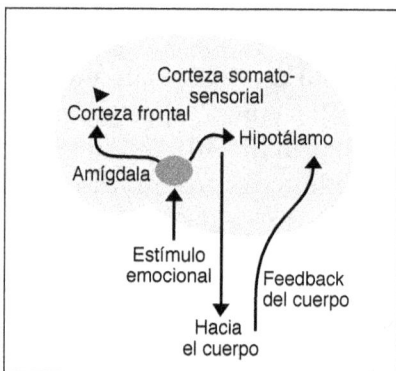

En realidad, todas las situaciones de contenido emocional, ya sean negativas, como la rabia o la amargura, o positivas, como la alegría y la euforia, desencadenan una reacción orgánica (generada por el sistema nervioso). Esto quedó claro cuando vimos los marcadores somáticos.

Esta reacción orgánica hace que el "cuerpo" participe de una manera notable. (La figura de la izquierda esquematiza, con sencillez, cómo se desencadenan estos mecanismos.)

Ante una situación de miedo, por ejemplo, un nervio que conecta el cerebro con las glándulas suprarrenales estimula la secreción de dos tipos de hormonas (adrenalina y noradrenalina).

Estas hormonas activan determinados receptores del nervio vago, que transmite los mensajes procedentes del cerebro que regulan la actividad cardíaca y, luego (activado también por estas mismas hormonas), devuelve las señales al cerebro. ¿Parece complicado? Bueno, no pretendo dar una clase de anatomía, simplemente, ampliar y reforzar de manera sencilla los conceptos que ya hemos visto al abordar el tema de los marcadores somáticos.

En ello, obviamente, no estoy solo: hace unos cuantos años, el médico y filósofo norteamericano William James, al referirse a la corporalidad de las emociones, decía: "Si sentimos una fuerte emoción e intentamos abstraer de nuestra conciencia todos los sentimientos de sus síntomas corporales, nos encontramos con que no queda nada, ningún material mental que la pueda constituir; lo único que resta es un estado neutral y frío de percepción intelectual".

¡Cuánta verdad hay en estas palabras! Realmente, es difícil imaginar una emoción sin asociarla a un determinado estado del cuerpo. Con seguridad, a usted le ha pasado que uno de esos clientes insoportables, con quien no tenía más alternativa que dialogar (aunque, como bien dice Tom Peters, sería mucho más sano que lo hubiera "echado"), logró alterarlo.

¿Qué le ocurrió durante ese momento? ¿Acaso su rabia no era acompañada por una especie de ebullición en el pecho? Durante la entrevista, ¿no sintió en algún momento que su rostro enrojecía, aun cuando se esforzaba por controlarse? ¿Cree que pudo disimularlo?

Si usted dice que sí a la última pregunta, nos dejaría con varias dudas. En primer lugar, porque uno de los rasgos que permiten distinguir las emociones de otros fenómenos que se producen durante un proceso de comunicación humana es su mayor velocidad.

En segundo lugar, porque esa mayor velocidad hace que se reflejen (incrusten) en nuestro lenguaje corporal sin "darnos tiempo" a que las disimulemos. En otras palabras, porque las emociones fluyen tan rápido que solo podemos advertir sus efectos cuando ya se han instalado.

¿Qué hacer? Es evidente que el manejo de nuestras emociones en una entrevista de ventas exige un trabajo previo. Si en plena interacción con un interlocutor adquirimos conciencia de que estamos furiosos, y de que esta rabia se nos nota en el cuerpo, ¡ya es demasiado tarde!

Por lo tanto, para no convertirnos en rehenes de nuestras propias emociones, es necesario un trabajo de *preparación previa.*

Además de lo que ya hemos visto en apartados anteriores, debemos incorporar en forma consciente (durante la etapa de búsqueda de confianza en uno mismo) todo lo que queremos que nuestro metaconsciente asuma para proporcionarnos los recursos que necesitamos. Sin duda, uno de los mejores antídotos contra el "veneno" que suelen inyectarnos las situaciones que no nos agradan es la actitud mental positiva.

> Paul Ekman, un experto en el estudio de las emociones, llegó a la conclusión de que el momento en que tomamos conciencia de que estamos experimentando una emoción se produce entre medio y un cuarto de segundo después de que esta ha aparecido.

Si no lo logra, sus gestos lo denunciarán con facilidad, especialmente los faciales (que son auténticos "delatores"). De aquí deriva la necesidad, insistimos, de trabajar con nuestras representaciones mentales para inducir cambios emocionales positivos.

3. La inteligencia emocional en la neuroventa

El abordaje de un tema tan importante como las emociones en la gestión del vendedor no puede soslayar el de la inteligencia emocional[13], que es nada

---

13 Si bien el concepto de inteligencia emocional fue acuñado por dos psicólogos norteamericanos, el Dr. Peter Salovey y el Dr. John Mayer, su trascendencia se debe, fundamentalmente, al

menos que la capacidad humana de sentir, entender, controlar y modificar estados emocionales en uno mismo y en los demás. En otras palabras: liderar nuestras emociones y también las de los demás, y hacerlo en forma positiva, dejándolas fluir, dirigiéndolas y equilibrándolas.

Los doctores Salovey y Mayer, que fueron pioneros en la investigación sobre este tema, describieron de este modo los principales aspectos que conforman la inteligencia emocional:

- El conocimiento de las propias emociones.
- El manejo de las propias emociones.
- La automotivación.
- El reconocimiento de las emociones de los demás.
- El manejo de las relaciones interpersonales.

Si bien el de inteligencia es un concepto muy amplio –es más, los diferentes tipos que existen continúan siendo tema de investigación y debate–, es evidente que la emocional incluye elementos sociales y personales.

Desde esta perspectiva, y teniendo en cuenta que la neuroventa implica esencialmente "comunicación" entre personas, y que la mayor parte de las experiencias que existen en la vida son emocionales, podemos afirmar lo siguiente:

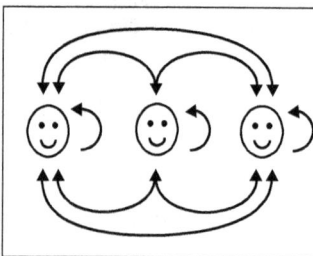

> Actuamos con inteligencia emocional cuando somos capaces de aprovechar el enorme potencial de nuestro pensamiento consciente, metaconsciente e intuitivo para desentrañar los sentimientos que subyacen a la comunicación con los demás (neurocomunicación) y con nosotros mismos (autocomunicación).

Por ello, la inteligencia emocional es esperanzadora. Cualquier vendedor que quiera desarrollarla (si no cuenta con ella en forma innata) puede hacerlo. En poco tiempo, descubrirá avances tangibles: podrá descifrar las acciones y los gestos de sus interlocutores y diagnosticar si está manejando bien (o no) el proceso de comunicación.

---

trabajo de Daniel Goleman, filósofo, investigador y periodista del *New York Times* que en 1995 publicó *La inteligencia emocional*, una obra leída prácticamente en todo el mundo.

Lograr esto no es tan difícil como parece, lo que hace falta es contar con un buen nivel de madurez emocional que garantice la confianza y el respeto en uno mismo y en los demás. Tenga presente que, si bien la inteligencia emocional es un rasgo típico de las personas más proclives al éxito, este no es el único factor que la determina.

3.1. ¿Cómo sabemos si contamos o no con inteligencia emocional?

Si bien una respuesta a la pregunta título de este apartado amerita una consulta con profesionales especializados, es posible realizar una sencilla autoevaluación que nos permita tener una idea sobre cómo estamos. Podemos hacerlo a través de los principales componentes que suelen utilizarse para medir la inteligencia emocional de una persona[14]:

- **La autoevaluación:** es la percepción que cada sujeto tiene sobre sí mismo, se relaciona con la autoestima y la autoimagen.
  Esta variable ayuda a explorar cómo nos comportamos en momentos de tensión, si somos capaces de adaptarnos y cómo es, en general, nuestro estado anímico. ¿Somos optimistas? ¿Tenemos buena predisposición? ¿Cuáles son las principales características de nuestros pensamientos cotidianos?
  ¿Somos flexibles, abiertos al cambio? ¿Nos interesa aprender cosas nuevas fuera del campo de nuestra especialidad? ¿O somos conservadores, atados a fórmulas y recetas?
- **La percepción de los demás:** el feedback que tenemos de nuestro entorno (familiar, social, laboral) es un gran indicador de nuestra inteligencia emocional. ¿Somos sensibles ante lo que le ocurre al otro? ¿Tenemos una mente abierta o somos estructurados? ¿Somos jóvenes en un cuerpo de 60 o más? ¿O somos viejos en un cuerpo de 35-40? ¿Participamos y cooperamos con los demás o tendemos a aislarnos, aunque formemos parte de un equipo?
  Esta variable es sumamente importante ya que refleja nuestra sensibilidad, nuestra apertura a las nuevas ideas y, al mismo tiempo, la capacidad para mantenernos firmes en nuestras convicciones sin "aplastar" las de los demás.

---

14 Vallejo Nágera, A. y Colom Marañón, R., *Tu inteligencia: cómo entenderla y mejorarla*, Aguilar, Madrid, 2004.

- **La capacidad para resolver problemas de relaciones con los demás:** este componente es central en la actividad de ventas, ya que tiene que ver con la comunicación, la seducción, el trabajo en equipo para encontrar la manera de ayudar a un cliente a obtener lo que desea y, al mismo tiempo, con la humildad para pedir ayuda y la generosidad para brindarla.

En síntesis, el nivel idóneo de inteligencia emocional se mide, básicamente, en función de la calidad de las relaciones que establecemos con nosotros mismos (inteligencia intrapersonal) y con los demás (inteligencia interpersonal).

Por ello, en neuroventas la definimos como la facultad para identificar e interpretar tanto los sentimientos propios (vendedor) como los de los demás (clientes, superiores, pares, compañeros de trabajo) y, a partir de allí, crear relaciones en las que predomine la empatía.

3.2. Claves para manejar los aspectos emocionales durante las entrevistas de ventas

En función de lo que hemos expuesto, le suministramos algunas claves para que usted pueda desempeñar su rol como vendedor de una manera más inteligente. Si logra implementar, no decimos todas, pero sí la mayoría de ellas, seguramente se sentirá mejor con usted mismo y con su gestión.

CÓMO ACTUAR CON INTELIGENCIA EMOCIONAL EN NEUROVENTAS

- Utilice su pensamiento consciente para generar un estado de ánimo positivo antes de la entrevista. Recuerde: *nos sentimos como pensamos que nos sentimos.*
- Evite ¡sí o sí! salir a las apuradas. Si su aspecto físico lo avergüenza, "comunicará" que se siente incómodo.
- Si está angustiado antes de partir hacia una entrevista, hable con alguien de su confianza, desahóguese, ello lo ayudará a sentirse mejor y a poner la mente en "el tema" cuando se encuentre con su cliente.
- No rechace el contacto físico con su interlocutor (excepto que se lo impongan sus distancias zonales).
- Si nota que su cliente está angustiado y se dispersa, controle su ansiedad y conduzca suavemente la conversación hacia el motivo por el cual se reunieron.
- Sea flexible ante el tema de conversación que proponga su cliente, no lo aplaste con el suyo.
- Si su cliente le cae bien y siente que es recíproco, no reprima sus emociones. Exprésele su afecto.
- Si su cliente es antipático o lo encuentra desagradable, considérelo "un dato de la realidad", trate de no engancharse con sentimientos como el rechazo.
- Si su cliente tiene un nivel educativo inferior al suyo, no caiga en la impaciencia. Utilice un vocabulario fácil de entender.
- Escuche siempre lo que le dicen: la comunicación no es eficaz cuando no se respeta el punto de vista de los demás.
- Si nota que hay discrepancias, revise mentalmente su punto de vista. Siempre existe la posibilidad de que esté equivocado.
- Sostenga en forma amable sus convicciones: no le dé la razón a su cliente cuando no la tiene.
- Si usted tiene buen sentido del humor, intente contagiarlo. Si no lo tiene, trabaje para revertirlo.
- Si algo no le gusta, no se obsesione. Deje de pensar en ello y retómelo más adelante.
- Otórguele a las actitudes y las palabras de su cliente la importancia que tienen: no maximice ni minimice los significados.
- Sea amable, no utilice términos con connotaciones negativas. Recurra a lo que sabe sobre palabras clave.
- Si en algún momento su interlocutor logra fastidiarlo, recurra a las técnicas de autocomunicación que ya conoce e intente revertir la situación.
- Evite el aburrimiento: permanezca activo y dispuesto a incorporar cambios si estos son necesarios.
- Si algo le salió mal, ¡no se deprima! Acéptelo, corrija y siga adelante.
- Reconozca con sencillez sus errores y pida ayuda o información cuando la necesite. No transmita inseguridad.
- Si nota que hay demasiada tensión y que su capacidad de tolerancia está llegando al límite, proponga un break y luego retome la conversación.
- Trate de que no lo dominen la ira o la amargura cuando no logre cerrar una venta o cuando esta no cumpla con sus expectativas.

EVITE:
- El humor negro.
- Las conversaciones sobre sexo, política y religión o cualquier otro tema relacionado con la moral y la discriminación.
- El sarcasmo.
- La indiferencia.
- La ironía.
- El egoísmo.
- La agresión.
- Los chismes.
- La mentira.
- La impaciencia
- La prepotencia.
- Los juicios.
- Las palabras hirientes y ofensivas.
- Los "portazos".
- Y... sobre todo, evite enojarse; recuerde: en una gestión de negociación o ventas, el que se enoja ¡pierde!

Tenga presente que las personas con inteligencia emocional se caracterizan por un excelente sentido del humor y que ello las ayuda a descomprimir la tensión que suele generarse en algunos procesos de negociación.

Más aún, este tipo de personas son capaces de decir "no" sin generar tirantez o enfado y se constituyen en grandes referentes para "aprender" conductas adecuadas; por ejemplo, que no es necesario callar lo que nos molesta o no nos agrada, simplemente debemos aprender a decirlo sin generar rechazo.

Cuando el nivel de inteligencia emocional es bajo, las reacciones casi siempre son inadecuadas. En una empresa, por ejemplo, hay quienes se rebelan ante una situación que no les g usta y lo expresan con convicción. En el polo opuesto están los que "no se animan" y prefieren callar. A la larga, estos últimos llevan las de perder porque la rabia contenida normalmente genera una "explosión" fuera de contexto que nadie entiende.

Esta situación, sumada a todas las sugerencias sobre lo que, a nuestro criterio, usted debe evitar en su gestión como vendedor, nos lleva al tema de las emociones destructivas, que son, simplemente, todas las que nos dañan tanto a nosotros mismos como a los demás.

Capítulo 3

Cerebro masculino; cerebro femenino. La conducta y la toma de decisiones de ellos y ellas

CONTENIDOS

1. El hombre y la mujer, ¿compran de manera diferente?

Los descubrimientos sobre el funcionamiento del cerebro están abriendo nuevos caminos para analizar el comportamiento de compra de hombres y mujeres.

En neuroventas, se analiza especialmente lo relacionado con la percepción, el procesamiento de la información, las emociones y la toma de decisiones.

En mi libro *Sácale partido a tu cerebro*[1], comienzo a desarrollar este tema mientras me hago preguntas como las siguientes: ¿por qué los hombres eligen las series policiales mientras que las mujeres prefieren un canal cultural, de decoración o turismo?

¿Por qué, cuando una pareja comparte el aparato de televisión, ya sea porque hay solo uno en la sala o porque ambos están en el dormitorio, las disputas por el control remoto se desatan debido a que los varones sintonizan los canales de deportes en tanto que ellas prefieren ver una ficción romántica?

Claro, estamos hablando aquí "en promedio". Quizá usted sea una excelente deportista y, muy lejos de todo lo que connotan sartenes y ollas, se concentre en un partido de tenis cada vez que puede. También mi amigo Isidoro Mairoser ("Chiquito", para sus íntimos) es una excepción: como buen chef amateur, elige el canal Gourmet y similares. Más aún, cocina como los dioses.

Independientemente de estas particularidades, las investigaciones van confirmando día a día que las preferencias de género se recortan claramente por mayoría: es suficiente con observar los mundiales de rugby o los desfiles de moda para comprobar que tanto en los equipos como en el estadio predominan "ellos" (en el primer caso), mientras que en la pasarela y la mayor parte de los asientos están "ellas" (en el segundo).

En líneas generales, muchos más hombres que mujeres prefieren leer, ver y hacer determinadas actividades, y viceversa. Lo mismo ocurre con la elección de productos y servicios: es suficiente con observar el comportamiento de compra de ambos sexos en un hipermercado para hacer una lista de varias páginas.

Probablemente el lector razone que ello se debe a factores socioculturales, y esto es cierto: cuando nace una nena todo es rosa, en cambio, si es un varón quien llega al mundo, desde los moños hasta los triciclos son celestes.

---

1 Braidot, N., *Sácale partido a tu cerebro*, Ediciones Gestión 2000, Barcelona, 2011, Capítulo 4.

Ahora bien, esto ocurre en Occidente. ¿Qué sucede en otras latitudes? Como sabemos, las pautas que relacionan conceptos, juegos y costumbres con lo masculino y lo femenino son diferentes. Sin embargo, y aquí viene lo importante, el cerebro de todos los habitantes del mundo tiene algo en común: el fenómeno de la neuroplasticidad.

Esto hace que las pautas culturales se vayan inscribiendo en las redes neuronales dando lugar a morfologías distintas, tal como ocurre en el cerebro de quienes son músicos, taxistas o matemáticos con relación a quienes no lo son (recuerde lo que dijimos en el Capítulo 1).

Si bien el funcionamiento es idéntico (todos tenemos células gliales y neuronas que se comunican entre sí mediante conexiones sinápticas), el cerebro de un esquimal será diferente del de un francés, y el de una mujer de Tanzania será muy distinto al de otra que nació y vive en Madrid. El motivo es muy sencillo: como las inscripciones culturales son diferentes, los neurocircuitos no pueden ser similares.

Debido al fenómeno de neuroplasticidad, las sociedades humanas van esculpiendo el cerebro de hombres y mujeres desde muy temprana edad.

Gran parte de las diferencias neurobiológicas de género residen en estas inscripciones.

Si nos concentramos en nuestra cultura, la occidental, el fenómeno de la neuroplasticidad puede explicar por qué las habilidades relacionadas con la empatía están más desarrolladas en las mujeres mientras que las vinculadas a la agresión son mayores en los varones.

Es común que las niñas tengan diez o más muñecas. Por su parte, y aunque también reciben ositos de peluche y similares, los varones se van familiarizando con el conflicto desde muy pequeños, cuando comienzan a entender cómo se utilizan las espadas o cómo funcionan sus armas de plástico.

De este modo, la cultura y el modo de entender la vida en el ámbito familiar y social van determinando la morfología cerebral. Cada vez que una niña juega a ser mamá va creando los neurocircuitos que están asociados a ese tema, y lo mismo ocurre con los varones cuando juegan a la guerra.

No obstante, no se descartan motivos vinculados a la evolución. Por ejemplo, durante una investigación realizada en forma conjunta por profesores de las universidades de Londres y de Texas, se descubrió que algunas preferencias de juguetes según el género no son producto de la influencia social[2].

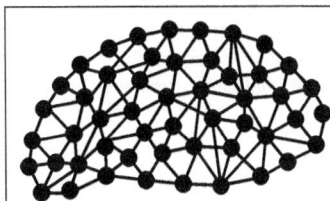

---

2   Cahill, Lawrence, "His brain, her brain". En: *Scientific American*, 292 (5): 40-47, 2005.

Las diferencias anatómicas entre el cerebro del hombre y el de la mujer se inician a las ocho semanas de gestación y continúan afianzándose a lo largo de la vida según las influencias que ambos sexos reciben del medio ambiente.

En el experimento (realizado con simios pequeños) se incluyeron juguetes clásicos de varones (como autitos), juguetes típicos de niñas (muñecas, entre otros) y artículos de género neutro (por ejemplo, libros).

Al medir el tiempo que ambos sexos pasaban con los distintos juguetes, se observó en los machos una preferencia por los considerados masculinos y en las hembras por los femeninos. Con respecto a los neutros, ambos sexos los utilizaron la misma cantidad de tiempo. Dado que los animales no pueden ser influenciados por estímulos socioculturales, se infiere que la inclinación de uno y otro sexo hacia distintos juguetes puede deberse a diferencias biológicas innatas.

Asimismo, no se descartan razones vinculadas con la evolución, esto es, con las actividades que realizaban en el mundo primitivo (la caza predominaba en el hombre mientras que la mujer se dedicaba en general a la recolección y a cuidar a los niños).

En cualquier caso, y con relación al tema que nos ocupa, las diferencias neurobiológicas dan como resultado una especie de plataforma diferente que impacta en el estilo de percibir y procesar la información. Dado que ello tiene una enorme influencia en la conducta de compra, el vendedor neurorrelacional debe conocer el estado de avance de estos conocimientos y estar atento a los que se van generando.

Sin duda, cuanto más sepamos sobre el funcionamiento del cerebro de hombres y mujeres, mayores serán nuestras posibilidades de alcanzar, incluso superar, los objetivos de venta.

2. Diferencias neurobiológicas. Aplicaciones en neuroventas

Las diferencias entre el cerebro masculino y el femenino se reflejan tanto en la morfología (el hipocampo, el cerebelo, la amígdala y la corteza, entre otras regiones, son diferentes) como en los circuitos cerebrales y el procesamiento de la información[3].

---

3 Rubia, Francisco J., *El sexo del cerebro*, Ediciones Temas de Hoy, Madrid, 2007.

En estas particularidades tiene una enorme influencia el sistema hormonal. Por ejemplo, los hombres tienen un nivel alto de testosterona. Ello influye en un mayor desarrollo del hemisferio derecho (del que dependen las habilidades visuoespaciales) y aumenta la predisposición para agredir.

Las mujeres, en cambio, tienen niveles bajos de esta hormona. Ello permite que sus células cerebrales desarrollen más conexiones en los centros de comunicación y en las áreas que procesan emociones.

Quizá resulte extraño que se mencione un tema vinculado con el sistema endócrino (hormonal) en un libro sobre

El hemisferio derecho es preponderante en el desarrollo de habilidades vinculadas con la sistematización, en las que se destaca el hombre.

El hemisferio izquierdo es más activo en el desarrollo del lenguaje y la comunicación, habilidades en las que se destaca la mujer.

ventas; sin embargo, es muy interesante, mejor dicho, necesario, conocer el origen de algunas diferencias dada su enorme influencia en el comportamiento de compra.

En los siguientes apartados analizaremos las más relevantes con el fin de aplicar estos conocimientos a la gestión del vendedor.

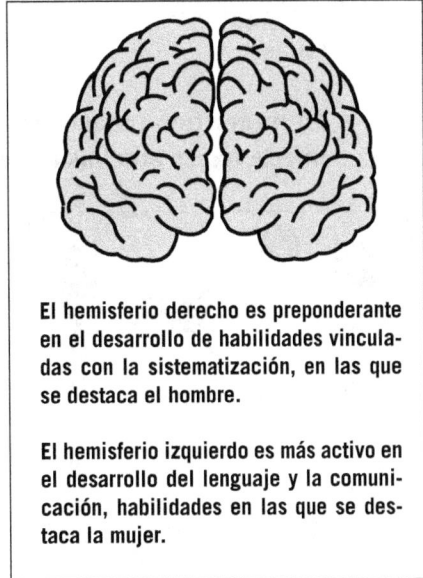

2.1. El cerebro femenino: ¿cómo compran ellas?

Tal como dijimos al principio, al abordar las diferencias de género siempre hablamos en promedio o de mayorías. Por ejemplo, la neuroeconomía ha comprobado en varios experimentos que la mayor parte de los hombres se arriesgan más que las mujeres cuando toman decisiones económicas. ¿Significa esto que venderle a ellos es más fácil?

Yo no me arriesgaría a esgrimir una respuesta afirmativa. Si bien las diferencias neurofisiológicas existen, no se puede decir a priori que todas actúen como condicionantes excluyentes del comportamiento de compra según el género. Lo relevante es que el vendedor neurorrelacional las estudie y las tenga en cuenta, ya que proporcionan pistas muy valiosas para comprender qué es lo que está sucediendo durante un proceso de ventas y elaborar estrategias sobre la marcha.

Las siguientes son algunas de las que consideramos más relevantes en neuroventas:

- **La mujer tiene mayor capacidad para relacionar aspectos diferentes y puede hacer muchas cosas a la vez con mayor facilidad que el hombre.**

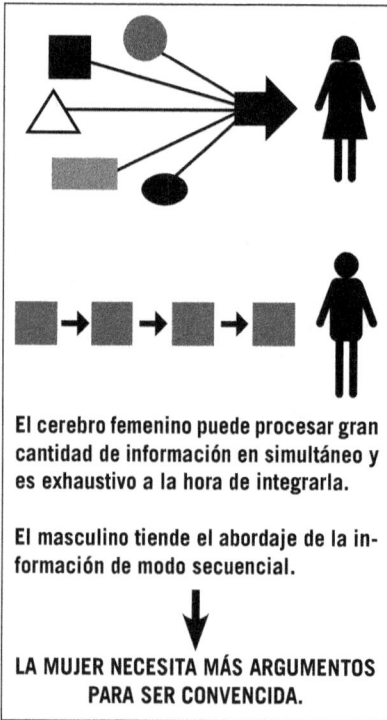

Estas habilidades se atribuyen (en parte) al cuerpo calloso, que es más ancho en comparación con el de los hombres, y a la morfología de sus hemisferios.

Para comprender cómo se nota esto en la práctica cotidiana de ventas, le propongo que se detenga a observar determinados momentos de las entrevistas y compare.

Es casi seguro que las mujeres solicitarán más información sobre su producto o servicio que los varones. No es casual que los vendedores se quejen con expresiones como la siguiente: "Si el comprador es hombre, con dos argumentos es suficiente; si es mujer, ¡necesitamos veinte!".

También es probable que mientras dialogan con usted hablen por el móvil con su secretaria o con alguien de su casa para ver en qué andan los chicos, ¡y que lo hagan sin desconcentrarse! A ello contribuye el entrenamiento cotidiano que tienen para manejar varias cosas a la vez: la mayoría son madres, amas de casa y trabajan tanto en su hogar como fuera de él.

El cerebro femenino puede procesar gran cantidad de información en simultáneo y es exhaustivo a la hora de integrarla.

El masculino tiende el abordaje de la información de modo secuencial.

LA MUJER NECESITA MÁS ARGUMENTOS PARA SER CONVENCIDA.

Esta hiperactividad hace que tengan habilidades especiales para escribir un informe en su computadora mientras los niños juegan a su alrededor y que, al mismo tiempo, registren que el arroz se está pasando en la cocina. Realmente, son admirables.

- **La mujer es más sensible que el hombre ante determinadas expresiones, lo cual exige cuidar el lenguaje al máximo nivel de detalle.**

Esta mayor sensibilidad ha sido comprobada por las neurociencias en varios experimentos y es muy importante en neuroventas, ya que la utilización de las palabras-poder forma parte central del Método de Venta Neurorrelacional.

Por ejemplo, las neuroimágenes que se obtuvieron durante una investigación reflejaron que las reacciones de las mujeres eran más intensas que las de los hombres ante palabras calificadoras.

**Expresiones calificadoras
Reacciones cerebrales**

En el cerebro femenino hay mayor activación y reacción ante palabras calificadoras

Activación de la corteza frontal inferior en mujeres (arriba). Activación en hombres (abajo) al escuchar palabras con diferente valencia afectiva.

Schirmer, A. "Gender differences in the activation of inferior frontal cortex during emotional speech perception", *Neuroimage* (2004), 21-114, 1123.*

* Las neuroimágenes corresponden a una investigación realizada mediante tomógrafos computados en la que se analizó la actitud de los participantes ante expresiones calificadoras. Las mujeres reaccionaron con más intensidad que los hombres, tanto en sentido positivo como negativo.

Esto constituye una señal de alarma para el vendedor, ya que no es posible lograr una gestión exitosa sin una estrategia profunda de lenguaje. De hecho, la adjetivación en el destaque del producto o en el léxico del vendedor estimula más a la mujer (para bien o para mal) que al hombre.

Por ello, y dada la mayor sensibilidad de la mujer, es imprescindible cuidar al máximo el lenguaje y, a su vez, elaborar argumentos con contenido emocional, ya que estos tienen mayor potencial de llegada y la predisponen favorablemente a la compra.

Asimismo, y cuando se trata de adolescentes, el cerebro de las chicas es más maduro que el de los varones de edad similar, consecuentemente, además de lo emocional es importante que las argumentaciones relacionadas con los beneficios del producto o servicio sean más sólidas cuando se dirigen al mercado femenino.

- **El cerebro femenino está mejor estructurado que el masculino para el desarrollo de empatía.**

La empatía es un factor clave, esencial de la neuroventa, por eso le sugerimos que grabe en su cerebro lo siguiente:

- La ausencia de empatía lleva al rechazo del vendedor.
- Cuando hay rechazo, no hay ventas.

Las mujeres presentan una mayor respuesta empática emocional en comparación con los hombres.

La mayor respuesta empática de la mujer puede facilitarle considerablemente la tarea al vendedor que se entrene con nuestra metodología, que ubica a la empatía nada menos que en la etapa 3. Dada la enorme importancia de este tema, es necesario puntualizar que existen dos tipos de empatía, la emocional y la cognitiva. Veamos los dos casos tomando como base ejemplos sencillos en el marco de la neuroventa:

- **Empatía cognitiva:** es la que experimenta un vendedor cuando se da cuenta de que su cliente está muy contento o muy amargado, pero ese hecho no le provoca ningún sentimiento. Simplemente, lo registra y actúa en consecuencia.

- **Empatía emocional:** se genera cuando el vendedor siente algo similar a lo que está sintiendo su cliente, aunque en un grado mucho

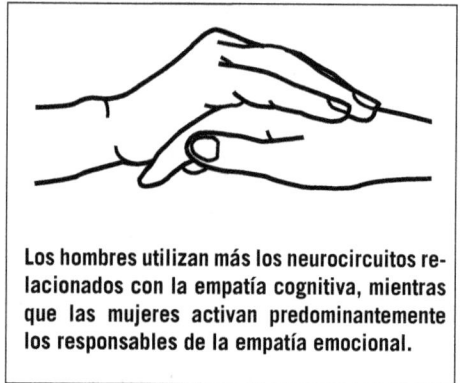

Los hombres utilizan más los neurocircuitos relacionados con la empatía cognitiva, mientras que las mujeres activan predominantemente los responsables de la empatía emocional.

menor; por ejemplo, cuando al verlo angustiado por un motivo laboral o personal importante experimenta compasión o pena.

Este último tipo de empatía se da más en la mujer vendedora, ya que los hombres tienden a la cognitiva[4].

4 Rueckert, L. y Naybar, N., "Gender differences in empathy: The role of the right hemisphere". En: *Brain and Cognition* 67: 162-167, 2008. Schulte-Rüther, Martin; Markowitsch, Hans J.; Shah, N. Jon; Fink, Gereon R. y Piefke, Martina, "Gender differences in brain networks supporting empathy". En: *Neuroimage*, 42: 393-403, 2008.

Queda claro, entonces, que el desarrollo de empatía emocional es fundamental en el vendedor, ya que es el único modo de llegar verdaderamente al cliente. De hecho, nuestra metodología no contempla un proceso racional del tipo "compre ya" sino todo lo contrario. Lo que se busca desde el principio es la creación de una relación, esto es, de una plataforma importante para las ventas futuras.

- **El cerebro femenino tiene un mayor desarrollo de las áreas del lenguaje.**

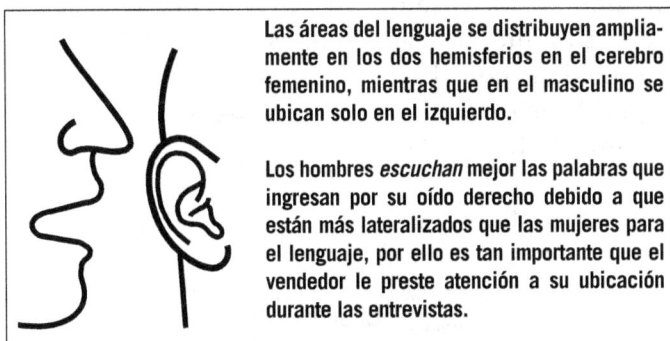

Las áreas del lenguaje se distribuyen ampliamente en los dos hemisferios en el cerebro femenino, mientras que en el masculino se ubican solo en el izquierdo.

Los hombres *escuchan* mejor las palabras que ingresan por su oído derecho debido a que están más lateralizados que las mujeres para el lenguaje, por ello es tan importante que el vendedor le preste atención a su ubicación durante las entrevistas.

Esta diferencia es significativa: las áreas del lenguaje son entre un 20 y un 30% más grandes en la mujer que en el hombre.

A este hecho se debe (en parte) que la mayoría de las mujeres superen a los hombres en pruebas de lenguaje. En el marco de la neuroventa, son más veloces para leer y comprender información escrita sobre un producto o servicio y también para captar los matices emocionales en estos (por eso es tan importante incorporarlos).

- **Ellas no olvidan: su capacidad para memorizar es mayor que la del hombre, y la fijación de recuerdos con contenidos emocionales es muy potente.**

Los recuerdos emocionales son mucho más perdurables en la mujer que en el varón, por ello hay que generar experiencias de compra positivas y, paralelamente, evitar cualquier hecho que dé lugar a una huella mnésica negativa.

Las investigaciones en neuroventas confirman que es más fácil recuperar un cliente insatisfecho cuando este es hombre. En el caso de la mujer es mucho más difícil debido a que ellas no olvidan, sobre todo cuando la experiencia con un producto o servicio generó algún tipo de marcador emocional en su cerebro.

Por ejemplo, en un experimento realizado con personas expuestas a estímulos visuales de contenido emocional neutro o negativo, se comprobó

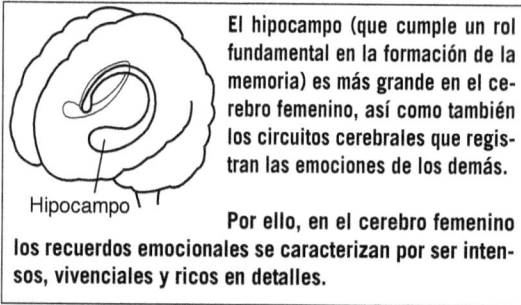

El hipocampo (que cumple un rol fundamental en la formación de la memoria) es más grande en el cerebro femenino, así como también los circuitos cerebrales que registran las emociones de los demás.

Hipocampo

Por ello, en el cerebro femenino los recuerdos emocionales se caracterizan por ser intensos, vivenciales y ricos en detalles.

que las mujeres recordaban más vívidamente que los hombres[5]. En otra investigación se analizó la activación cerebral en hombres y mujeres mientras miraban videos con dos tipos de contenidos: aversivos y neutrales. La respuesta del cerebro femenino fue más intensa en el caso de los aversivos[6].

Otra característica sumamente importante que debe tener en cuenta el vendedor es que en el cerebro femenino las regiones involucradas en las reacciones emocionales coinciden con las áreas que participan en la codificación de la memoria de los hechos y acontecimientos: la episódica[7].

Esta diferencia contribuye a explicar por qué la mujer tiene mayor facilidad para evocar recuerdos emocionales con mayor intensidad y detalle vivencial que el hombre[8]. En neuroventas, una experiencia emocional negativa puede ser imposible de reparar, por eso es tan importante que el vendedor esté sumamente atento, es decir, que se prepare "especialmente" cuando quien compra sea una mujer.

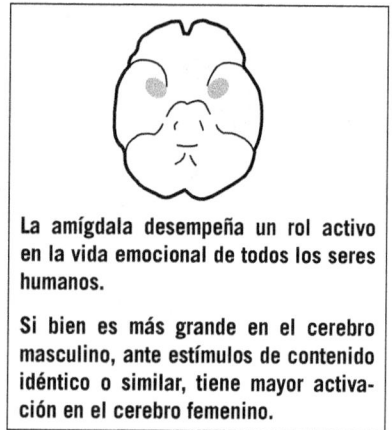

La amígdala desempeña un rol activo en la vida emocional de todos los seres humanos.

Si bien es más grande en el cerebro masculino, ante estímulos de contenido idéntico o similar, tiene mayor activación en el cerebro femenino.

---

5 Nogués, Ramón R., *Sexo, cerebro y género*, Fundació Vidal i Barraquer, Paidós, Barcelona, 2003, pág. 246.

6 Cahill, L.; Haier, R.J.; White, N.S.; Fallon, J.; Kilpatrick, L.; Lawrence, C., y otros "Sex-related difference in amygdala activity during emotionally influenced memory storage". En: *Neurobiol Learn Mem*, 75: 1-9, 2001. Esta diferencia se reflejó en el nivel de actividad de la amígdala izquierda, que se correlaciona fuertemente con la probabilidad de que el evento emotivo sea recordado (la actividad en la amígdala derecha no está relacionada con la fijación del recuerdo).

7 Tomado de: Sánchez-Navarro, J. y Román, F., "Amígdala, corteza prefrontal y especialización hemisférica en la experiencia y expresión emocional". En: *Anales de Psicología*, vol. 20, n° 2 (diciembre), 223-240, Copyright 2004: Servicio de Publicaciones de la Universidad de Murcia. Murcia (España), 2004.

8 Cahill, L.; Uncapher, M.; Kilpatrick, L.; Alkire, M.T., y Turner, J., "Sexrelated hemispheric lateralization of amygdala function in emotionally influenced memory: an fMRI investigation". En: *Learn Mem*, 11: 261-6, 2004. Hamann, S., "Sex Differences in the Responses of the Human Amygdala". En: *The neuroscientist,* Sage Publications, 2005.

2.2. El cerebro masculino: ¿cómo compran ellos?

Al comenzar este apartado es necesario hacer una breve referencia al sistema hormonal, ya que ello ayudará al vendedor a comprender por qué los clientes de distintas edades actúan de manera tan diferente ante idénticas circunstancias. Por ejemplo, el enojo y la agresión son más comunes en los que tienen entre 25 y 40 años que en quienes han pasado los 50.

Uno puede razonar que hay un factor vinculado con la maduración, con la serenidad que trae la experiencia. Sin embargo, también hay una gran influencia orgánica que tiene que ver con los niveles de testosterona. Louann Brizendine, una científica norteamericana que ha estudiado este tema durante toda su vida, lo expresa de este modo: *"La influencia de la testosterona es tan importante que determina el tipo de pensamiento y la conducta de los varones durante cada una de las etapas de sus vidas"*[9].

El vendedor debe saber que luego de los 50 años los niveles de testosterona comienzan a disminuir, por ello es menos probable que un cliente de esa edad (o más) sea agresivo o poco tolerante. Esta información es muy importante, tanto para la preparación de la entrevista como durante su transcurso, ya que la edad del cliente es una variable a considerar especialmente a la hora de elaborar y/o ajustar los argumentos.

En los siguientes apartados analizaremos los principales factores de diferenciación del cerebro masculino en la vida adulta, esto es, luego de la adolescencia y antes de los 50 años.

> *"A lo largo de la vida del hombre, el cerebro se formará y reformará según un programa diseñado por los genes y por las hormonas sexuales masculinas. Y esta biología cerebral masculina dará lugar a las conductas característicamente masculinas."*
> **Louann Brizendine**

- **Las áreas visuoespaciales están más desarrolladas en el cerebro masculino.**

Los hombres necesitan menos tiempo que las mujeres para darle forma a los objetos mentalmente, así como también para rotarlos. Durante varios experimentos con ejercicios imaginarios que involucraban cambios en las posiciones espaciales, ellos demostraron una clara superioridad, y también se comprobó que son más veloces en la lectura de mapas debido a estas habilidades.

---

9   Para profundizar en el tema de la influencia hormonal en el cerebro masculino, véase Brizendine, Louann, *El cerebro masculino*, RBA Libros, Barcelona, 2010.

Esta característica neurobiológica (que algunos especialistas consideran resultado de la neuroplasticidad del cerebro asociada a la evolución) explica por qué en neuroventas es necesario direccionar las presentaciones en función del target. Por ejemplo, una presentación del producto con computadora que incluya imágenes bidimensionales o tridimensionales tendrá mayores posibilidades de captar la atención y será más efectiva si el cliente es un hombre. Lo mismo sucede cuando es posible rotarlas en el espacio.

- **El cerebro masculino está mejor estructurado que el femenino para la lógica analítica, la sistematización, el orden y la clasificación.**

Las investigaciones realizadas con escaneos cerebrales confirman que el cerebro del hombre está especialmente dotado para todo aquello que tenga que ver con sistemas, desde comprender la mecánica de un coche hasta el funcionamiento de un refrigerador o una red de informática[10].

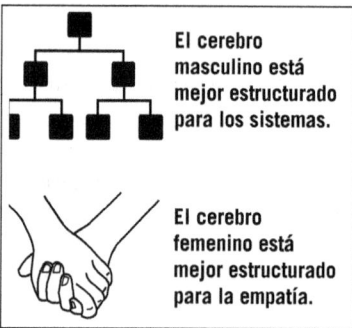

El cerebro masculino está mejor estructurado para los sistemas.

El cerebro femenino está mejor estructurado para la empatía.

Esta característica, sumada a su tendencia a la lógica analítica y la clasificación, es muy importante para el manejo de la entrevista. Mientras que una mujer solicitará mayor variedad de información sobre el producto o servicio, incluidos aspectos que no estén directamente relacionados con este, el hombre tenderá a focalizar y a considerar una entrevista como buena si la información que le suministra el vendedor se encuentra bien organizada, es clara y concisa.

- **Las zonas cerebrales relacionadas con el impulso sexual son mayores en el cerebro masculino.**

Las estrategias de comunicaciones que incluyen piezas de contenido sexual siempre han tenido mayor efecto en los hombres. Si bien en ello los factores socioculturales son muy importantes, las neurociencias han hallado diferencias

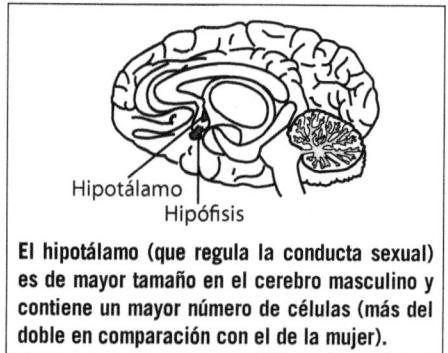

Hipotálamo
Hipófisis

El hipotálamo (que regula la conducta sexual) es de mayor tamaño en el cerebro masculino y contiene un mayor número de células (más del doble en comparación con el de la mujer).

---

10 Baron Cohen, S., *La gran diferencia*, Alfaomega Grupo Editor, México, 2009.

en una zona del hipotálamo[11] –la estructura cerebral que regula los impulsos sexuales y la reproducción–, que contribuyen a explicar este fenómeno.

Por ejemplo, durante una investigación se detectó, mediante escaneo cerebral, que la amígdala medial y el hipotálamo se activaban más en los hombres que en las mujeres mientras los participantes de ambos sexos observaban imágenes de contenido erótico[12].

Esta característica está siendo muy estudiada por la neuroventa, ya que es posible capitalizarla no solo a través de la publicidad (como ocurre con los divertidos comerciales de los desodorantes Axe), sino también durante las entrevistas personales. Por ejemplo, las referencias (no explícitas) al aumento del potencial de seducción que un producto o servicio otorga como beneficio son más efectivas en el caso de los hombres.

Esta efectividad también se debe a que, si bien en la época en la que vivimos hombres y mujeres consumen gran cantidad de productos relacionados con el hedonismo, las investigaciones han comprobado que los estímulos placenteros generan reacciones más intensas en el cerebro masculino[13].

- **El cerebro masculino está mejor preparado que el femenino para generar y resistir agresiones.**

Quienes estamos atentos a lo que ocurre en el ámbito de las ventas, sabemos que la agresividad es mayor cuando el cliente es varón. Aquí también los factores socioculturales son importantes, ya que no está mal visto que los varones se peleen entre sí, mientras que llamaría poderosamente la atención que un ejército estuviera comandado por una mujer. Estos fenómenos han sido estudiados a nivel neurológico. Por ejemplo, durante una investigación realizada con escaneo cerebral se mostraron

La violencia y la agresión se procesan de manera diferente: en el cerebro masculino se activa el sistema de alerta comandado por la amígdala, mientras que en la mujer se generan diferentes grados de estrés.

---

11 Nogués, R.R., *Sexo, cerebro y género*, Fundació Vidal i Barraquer, Paidós, Barcelona, 2003, pág. 237. Esta zona se denomina INAH3 y está ubicada en el área preóptica media.

12 Hamann, S.; Herman, R.A.; Nolan, C.L., y Wallen, K., "Men and women differ in amygdale response to visual sexual stimuli". En: *Nature Neuroscience*, 7(4): 325-6, 2004.

13 Lang, P.; Bradley, M.; Fitzsimmons, J.; Cuthbert, B.; Scott, J.; Moulder, B., y Nangia, V., "Emotional arousal and activation of the visual cortex: An fMRI analysis". En: *Psychophysiology*, 35: 1-13, 1998.

imágenes que contenían escenas violentas a un grupo de hombres y mujeres. En el cerebro masculino se observó una mayor respuesta (que se reflejó en la activación de ambas amígdalas y la corteza occipito-temporal izquierda) mientras que las mujeres no pudieron soportarlas bien y ello se reflejó en el desencadenamiento de diferentes niveles de estrés[14].

Los gráficos siguientes sintetizan las principales particularidades de los cerebros femenino y masculino.

PARTICULARIDADES DEL CEREBRO FEMENINO

- Está mejor estructurado para relacionar aspectos diferentes y hacer varias cosas a la vez sin desconcentrarse. Tiene mejor comunicación entre hemisferios.
- Tiene mayor sensibilidad ante expresiones calificadoras.
- Está mejor estructurado para el desarrollo de empatía.
- Es superior al masculino en el lenguaje y el procesamiento auditivo de la información.
- Gran capacidad de memoria en todas las franjas etarias, fundamente la emocional, que es más potente y perdurable.
- Reacciona con más intensidad ante estímulos displacenteros.

PARTICULARIDADES DEL CEREBRO MASCULINO

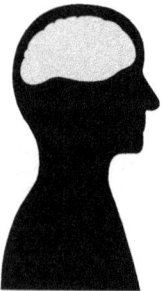

- Supera al femenino en habilidades para la lógica analítica y todo lo que involucre secuencias, orden y clasificación.
- Está mejor estructurado para crear y comprender sistemas.
- Es superior en habilidades visuoespaciales.
- Es menos sensible que el femenino al estrés psicológico y el conflicto.
- Las zonas cerebrales relacionadas con el impulso sexual son 2,5 veces mayores que en el cerebro femenino.
- Está mejor dotado para la guerra y situaciones que involucren agresión.
- Reacciona con más intensidad que el femenino ante los estímulos placenteros.

3. Aplicaciones

Los conocimientos sobre los componentes biológicos, además de los culturales, ayudan al vendedor a entender el mayor o menor grado de receptividad de ambos sexos ante determinados argumentos y presentaciones. También

---

14 Fischer, A.H.; Rodríguez Mosquera, P.M.; van Vianen, A.E., y Manstead, A.S., "Gender and culture differences in emotion". En: *Emotion* 4:87-94, 2004.

son muy importantes durante los procesos de evaluación de alternativas y toma de decisiones de hombres y mujeres, que la neurociencia ha demostrado que son diferentes.

Sin duda, contamos con una herramienta cuyo potencial es inimaginable a la hora de proporcionar pistas que permitan alcanzar los resultados esperados con la aplicación del Método de Venta Neurorrelacional: lograr la satisfacción del cliente para fidelizarlo y, simultáneamente, contribuir a los objetivos de rentabilidad de las empresas.

Si bien muchas características que diferencian el comportamiento según el género se observan en la práctica cotidiana desde hace años, muchas se están estudiando a nivel cerebral y, lo más importante, día a día se producen nuevos descubrimientos.

De ese modo, los avances de las neurociencias están abriendo nuevos caminos para investigar (y tal vez predecir) qué puede ocurrir cuando quien va a comprar el producto o servicio que vendemos pertenece a uno u otro sexo y, a su vez, orientarnos para diseñar las estrategias adecuadas, disminuyendo considerablemente el riesgo de que nos equivoquemos.

Por ejemplo, hoy sabemos que, debido a sus características cerebrales, la mujer contemplará mayor variedad de factores o fundamentos a la hora de analizar lo que estamos diciendo durante una entrevista de ventas. Asimismo, considerará numerosos aspectos relacionados con los beneficios que le estamos ofreciendo, incluso aquellos que pueden constituir una desventaja y ni siquiera están directamente relacionados con nuestro producto o servicio.

También sabemos que si nuestro cliente es un hombre serán más efectivos los argumentos que vayan al grano, así como también las presentaciones organizadas secuencialmente que, en lo posible, contengan elementos audiovisuales.

De momento, se van descubriendo diferencias estructurales, químicas y genéticas que hacen que el cerebro del hombre y el de la mujer procesen la información y la almacenen de manera diferente. El vendedor neurorrelacional debe conocer cuáles son y cómo puede aplicarlas en su gestión, por ello, su preparación en este sentido no termina con la lectura sobre el tema en esta obra, sino todo lo contrario: recién comienza.

Sé que caigo en un lugar común si digo que vivimos en un mundo en el que sin una capacitación de avanzada es muy difícil conservar un puesto de trabajo. Eso está en todos los diarios y en la mayoría de las revistas. También admito que diez años atrás decíamos otra cosa con los integrantes de mi equipo de consultores en España: hablábamos de hacer crecer, de multiplicar exponencialmente las ventas. Claro, no vivíamos en una crisis tan intensa como la que transitaban Europa y los Estados Unidos a fines de 2011.

Hoy por hoy, los mejores lugares serán ocupados por los más capaces; en nuestro caso, por los vendedores que aprendan a utilizar todas las pistas que suministre el cliente durante las entrevistas. Ello les permitirá vender a medida, de acuerdo con lo que mejor encaje con la modalidad cerebral de sus clientes.

Por último, y dado que el análisis en profundidad de las diferencias entre el cerebro masculino y el femenino exceden, como ya dije, el marco de esta obra, invito al lector a informarse con mayor profundidad en la bibliografía que sugerimos al pie de la presente página[15] y, simultáneamente, a prestarle mucha atención a todo lo que se publique sobre el conocimiento del cerebro y sus aplicaciones a la neuroventa en: http://www.braidot.com/e-papers.php.

---

15 Lecturas recomendadas sobre el tema "diferencias cerebrales de género y su influencia en la conducta de compra" (el orden aquí es alfabético): Baron Cohen S., *La gran diferencia*, Alfaomega Grupo Editor, Buenos Aires, 2009; Braidot, N., *Neuromarketing en acción*, Ediciones Granica, Buenos Aires, 2011; Braidot, N., *Sácale partido a tu cerebro*, Editorial Gestión 2000, Barcelona, 2011; Brizendine, L., *El cerebro femenino*, Del Nuevo Extremo, Buenos Aires, 2007; Brizendine, L., *El cerebro masculino*, RBA Libros, Barcelona, 2010; Nogués Ramón, R., *Sexo, cerebro y género*, Fundació Vidal i Barraquer, Paidós, 2003; Rubia, Francisco J., *El sexo del cerebro*, Ediciones Temas de Hoy, Madrid, 2007.

PARTE II

Método de Venta Neurorrelacional®

El Método de Venta Neurorrelacional® tiene sus cimientos en un conjunto de disciplinas, entre ellas, las neurociencias, la programación neurolingüística, la neurocomunicación, el neuromarketing, la neuropsicología y la moderna neuroeconomía.

Focaliza en los procesos cerebrales que se desencadenan en cada momento de la relación vendedor-cliente: sistemas de percepción, estilos de pensamiento, influencias emocionales, mecanismos de memoria, lateralización, diferencias según el género, lenguaje verbal y no verbal, y procesos de toma de decisiones (entre otros).

La aplicación de las nuevas herramientas en cada una de las siete etapas que lo componen permitirá establecer una mejor comunicación con los clientes, lograr una mayor satisfacción de sus necesidades y crear una relación que perdure en el tiempo, contribuyendo de este modo al alcance de los objetivos de rentabilidad de la empresa.

Néstor Braidot

Manos a la obra

A medida que conozca los mecanismos de su propia mente y se prepare para comprender lo que ocurre en la de su cliente, más aspectos hallará relacionados con situaciones en las que probablemente nunca haya pensado.

Ante cada paso que dé mientras se capacita para aplicar el Método de Venta Neurorrelacional encontrará muchas respuestas.

También hallará preguntas que usted mismo deberá responder.

Ese es, precisamente, el desafío que le proponemos: hacer camino al andar mientras recorre cada una de las siete etapas que deberá atravesar para vender con inteligencia, éxito y resultados:

MÉTODO DE VENTA NEURORRELACIONAL

ETAPAS

1. Preparando el contacto.
2. Iniciando la relación.
3. Desarrollando empatía.
4. Retroaccionando requerimientos y descubriendo necesidades.
5. Detectando la estrategia de compras del cliente.
6. Presentando el producto.
7. Cerrando la venta y construyendo una relación permanente.

Capítulo 1

Preparando el contacto

CONTENIDOS

1. Etapa 1: preparando el contacto

Es muy común que una explicación sobre metodología de ventas comience por el análisis del contacto inicial, en el entendimiento de que constituye el primer paso en el establecimiento de una relación con el cliente. Sin embargo, el proceso debe comenzar en una etapa anterior para que esa relación perdure en el tiempo.

Para comprender con mayor claridad este concepto, imaginemos la construcción de un edificio y hagamos un paralelismo con la relación de ventas. Los cimientos son, para el constructor, lo que el contacto inicial es para el vendedor tradicional.

Ahora bien, ¿son los cimientos el principio de un edificio? Como todos sabemos: no, ya que la verdadera construcción comienza en una etapa anterior, cuando se trabaja en la elaboración de los planos. Análogamente, el *vendedor neurorrelacional* debe comenzar a construir previamente:

> Previo a construir un edificio…
> Antes, incluso, de poner los cimientos… comenzamos con los planos.
>
> Análogamente, el vendedor neurorrelacional comienza a "construir" antes de iniciar el contacto.

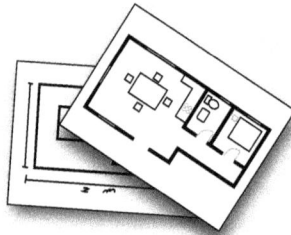

- *Preparándose para la negociación.*
- *Visualizando una concreción exitosa.*
- *Planificando la entrevista con el cliente.*

En realidad, el éxito que pretendamos alcanzar en cualquiera de nuestras actividades será más frecuente si incorporamos una actitud (además de aptitud) integral y permanente hacia ese objetivo. Cabe destacar que en este contexto el término "permanente" significa "ser proactivos en todo momento", estemos o no participando en una situación de ventas, y ello tiene que ver con una premisa de nuestra metodología: no se puede ser un vendedor de ocho horas por día. *Se es vendedor o no se lo es.*

Como sabemos, cada entrevista, cada reunión, requiere una preparación que no involucra solamente aspectos de organización referidos al perfil del cliente o al producto o servicio que se presentará (que jamás deben descuidarse). Estar preparado significa "estar bien" para poder establecer una comunicación efectiva, y esto va mucho más allá de las palabras.

¿Por qué? Porque en todo proceso de comunicación humana se pone en juego un conjunto de imágenes que influyen en la actitud de quienes participan; por lo tanto, lo que un vendedor dice, así como también lo que expresa a través de sus gestos, de la postura de su cuerpo, de su vestimenta y arreglo personal, forma parte del conjunto de mensajes que impactarán en el sistema perceptual del cliente y determinarán el éxito o el fracaso de la reunión.

De lo expuesto se desprende con claridad que hay una serie de requisitos que debe reunir la preparación de una entrevista de ventas:

Requisitos para la preparación de una entrevista ➡➡

- Debe ser previa a la venta y permanente en la vida.
- Debe ser interior (equilibrio, autoliderazgo emocional) y exterior (traslucir esa interioridad).
- Debe ser congruente y coherente al mismo tiempo.

Por ello, en esta primera etapa trabajaremos sobre los tres aspectos centrales que contribuirán para que podamos satisfacer estos requerimientos:

Cómo prepararnos para el éxito

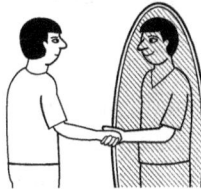

1. Búsqueda de confianza en uno mismo.

2. Preparación interior para el éxito.

3. Preparación de la presentación del vendedor.

1.1. La búsqueda de confianza en uno mismo

Una de las técnicas más valiosas a la que podemos recurrir para ayudarnos a encontrar confianza en nosotros mismos, o recuperarla en caso de que la hayamos perdido, es la que se conoce como **visualización creativa**. Su efectividad ha sido comprobada por las neurociencias en varias oportunidades[1].

> La visualización creativa consiste en utilizar la imaginación para influir en el logro de objetivos modificando determinados neurocircuitos de un modo consciente.

---

1 Véase Parte I, Capítulo 1, apartado 5.2.: "El poder del pensamiento en la arquitectura cerebral." Practique con los ejercicios que suministramos en la Parte IV de esta obra.

El punto de partida consiste en relajarnos y luego visualizar aquellas ocasiones en las cuales hemos tenido éxito. Ello generará en nosotros un estado físico y mental que nos predispondrá favorablemente para obtener resultados positivos.

Para comprender mejor cómo opera el poder del pensamiento sobre nosotros mismos[2], veamos los siguientes ejemplos:

- Después de ver una película de terror es muy probable que continuemos con sensaciones de aprensión. Esto se debe a que las imágenes continúan activas en nuestra mente, aun cuando nuestra conciencia esté enfocada en otra dirección, por ejemplo, en manejar el coche para regresar a casa.

- Si hemos vivido una circunstancia desagradable, por ejemplo, una situación de peligro o susto, esta queda grabada en el cerebro. Ante un hecho que la evoque (incluyendo un pensamiento), el organismo comenzará a liberar adrenalina y los músculos responderán en consecuencia (aun cuando no haya peligro alguno a la vista) debido a que se ha creado un marcador somático[3].

En cambio, si el acontecimiento que evocamos fue feliz, el estado de ánimo se invierte:

- ¿Cuántas veces nos sentimos felices porque aprobamos con éxito un examen o nos dieron una noticia excelente en el trabajo? ¿Cuántas cosas nos salieron bien durante uno de esos días? Seguramente, muchas.

Dado que el estado de ánimo inevitablemente se comunica, es inocultable, los gestos vinculados a emociones positivas o negativas desencadenados por los pensamientos se expresan en el rostro y pueden provocar en el interlocutor sensaciones coherentes con esas expresiones (recuerde lo que vimos en el Capítulo 1 respecto de las neuronas espejo).

Por ello es imprescindible, durante la etapa de preparación, que el vendedor incorpore capacidades para frenar las imágenes mentales que desencadenan los malos recuerdos haciendo consciente la necesidad de reemplazarlas por otras que generen un estado físico y mental placentero.

Tengamos presente siempre que todo ser humano está en condiciones de crear un estado positivo y en esto consiste, precisamente, la visualización creativa: en imaginar y recordar momentos exitosos y felices para generar un

---

2 Véase Capítulo 2, apartado 2.3.
3 Véase Capítulo 2, apartado 1.2.

estado emocional que se transmita e impacte favorablemente tanto en nosotros mismos como en los demás.

Lo invitamos a adquirir proactivamente este recurso. Decídase ahora mismo a encontrarlo, ya que la mayoría de las veces el éxito no procede de la buena suerte: piense, imagine, recuerde acontecimientos felices. Esto también lo ayudará a concentrarse mejor y a disfrutar de la lectura de este material. Si repite este ejercicio varias veces en distintos momentos del día:

- Obtendrá un mejor estado físico y mental que generará una actitud positiva.
- Esta actitud le permitirá establecer una comunicación más efectiva con los demás.
- Sus interlocutores percibirán estos mensajes positivos a través de lo que usted comunique con sus gestos y sus palabras.
- El ámbito agradable que ha logrado crear influirá en ellos en el mismo sentido, predisponiéndolos favorablemente ante sus argumentos de venta.

Como vemos, un estado de ánimo puede ser influenciado por los hechos, pero también, y en mayor medida, por nuestra imaginación. A esto se debe, precisamente, que quienes nos hemos dedicado durante años al estudio de las conductas humanas aconsejemos rememorar experiencias positivas como una de las estrategias más simples y efectivas para adquirir confianza en uno mismo.

Recuerde que la visualización creativa no debe enfocar necesariamente el hecho específico para el cual nos estamos preparando. Si lo que queremos lograr es el éxito en una entrevista de ventas, el estado interior que nos predispondrá para alcanzarlo no tiene que ser necesariamente la rememoración de una situación similar. Será igualmente eficaz si procede de cualquier recuerdo que nos haga sentir plenos, contentos.

Cuando esto ocurra, nuestro cuerpo y nuestras actitudes se corresponderán coherentemente con los pensamientos relacionados con los hechos que rememoramos, incluso con aquellos que imaginamos.

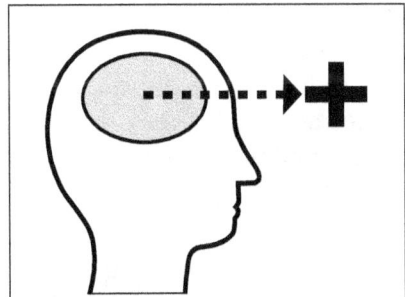

Un aspecto central en la preparación de un vendedor es el desarrollo de capacidades para dirigir el pensamiento hacia situaciones (reales o ficticias) que provoquen un estado de ánimo positivo.

Ello le permitirá establecer un contacto inicial con optimismo, tranquilidad y seguridad en usted mismo.

No olvidemos que el cerebro no distingue entre lo real y lo imaginario. Por ello, en los procesos mentales son tan efectivas las emociones ligadas a los recuerdos de hechos reales como aquellas que seamos capaces de generar en forma autónoma mediante hechos ficticios, siempre que los imaginemos con verdadero convencimiento, utilizando todos los sentidos.

Por último, cabe destacar que durante los años en que hemos aplicado nuestro Método de Venta Neurorrelacional hemos podido comprobar la eficacia de estas técnicas: los vendedores que practicaron la visualización creativa en forma previa a las entrevistas obtuvieron resultados superiores en comparación con aquellos que no lo hicieron.

¡Siga nuestros consejos y prepárese mentalmente! Recuerde:

- El entrenamiento físico consigue que el cuerpo esté listo para un alto rendimiento.
- El entrenamiento cerebral logra que el cerebro esté preparado para una gran performance.

1.2. Cómo disponernos interiormente para el éxito

La preparación previa de una entrevista de ventas o negociación involucra, en parte, un trabajo que podemos denominar administrativo, ya que consiste en la organización de información sobre el cliente y el producto o servicio que queremos ofrecerle, además de la adecuación de los espacios físicos.

Sin embargo, esto no es lo más importante. Si bien en ningún caso un vendedor puede acudir a una cita sin tener ordenada la información que necesita, mucho más importante es trabajar sobre la preparación interior, para lo cual le sugerimos que ponga en práctica lo expuesto en el apartado anterior.

1.2.1. Recurra a la visualización creativa

La diferencia radica en que en esta etapa nos aproximamos al tema que nos ocupa. Una vez generado un estado de ánimo positivo, debemos recurrir nuevamente a la visualización creativa para imaginar, con el mayor realismo posible, el éxito de la reunión o encuentro que nos espera.

Al prepararnos interiormente para el éxito, es conveniente trabajar sobre dos aspectos esenciales:

- **La confianza en uno mismo.** Para ello es necesario incorporar, en forma consciente y proactiva, lo que queremos que nuestro metaconsciente asuma y tome como real para repetir actitudes y recuperar recursos que existen en nuestro interior.

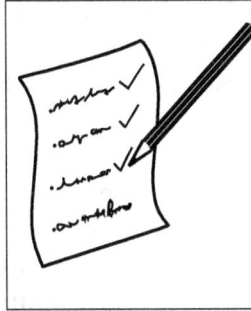

VISUALICE SUS METAS EN FORMA POSITIVA

1. Establezca una meta expresada en positivo.

2. Asegúrese de que sea posible, concreta y esté bajo su control.

3. Visualice que la ha alcanzado: utilice sus cinco sentidos.

- **La visualización del éxito de la reunión.** Generará una actitud que lo predispondrá a alcanzar ese objetivo como primer paso. Recuerde:

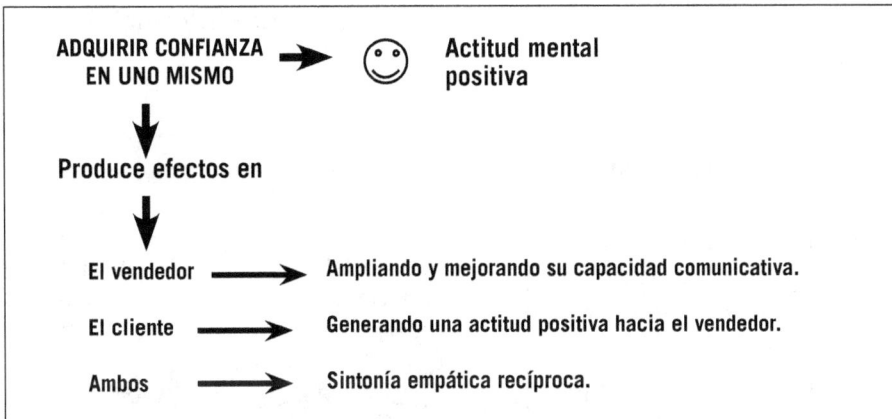

ADQUIRIR CONFIANZA EN UNO MISMO → ☺ Actitud mental positiva

Produce efectos en

El vendedor ⟶ Ampliando y mejorando su capacidad comunicativa.

El cliente ⟶ Generando una actitud positiva hacia el vendedor.

Ambos ⟶ Sintonía empática recíproca.

Es necesario tener en cuenta que **el estado interior depende también del estado exterior.** Esto significa que nuestra postura, gestuación y presentación personal generan un conjunto de mensajes que intervienen en el proceso de comunicación con nuestros interlocutores (interpersonal) y al mismo tiempo (esto es lo más importante) con nosotros mismos (intrapersonal)[4].

Con respecto a la vestimenta, tan importante será utilizar traje y corbata en algunas situaciones como ropa informal en otras. Para ello, será de gran ayuda para el vendedor informarse sobre este tema como parte de su capacitación. Existen en el mercado infinidad de libros sobre protocolo que tratan

---

4 Véase Parte III, Capítulo 3, donde se desarrolla ampliamente este tema.

de encasillar determinadas situaciones y lugares comunes con maneras concretas de vestir, actuar, hablar, etcétera.

También es necesario destacar la gran influencia que ejerce el factor cultural: no es lo mismo prepararse para una reunión de ventas con un gerente de una empresa agropecuaria que tiene sus oficinas en una zona rural, que hacerlo para una entrevista con un cliente que representa a una multinacional alimentaria y nos recibe en un ámbito fastuoso.

Como vemos, debemos aprender a distinguir y asumir las diferencias culturales no solo entre las empresas, sino también entre las distintas regiones o países en los que desarrollemos nuestra actividad de ventas. Sin duda, negociar con un directivo japonés es muy diferente a hacerlo con un ejecutivo europeo o con un norteamericano de Silicon Valley[5].

Por ejemplo, si queremos agradar a un directivo europeo, lo ideal puede ser una invitación a comer, mientras que si se trata de un ejecutivo de Silicon Valley será preferible cualquier opción que garantice informalidad, calidad y optimización del tiempo.

1.2.2. Genere un estado de ánimo positivo

Retomando lo que ya hemos anunciado en el apartado anterior, del mismo modo que el estado interior afecta el comportamiento, todo aquello que exteriorizamos afecta a su vez a nuestro interior.

Tenga muy presente lo siguiente: cuando una persona se piensa, se imagina a sí misma o maneja sus gestos de una manera determinada, está demarcando los límites reales de sus posibilidades de sentirse de esa misma manera. Por ejemplo, los hombros caídos y la cara con expresión de preocupación o desagrado son coherentes con un estado de pesimismo que conduce normalmente al fracaso. Lo contrario ocurre cuando la

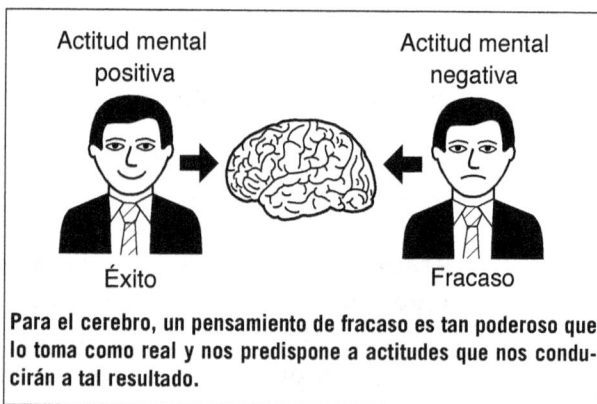

Actitud mental positiva — Éxito

Actitud mental negativa — Fracaso

Para el cerebro, un pensamiento de fracaso es tan poderoso que lo toma como real y nos predispone a actitudes que nos conducirán a tal resultado.

---

5 Se denomina Silicon Valley a una zona de California, Estados Unidos, donde se concentran muchas industrias relacionadas con hardware y software.

posición es erguida, el caminar es enérgico y el rostro expresa una sonrisa auténtica.

Ya hemos dicho que no existen seres con buena o mala suerte: existen personas que, a través de sus pensamientos, ponen límites a sus posibilidades de fracaso, y otras que, por el contrario, autobloquean sus probabilidades de éxito.

➤ En síntesis:

- Si damos mayor lugar a pensamientos de fracaso, tendremos grandes posibilidades de que este efectivamente se produzca.
- Si nuestros pensamientos otorgan mayor lugar al éxito, nuestro cerebro recibirá el mensaje y desencadenará conductas que favorecerán su concreción.

1.2.3. Trabaje sobre su postura corporal

Ya hemos dicho que las neurociencias han comprobado (y nosotros lo hemos verificado en la práctica durante el entrenamiento de vendedores) que algunas posturas corporales conducen en forma metaconsciente a sensaciones internas que son coherentes con ellas, por eso es tan importante hacerlas conscientes y revisarlas:

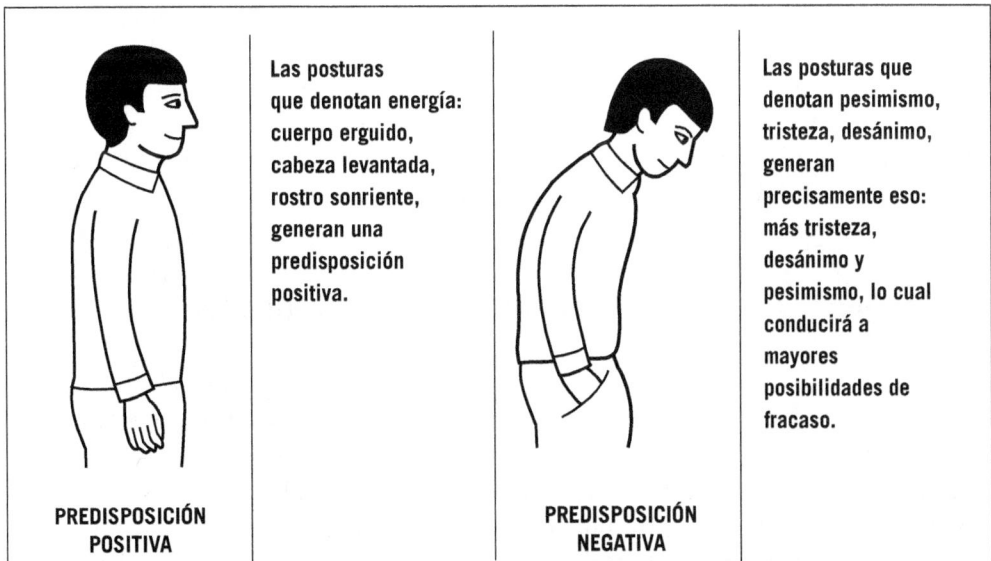

Las posturas que denotan energía: cuerpo erguido, cabeza levantada, rostro sonriente, generan una predisposición positiva.

PREDISPOSICIÓN POSITIVA

Las posturas que denotan pesimismo, tristeza, desánimo, generan precisamente eso: más tristeza, desánimo y pesimismo, lo cual conducirá a mayores posibilidades de fracaso.

PREDISPOSICIÓN NEGATIVA

Las posturas y expresiones corporales también se reflejan en el interior de las personas, afectando su estado de ánimo y su predisposición.

Tal como veremos al llegar a la Parte III, el término "comunicación" remite a un concepto dinámico que involucra no solamente los comportamientos externos, sino también los cambios internos que experimenta cada persona mientras se comunica. Estos cambios se reflejan en su actitud. Asimismo, el ser humano tiene vías de comunicación conscientes y metaconscientes, y estas últimas son las que mayor incidencia tienen en el interlocutor.

Tenga presente lo siguiente:

• El vendedor de éxito asume una actitud frente a la vida en forma permanente, no es un actor que se pone en positivo para interpretar un papel durante una negociación con el cliente. • Posee, entre sus habilidades, la capacidad de comunicarse en forma efectiva con su entorno en general, no solamente con quienes se relaciona durante una gestión comercial. • Aprende a comunicarse consigo mismo, tanto en el plano consciente como en el metaconsciente.

→ ESTA FORMACIÓN ES SUMINISTRADA POR EL MÉTODO DE VENTA NEURORRELACIONAL

Si un vendedor no tiene confianza en sí mismo e imposta gestos que no son congruentes con su estado interior, su cliente percibirá esta falta de coherencia. Esto se debe a que en todo proceso de comunicación cada estímulo activa en el cerebro circuitos relacionados no solo con el raciocinio, sino también, y fundamentalmente, con las emociones.

Lo mismo puede suceder con el producto: si el vendedor lo presenta como magnífico pero en realidad no cree en él, el cliente percibirá la incongruencia debido a que los mensajes más importantes que decodificará son los que ingresen en su plano metaconsciente.

2. Presencia y estilo en la presentación del vendedor

La presentación ante el cliente es uno de los temas centrales sobre los que deberá trabajar el vendedor neurorrelacional, ya que causar una buena impresión es fundamental para que la entrevista transcurra en un ámbito favorable. Según experimentos realizados por la Universidad del Estado de San Francisco en los Estados Unidos, bastan solamente veinte segundos en contacto con una persona para recibir una impresión emocionalmente fuerte sobre ella.

Durante los cinco minutos siguientes se amplía el impacto en un 50%, sea la impresión negativa o positiva. Esto significa que durante los primeros cinco minutos y veinte segundos se generará una marca en el cerebro del cliente que perdurará a lo largo de toda la relación.

Recuerde:

> **La primera impresión condicionará, en gran medida, la respuesta del cliente en toda la trayectoria de la relación futura.**

En consecuencia, es necesario trabajar detalladamente sobre cada uno de los aspectos que contribuyen a generar una imagen favorable antes de que se produzca el primer encuentro. A continuación, analizaremos los más importantes.

El 90% del cuerpo de las personas normalmente está cubierto con vestimentas, mientras que solo el 10% restante se exhibe sin coberturas. Ese 10% que no se cubre, normalmente la cara, el cabello y las manos, es sumamente importante por cuanto es allí hacia donde generalmente las personas dirigen su mirada en un primer encuentro.

Esto, obviamente, sin desmerecer la importancia de la otra superficie cubierta, que tiene también su cuota de influencia, tanto en el cliente como en el vendedor.

- En el *cliente*, porque naturalmente espera de un vendedor que su vestimenta sea coherente con el producto que ofrece y la empresa que representa. En el mundo occidental también se da importancia al vehículo que utiliza el vendedor, ya que este contribuye significativamente a la configuración de la imagen propia e institucional.
- En el *vendedor*, porque su apariencia general influye en su comunicación consigo mismo, con su fuerza interior.

Para comprender este concepto, piense: ¿alguna vez tuvo que asistir a una reunión sin la ropa adecuada por falta de previsión?; ¿alguna vez un accidente inesperado, minutos antes de una entrevista, hizo que se manchara o arrugara su traje sin tiempo para resolver este problema? Si le ha ocurrido: ¿cómo se sintió? Estamos casi seguros de que mentalmente responderá: "incómodo". Por lo tanto, ¡cuide su apariencia!

- Aseo
- Prolijidad   **Son insumos imprescindibles**
- Elegancia   **de la neuroventa**
- Trato

> **Sea impecable.**
> **¡Cuide su figura y sus modales!**

No es nuestra intención brindar especificaciones detalladas respecto de estilos de arreglo o vestimenta personal, porque en general todos tenemos gustos personales y conocimientos, aunque sean instintivos, sobre el tema. Sí es necesario que tenga en cuenta lo siguiente cuando se prepare para una entrevista con un cliente:

- **Toma de conciencia**

El primer paso es tomar conciencia de los motivos por los cuales nos vestimos y nos arreglamos de tal o cual manera: porque creemos que nos sienta bien, porque es la moda, o bien porque es acorde con la cultura organizacional de la empresa que vamos a visitar. También puede suceder, y esto debe evitarse, que nos pongamos lo primero que encontremos.

- **Congruencia externa**

No hay formas correctas o incorrectas de vestir para una entrevista de ventas. Sí existe correlación entre la presencia, el producto o servicio, la organización que representamos, la cultura de la que nos recibe y el impacto que logremos causar en el cliente.

- **Congruencia interna**

La congruencia tiene que darse también hacia adentro. Esto significa que, en primer lugar, es importante que un vendedor se sienta cómodo con su aseo o vestimenta, que crea en los beneficios (tangibles y simbólicos) del producto o servicio que vende y que esté identificado con la empresa que representa. De lo contrario, habrá incongruencia interna. Cuando esto sucede, se genera automáticamente incongruencia externa, lo cual equivale a **ruidos en la comunicación**.

- **Congruencia secuencial**

Involucra la congruencia que se produce durante los distintos momentos en los que transcurre la relación cara a cara con el interlocutor, por ejemplo, la congruencia en las posturas que se adoptan en los primeros diez minutos con respecto a las que les siguen, entre las expresiones del rostro, los movimientos de las manos, etcétera.

Tengamos presente que los mensajes no verbales actúan en forma metaconsciente: se transmiten y registran por debajo del umbral de conciencia, ejerciendo una poderosa influencia sobre cómo pensamos, sentimos o nos comportamos sin que seamos conscientes de este proceso. Por lo tanto, la congruencia también debe ser secuencial.

A su vez, la congruencia interna tiene que ver con el equilibrio emocional del vendedor. Si no le gusta el producto que vende o cree que no cumple con lo que promete la marca, difícilmente pueda transmitirlo. Lo mismo le ocurrirá si está furioso con su jefe o disgustado con la empresa. Inevitablemente, habrá un canal de comunicación por el cual este tipo de mensajes se filtre. Ya hemos dicho que es muy difícil actuar ante un cliente sin que este lo perciba.

Esto explica por qué, aun cuando quien nos ofrece un producto o servicio se esfuerza por ser amable, "algo" no nos cierra. "No sé por qué, pero no me cae bien" es lo que normalmente pensamos, y nos vamos sin concretar la compra.

Como ejemplo, podemos citar también uno de los casos que hemos observado durante nuestra gestión como consultores en una empresa (fuimos convocados para optimizar la gestión de ventas minoristas). Nuestro cliente se preguntaba por qué dos vendedores que trabajaban en circunstancias prácticamente idénticas, en el mismo tipo de local, calificados por los clientes como "de igual trato" y por el departamento de Recursos Humanos como de excelente performance, obtenían resultados tan diferentes: uno vendía mucho más que el otro.

Durante la evaluación que realizó uno de los psicólogos de nuestro equipo, se descubrió que el que menos vendía, aun cuando dentro del local tenía "dibujada" una sonrisa en el rostro y era sumamente amable con los clientes, estaba atravesando una dura situación personal y familiar. Sin duda, estas preocupaciones internas eran transmitidas a los clientes en forma metaconsciente.

Como vemos, todas las vías de comunicación interactúan generando un conjunto de mensajes que el cliente percibe y asocia, ya sea positiva o negativamente. Por ello, y para implementar con éxito esta etapa de nuestra metodología, es necesario que el vendedor lea atentamente los capítulos de la Parte III (desarrollo comunicacional) y practique con personas de su círculo cercano. Ello le permitirá adquirir mayor confianza en sí mismo y, a su vez, actuar con más eficacia cuando se reúna con sus compradores potenciales.

Síntesis

1. Desarrolle confianza en usted mismo.
2. Organice sus reuniones de ventas en forma previa a cada cita.
3. Visualice creativamente el éxito de cada reunión.
4. Genere un estado de ánimo positivo.
5. Dedíquele tiempo a su aspecto físico.
6. En todo momento, verifique su postura. Estudie los temas de la Parte III (desarrollo comunicacional del vendedor).
7. Busque congruencia interna y externa en su comunicación.

Capítulo 2

Iniciando la relación

CONTENIDOS

1. Etapa 2: iniciando la relación

Una vez que se atravesó la etapa de preparación previa a la entrevista, se inicia otra en la que usted comenzará a colocar los cimientos sobre los que se construirá la relación con su cliente. El contacto inicial, el primer momento frente al interlocutor, será la primera fila de ladrillos en este proceso. Por ello, tenga muy en cuenta lo siguiente:

Plantearse el objetivo de **crear una relación**, en vez de la simple concreción de una venta, es lo que marca la diferencia entre un vendedor neurorrelacional y otro con escasas posibilidades de éxitos a largo plazo.

> En situaciones de calidad y condiciones de producto similares, el cliente preferirá siempre al vendedor con quien se sienta más cómodo y más confiado.

En neuroventas, la creación de una relación es algo así como vender un producto o una cobertura de seguro que se renueva período tras período. En general, es poco probable recuperar una relación mal entablada. Del mismo modo, hay que hacer mucho esfuerzo para deteriorar una relación bien iniciada.

Precisamente, el hecho de priorizar la creación de una relación, y no la mera concreción de una venta, siempre produce beneficios en el largo plazo:

- Mayores probabilidades de cerrar exitosamente la venta (objetivo concreto, pero subordinado al de ganar un cliente).
- Mayores posibilidades de futuras ventas al mismo cliente.
- Referencias para establecer relaciones con otros clientes, capitalizando el efecto de la comunicación boca-oído[1].

---

1 La comunicación boca-oído involucra lo que una persona que ha tenido un contacto con un vendedor, una empresa o sus productos y servicios, puede comunicarles a otras sobre la base de lo que ha experimentado durante dicho contacto. De este modo, se crea una cadena o red de múltiples clientes adicionales ganados por buenas referencias.

Ahora ubíquese como cliente y piense en esto: si en alguna oportunidad contrató los servicios de un profesional, compró una cobertura de riesgos, acudió a una concesionaria para adquirir el modelo que deseaba o solicitó un crédito en un banco, ¿cómo fue su primera interacción con quienes se entrevistó? Finalmente... ¿a quién contrató? ¿Fue únicamente el dinero, la relación estricta de coste-beneficio lo que determinó su decisión?

En los siguientes apartados abordaremos los temas fundamentales que componen esta etapa:

1. La comunicación con el cliente en las etapas iniciales.
2. La búsqueda de indicios relacionales.
3. La presentación inicial de beneficios.

2. Estableciendo la comunicación

En todo proceso humano de comunicación intervienen cientos de variables en forma simultánea: las palabras y su significado, el tono de voz, el acento, la pronunciación, el mensaje, la postura del cuerpo, las miradas, las sonrisas, los tics, etcétera. En otros términos:

Siempre existe comunicación. Es imposible no comunicar.

Si usted le presta atención a este concepto, verificará en la práctica que la comunicación efectiva se realiza a través de diversos canales y abarca la totalidad de alternativas (incluso la autocomunicación) y sus respectivas respuestas en cada uno de ellos.

Por ejemplo, en el comienzo de un contacto o relación ambos interlocutores se estudian y acomodan recíprocamente.

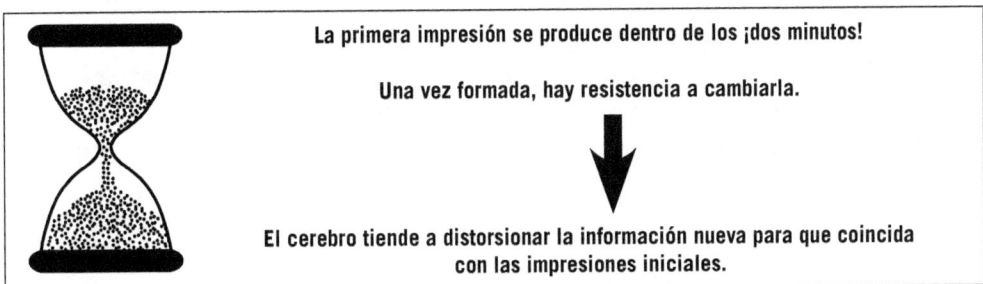

La primera impresión se produce dentro de los ¡dos minutos!

Una vez formada, hay resistencia a cambiarla.

El cerebro tiende a distorsionar la información nueva para que coincida con las impresiones iniciales.

Antes de entrar de lleno en el motivo que los llevó a reunirse, se produce un intercambio a través del canal no verbal[2]. Esto explica por qué, aunque el cliente no haya dicho una sola palabra, usted tiene una idea sobre él apenas lo ve y, si ha sido formado con el método de venta neurorrelacional, sabrá perfectamente cómo actuar.

Durante los primeros momentos facilitará su propio acomodamiento y el de su interlocutor (a quien aún no conoce) a la situación nueva que ambos están experimentando. Sabe que se producirá un rápido intercambio de señales que serán determinantes para la relación futura, por ello le dará la mano de una manera determinada, la retendrá unos segundos adicionales al estrecharla, mostrará una amplia sonrisa, una postura relajada y, fundamentalmente, acompasará la postura y las actitudes de su cliente en forma muy discreta.

Estas señales serán las que comenzarán a construir los estadios iniciales de lo que se denomina *rapport*[3] y acercan los límites o zonas de movimiento personal[4].

Por otra parte, al recibir estos signos no verbales las personas tienden a corresponder con similares cortesías, como si ya se hubiese establecido una relación. De este modo, y casi involuntariamente, vendedor y cliente comienzan a acompasarse de manera recíproca. Este es el verdadero comienzo del *rapport*, de la empatía.

2.1. Buscando indicios relacionales

En la etapa inicial es conveniente observar el ambiente del cliente y su propia persona, para tratar de encontrar símbolos de pertenencia a clubes u organizaciones, circunstancias de orden personal o detalles que puedan constituir anclajes positivos en el desarrollo posterior de la relación.

Por ejemplo, las evidencias de pertenencia a un club, las fotografías de práctica de algún deporte, la exhibición de algún producto símbolo, como un reloj de marca de prestigio, nos dan una idea general de su estilo de vida. Todos ellos son elementos que constituyen puentes hacia su persona.

Es conveniente, además, buscar indicadores correspondientes a la organización a la que pertenece, su estilo, su cultura, y averiguar el estatus del

---

2 Véase Parte III, Capítulo 3, apartado 1.
3 *Rapport* es un término de origen francés muy utilizado para expresar simpatía, armonía, afinidad.
4 Véase Parte III, Capítulo 4, apartado 2.

cliente dentro de ella. Esta búsqueda puede hacerse en momentos previos a la entrevista. En la actualidad, el simple hecho de ingresar al sitio en internet de la empresa puede ayudarnos a encontrar una gran cantidad de datos en minutos.

Tenga presente que siempre generará una sensación agradable en su cliente si le demuestra, sin llegar a la pedantería, que posee un conocimiento amplio sobre la cultura de su empresa, su historia reciente, los productos y servicios que comercializa, etcétera. Ello contribuirá, también, a que pueda acoplar su oferta a los requerimientos específicos de la organización a la cual desea venderle.

Otras razones por las cuales es muy importante detectar símbolos en el medio ambiente del cliente son las siguientes:

- Si ambos asisten al mismo club, practican el mismo deporte o poseen algún interés en común, la vía para el desarrollo del *rapport* está prácticamente asegurada.
- Si no hay coincidencias, los símbolos siempre brindan indicios sobre la temática de interés del cliente, y en esta etapa de la relación contar con este tipo de información es trascendental para generar una conversación distendida y, de ser posible, apoyar los argumentos de venta.
- La cultura, el estilo de la organización y el estatus de su cliente dentro de ella le servirán como guía para encontrar la mejor manera de abordarlo.

➤ En síntesis:

CÓMO BUSCAR INDICIOS RELACIONALES	**Detectando en el entorno del cliente símbolos de pertenencia** • Familia • Nacionalidad • Club • Otros **Eligiendo categorías de temas que tengan ancladas sensaciones positivas** • Personales • Pasatiempos • Medio ambiente • Hobbies • Especialización

3. Presentación inicial de beneficios

Es una de las etapas más importantes del proceso de ventas. Existen estrategias muy detalladas para manejar la presentación inicial de beneficios. Analicemos:

3.1. Estructura de la presentación

Esta etapa debe comenzar por la presentación del vendedor y del propósito del encuentro. El propósito es siempre contribuir a la satisfacción de las necesidades del cliente, y esto debe subrayarse.

Ahora bien, ¿dónde conviene realizar la entrevista de ventas?

En función de las características del cliente, en ocasiones puede ser beneficioso realizar los encuentros en un terreno neutral. Tenga en cuenta que su interlocutor puede sentirse incómodo en las oficinas de su empresa. Por otro lado, si la entrevista se realiza en su centro de trabajo habitual tendrá menos chance de que se encuentre totalmente libre para conversar, opinar y ser franco.

Por ello, es aconsejable encontrar un lugar donde ambas partes estén más relajadas. Casi siempre se conversa mejor durante una comida informal, un café de media mañana o un desayuno de trabajo. En un ámbito neutral, obviamente es más dificultoso detectar alguna evidencia relacional, sin embargo, no es imposible. Si lo logra, puede comenzar un diálogo que reduzca la tensión inicial típica del abordaje de ventas. Al mismo tiempo, el cliente percibirá que su objetivo no se reduce a la simple transferencia de la propiedad de un producto, sino que busca aportarle soluciones, lo cual contribuirá a crear estados interiores positivos en ambos.

Tenga presente lo siguiente:

1. En el momento inicial de presentación lo primero es personalizar, llamar al cliente por su nombre (o apellido, según el grado de formalidad que exija cada caso). Ello produce siempre una impresión positiva. Asimismo, la presentación explícita del vendedor y de su empresa contribuye a eliminar la actitud defensiva que naturalmente cualquier persona adopta ante una situación nueva o cuando es interrumpida en sus tareas.

2. Lo segundo es la explicitación de propósitos, que tiene dos objetivos claros: contribuir a la reducción de la tensión de abordaje y destacar que estamos para escucharlo, ayudarlo a resolver su problema (si lo tuviera) y a satisfacer sus necesidades.

En esta etapa es importante mimetizarse empáticamente con el cliente, y no utilizar nunca la expresión "pero". Frases del tipo "no conozco con precisión lo que usted necesita, pero…" son totalmente desaconsejables, ya que connotan un obstáculo de entrada. Tengamos presente que esta conjunción adversativa une expresiones cuyos significados se contraponen, restringen o limitan, por lo tanto, no debe utilizarse ni en la presentación ni durante el transcurso de la entrevista.

3. El tercer paso consiste en darle la opción al cliente de que reciba información de primera mano, por ejemplo, que vea una muestra del producto o lo pruebe directamente (si es posible). Esta es una manera de investigar su sistema representacional.

Al detectar la vía de comunicación preferencial, el vendedor podrá ajustar su lenguaje: si el cliente elige una explicación verbal, será preferentemente auditivo; si en cambio prefiere una exhibición de prospectos y dibujos, probablemente sea visual; si le encanta palpar, tocar o sentir, hay indicios de que es kinestésico[5].

3.2. Las palabras-poder

El lenguaje crea realidades:

Las palabras no solamente se escuchan, también se ven y se sienten.

Existen palabras que agregan impacto e interés a una presentación y otras que la desmerecen. Philip Buoughton, un estudioso americano del lenguaje, descubrió (después de años de observación de conversaciones de negocios) que los gerentes exitosos tienen una tendencia generalizada a utilizar ciertos términos en su discurso, configurando un modelo que revela por qué es más fácil arribar al éxito utilizando una estrategia de lenguaje.

El fundamento de este modelo radica en la verificación de que ciertas palabras tienen fuerza en sí mismas y constituyen un factor que influye en la mayoría de la gente. Esa fuerza es una especie de contenido básico que evoca de modo positivo ciertas cualidades o efectos, independientemente del que proporciona el significado literal de cada término. Comencemos por observar cuáles son las principales palabras-poder en la estrategia del lenguaje en neuroventas:

5   Véase Parte III, Capítulo 2, apartado 4.

**ESTRATEGIA DEL LENGUAJE EN NEUROVENTAS
PALABRAS Y FRASES-PODER**

↓

Existen palabras que tienen fuerza por sí mismas y constituyen un factor de influencia positiva en el cliente.

↓

Estructural	Ventajas	Competitivo
Desafío	Balanceado	Alta tecnología
Funcional	Efectivo	Flexiblemente
Eficiencia	Sólido	Implementación
Útil	Integral	Seguro
Empresarialmente	Global	Dinámico
Conveniente	Eficacia	

Es importante advertir la conveniencia de no exagerar la verborragia debido a que el interlocutor seguramente lo percibirá, y ello siempre provoca un efecto negativo. Hay que tener presente que el tiempo también desgasta ciertos términos, del mismo modo que permite incorporar otros nuevos.

La idea es que en la presentación inicial se intercalen con inteligencia algunas de estas palabras o similares con el objeto de reforzar las expresiones, dándoles mayor contenido e impacto. Asimismo, es importante que toda presentación tenga un objetivo final claro y definido, y que el cliente sepa que el vendedor está allí para ayudarlo.

Otro detalle interesante a tener en cuenta es que palabras o frases como "somos un equipo", "especialmente", "cada caso" incorporan factores multiplicadores en el mensaje al sumar imágenes adicionales al proceso de comunicación; por ejemplo, "no se preocupe, hemos tenido varios casos similares y constantemente estamos resolviendo situaciones especiales como la suya".

3.3. Temas que favorecen la relación inicial

Hemos llegado al momento en que se hace necesario encontrar las formas para desarrollar una relación en profundidad con los clientes. Para ello, es interesante que tengamos previamente armados conjuntos o categorías de temas para abordar en esta etapa. Naturalmente, la elección estará definida por lo que hemos detectado en la etapa de búsqueda de indicios relacionales.

A modo de ejemplo, mencionamos a continuación algunas categorías de temas o expresiones que harán más efectivo el establecimiento de una relación en la etapa inicial.

1. **Personales:** preguntas o frases vinculadas al cliente o su familia.
   En este caso, podemos ser más específicos y mencionar algún familiar en especial, si es que lo conocemos, aunque casi siempre en los despachos o escritorios se exhiben fotografías de la esposa y los hijos del cliente. Es conveniente, de todas maneras, entrar en el tema con delicadeza, ya que una pregunta sobre la familia puede no ser agradable para algunos o sonar poco sincera para otros.

2. **Referidos:** "fulano de tal me sugirió que lo visitara".
   Esta mención puede hacerse en el primer contacto, normalmente telefónico o por mail, y retomarse luego durante el contacto inicial. De este modo, se tiende un puente amistoso a través de una persona que cliente y vendedor conocen. A su vez, el referido actúa psicológicamente como una especie de aval, tanto del producto o servicio como del vendedor.
   En lo posible, debe encontrarse la manera de indagar qué imagen tiene el cliente de la persona que facilitó el contacto, pues el efecto puede ser negativo cuando esta no es buena.

3. **Actividades y tiempo libre:** preguntas o frases vinculadas a sus hobbies, deportes, actividades culturales u otros temas descomprimen, siempre que se realicen luego de buscar indicios relacionales y, sobre todo, con inteligencia. Por ejemplo, puede darse el caso de que vendedor y cliente jueguen al tenis y sepan mucho sobre este deporte. Aquí un comentario discreto puede desencadenar un diálogo que ayude a generar empatía.

4. **Medio ambiente:** las preguntas referidas al lugar donde vive o de donde procede el cliente pueden ser interesantes siempre que se hagan con precaución. Puede que a un español que vive en París le encante hablar de su patria o que, a la inversa, esta dispersión lo moleste porque está apurado y quiere ir al grano.

5. **Vocación o especialización:** las preguntas referidas al ámbito de trabajo del cliente son sumamente importantes, sobre todo en las compras institucionales. En estos casos, es conveniente que el vendedor encuentre la forma de demostrar que conoce muy bien el sector. Asimismo, la profesión puede proporcionar pistas para detectar las necesidades del cliente y elaborar argumentos de venta, fundamentalmente en productos y servicios que permiten un ahorro de tiempo o pueden mejorar los beneficios que están ofreciendo los competidores.

EL VENDEDOR DE ÉXITO ES UNA PERSONA INFORMADA

La lectura de diarios y revistas especializadas es imprescindible en la neuroventa, ya que permite hallar temas de conversación que descomprimen el momento inicial y contribuyen a la generación de empatía.

Para ello es conveniente detectar evidencias, como diplomas o certificados. Por ejemplo, si quien nos recibe es una ingeniera especializada en tratamiento de aguas, podemos incorporar alguna reflexión sobre lo que está sucediendo en el medio ambiente, siempre que tengamos información sobre el tema.

De lo expuesto se desprende con claridad que la lectura cotidiana de los diarios es fundamental para estar al tanto de lo que sucede en el mundo del deporte, la tecnología, la sociedad y otros temas que pueden ser de interés del cliente. También deben incorporarse las revistas de negocios para saber lo que ocurre en el mercado del producto o servicio que se comercializa; por ejemplo, un vendedor de seguros no puede desconocer lo que está ofreciendo la competencia, tanto en materia de beneficios como en precios y financiación.

Las cinco categorías de temas expuestas son simplemente ejemplarizadoras. Lo que intentamos es ayudar al vendedor a crear su propia estrategia con el fin de alcanzar tres grandes objetivos:

1. Descompresión de la frialdad y nerviosismo inicial, si es que perdura. Esta es una meta importante en el primer tramo de una negociación y debe completarse con éxito. Generalmente, se logra mediante el desvío de la atención del cliente hacia un tema agradable para él.
2. Incorporar en el cliente sensaciones positivas durante la presentación. Por ejemplo, hablar sobre el "Barça" cuando acaba de ganar un partido y los indicios relacionales revelan que es simpatizante de ese club es una muy buena estrategia. Lo mismo sucede si observamos que es coleccionista de autos en miniatura y nos interesamos por el tema. Este tipo de diálogos crean una buena predisposición que se mantiene durante el tiempo en el que se lleve a cabo la conversación vinculada específicamente al objetivo de la reunión.
3. Crear las bases de una relación vendedor-cliente que perdure en el tiempo a partir de una buena impresión generada en la primera entrevista. Este es un objetivo muy importante, fundamental, en la formación del vendedor neurorrelacional ya que solo la repetición de las compras contribuye a la generación de rentabilidad en las empresas.

4. Dar y recibir: equilibrando la relación

Establecer una simetría o balance desde el comienzo de la relación significa que tenemos que equilibrar lo que damos con lo que recibimos. Si al comienzo de la conversación no generamos espacio para las respuestas o comentarios del cliente, le estamos indicando de alguna manera que no es necesario que nos conteste y que no nos importa que lo haga.

Peor aún, es común escuchar que vendedores verborrágicos se vanaglorian diciendo: "lo maté"; "no lo dejé abrir la boca durante toda la presentación del producto". La mayor sorpresa viene al final, cuando el cliente sigue sin abrir la boca cuando esperan que diga que sí en el cierre de la venta.

Recuerde:

> El vendedor neurorrelacional debe ser un experto en escuchar, porque esta es la única manera de captar y comprender lo que el cliente busca, y anclar los beneficios del producto como satisfactores de sus necesidades.

Desde otro ángulo, y en nuestra terminología, es conveniente acompasar al cliente, tratando de ponernos en sus mismos decibeles de estado, y desde allí liderar un ajuste en su predisposición.

Síntesis

1. Priorice la creación de una relación que perdure en el tiempo.
2. Utilice referentes.
3. Infórmese: lea los diarios y las revistas especializadas.
4. Organice su presentación.
5. Busque indicios relacionales.
6. Descomprima los momentos iniciales dialogando sobre temas que no son el motivo de la reunión.
7. Tome en cuenta los mensajes verbales, no verbales y kinestésicos que recibe.
8. Si puede, elija un lugar estratégico para la primera reunión.
9. Seleccione temas de interés del cliente para descomprimir los momentos iniciales.
10. Recuerde el valor de las expresiones-poder y utilícelas.

Capítulo 3

Desarrollando empatía

CONTENIDOS

1. Etapa 3: desarrollando empatía

Entendemos por empatía a la capacidad que tienen determinadas personas para conectarse con otras y ponerse en su lugar, acompañarlas en sus sentimientos y/o comprendérselos, acompasando de este modo sus estados emocionales.

> Se trata de un aspecto clave de la comunicación humana, ya que permite interpretar la realidad del otro, sentir y actuar en consecuencia.

Los vendedores empáticos son los que se destacan en el arte de escuchar al cliente, un tema que hemos subrayado varias veces en esta obra, ya que solo entendiendo sus problemas es posible encauzar las entrevistas de un modo satisfactorio para ambas partes. Más aún, la empatía permite anticiparse a las necesidades que el comprador expresa sin que él lo registre conscientemente.

Grinder desarrolló un concepto sencillo y claro sobre este tema: *"Empatía es la capacidad de generar una corriente de participación emotiva y afectiva con el interlocutor. Empatía es conexión, es ponerse en la situación del otro para obtener un compromiso afectivo"*[1].

Este tipo de empatía –que es la que interesa particularmente a la neuroventa– es la afectiva, esto es, la que se produce cuando una persona experimenta un sentimiento similar al de otra con la que está dialogando, aunque en un grado mucho menor.

Por ejemplo, la alegría que siente una vendedora cuando su cliente le dice que está feliz porque lo ascendieron o, a la inversa, el sentimiento de pena que la embarga porque lo que le cuenta tiene que ver con un acontecimiento personal que lo angustia (tengamos presente que la empatía emocional es más potente en la mujer).

El otro tipo de empatía (que también es útil en la neuroventa) es la cognitiva. Se produce cuando nos damos cuenta de que nuestro interlocutor está mal o, a la inversa, de que está eufórico, pero no lo acompañamos en ese sentimiento. Simplemente, lo registramos y actuamos en consecuencia. Este tipo de empatía es más común en los vendedores, ya que los hombres utilizan más los neurocircuitos de la empatía cognitiva[2].

---

1   Grinder, John y Bandler, Richard "Trance-Formations: Neurolinguistic Programming and the Structure o Hypnosis", Moab, UT: Real People Press, 1986.
2   Véase Parte I, Capítulo 3, apartado 2.1.

2. La importancia de espejarse en el cliente

Anatómicamente, la empatía está relacionada con las **neuronas espejo**[3], que se ubican en el hemisferio izquierdo del cerebro, cerca del área de Broca (región del habla y procesamiento del lenguaje). Estas neuronas se activan cuando un individuo identifica una acción que otro está llevando a cabo como si fuera él mismo quien la está realizando, por eso los avances en el conocimiento de estas células son tan importantes en la neuroventa.

Su descubridor fue el famoso científico italiano Giacomo Rizzolatti, quien dirigió un famoso experimento[4] con macacos para estudiar cómo funcionan estas neuronas y reflexionó sobre el tema de la siguiente manera: "No solo se entiende a otra persona de forma superficial, sino que se puede comprender hasta lo que piensa; el sistema de espejo hace precisamente eso, nos pone en el lugar del otro, y la base de nuestro comportamiento social es que exista la capacidad de tener empatía e imaginar lo que el otro está pensando".

De este modo, las neuronas espejo hacen que dos personas que interactúan cara a cara, como ocurre en las ventas personales, influyan una en la otra en forma metaconsciente.

3. Niveles de empatía

El desarrollo de la empatía no es difícil, ya que involucra un trabajo sencillo de comunicación en tres niveles:

NIVELES

DE ➡

EMPATÍA

1. Respeto de la distancia zonal del cliente.

2. Desarrollo de empatía personal: acompasamiento.

3. Afirmación de objetivos.

---

3   Véase Parte I, Capítulo 1, apartado 2.4 y Parte I, Capítulo 3, apartado 2.1.

4   En 1996, un equipo de la Universidad de Parma (Italia) observó un grupo de neuronas que les llamó la atención mientras se realizaba un experimento con macacos. Las células cerebrales no solo se encendían cuando un mono ejecutaba ciertos movimientos, también se activaban cuando, simplemente, contemplaba cómo lo hacían los demás. Véase Braidot, Néstor, *Neuromanagement*, Ediciones Granica, Buenos Aires, 2007, Capítulo 9.

Todos son sumamente importantes, de modo que un descuido puede provocar dificultades o directamente cortes en la comunicación entre el vendedor y su cliente.

3.1. Nivel 1: respeto de la distancia zonal

Todo ser humano tiene una zona personal, un espacio alrededor de su cuerpo en el cual admite la presencia de otro. Por ello, un vendedor que se acerque demasiado cuando le habla a sus clientes puede molestar a algunos y a otros no. Ello se debe a que el sexo, la edad y la cultura influyen en la definición de los territorios que se consideran íntimos o sociales, así como en las posiciones a adoptar en ruedas de negocios, mesas de reuniones, etcétera.

Por ejemplo, un cliente que ha crecido en una zona rural está acostumbrado a vivir en lugares despoblados y no forma parte de su vida cotidiana el apretujamiento que sufren los habitantes de las grandes ciudades cuando viajan en metro o en tren durante las horas pico. Consecuentemente, su zona personal es más amplia.

Por lo tanto, la primera regla que debemos seguir es indagar y respetar la zona personal de nuestro cliente, teniendo en cuenta que lo que más puede irritarlo es que nos acerquemos demasiado.

3.2. Nivel 2: desarrollo de empatía personal

Acompasar una postura es adoptar con el cuerpo similares configuraciones que las que utiliza el interlocutor.

Si el cliente tiene las piernas cruzadas, cruzarlas. Si tiene entre sus manos un lápiz, tengamos una lapicera entre las nuestras.

Una vez detectada la zona personal y estabilizada una relación de feedback o retroalimentación comunicativa, debemos desarrollar el nivel 2: la empatía personal.

Esto se comprueba cuando ambos, vendedor y cliente, se sienten cómodos uno con el otro y comienzan a acompasarse recíprocamente. En un sentido figurado, podemos decir que empiezan a tocar en la misma orquesta.

Este proceso se inicia sutilmente, cuando se comparte un gesto, una forma de expresión, una manera de sentarse o de caminar. En neuroventas hay varios **tipos de acompasamiento:**

- En la postura.
- En los movimientos.
- En la respiración.
- En la voz.
- En los estados emocionales.
- En todo el sistema de representación del cliente.

Advertencias

1. El acompasamiento debe realizarse en forma cuidadosa, de manera que no parezca imitación.
2. Acompasar no es hacer mímica.
3. Acompasar es comunicarse en una misma sintonía.

Para poder acompasar es imprescindible observar mucho y hablar poco durante los momentos iniciales de contacto, prestando mucha atención a los planos gestuales, los niveles kinestésicos-emotivos, los ritmos respiratorios del cliente, etcétera.

3.3. Nivel 3: afirmación de los objetivos

La afirmación de objetivos se consigue cuando se acuerda entre vendedor y cliente qué es lo que este quiere lograr. Busca evitar cambios, dudas o alteraciones posteriores por parte del comprador. En otros términos:

La afirmación de objetivos consiste en:	➡	Acordar y confirmar con el cliente el producto que desea y cómo lo quiere.

Es importante que el vendedor logre el compromiso en tiempo, a fin de fijarlo, es decir, para cuándo desea el cliente tener el producto o servicio o, en otros términos, cuándo será posible la compra. No se trata de un compromiso de venta, situación que en todo caso se producirá al final, sino de satisfacer sus requerimientos.

Para asegurar el mantenimiento del compromiso, es bueno verbalizarlo de manera explícita con las mismas palabras del cliente. Para ello, el vendedor debe recordar detalladamente los términos exactos utilizados por aquel. Ello le permitirá afrontar con mejores posibilidades de éxito el proceso de venta en momentos en que surjan dudas o vacilaciones del cliente, ya que podrá, con gentileza, recordarle exactamente lo que dijo.

- **Ejemplo:** venta de una póliza (cobertura de riesgos)

Cliente:	Estoy pensando en una **protección** para mi **familia**, por si ocurre un **accidente**.
Vendedor:	Contamos con pólizas de vida plena, que combinan retiro con cobertura de **accidentes**. Son ideales para **proteger** a la **familia.**
Cliente:	Sí, no sé... me parece que es lo que necesitaría, aunque no entiendo mucho.
Vendedor:	(Al notar falta de seguridad, intenta afirmar el compromiso.) Claro, usted necesita asegurarle protección a su familia, aunque no sabe aún qué tipo de póliza le conviene.
Cliente:	Sí, estoy seguro de que necesito algo que me cubra en caso de accidentes e incluso algún suplemento de mi plan de jubilaciones, aunque no tengo en claro el monto que cobraría ni los costes que ello implica. (El cliente explicitó los detalles que le importan para la implementación.)
Vendedor:	(Reconfirma y verbaliza el compromiso con los términos del cliente.) Bien, más allá de los valores, que luego veremos, usted está decidido a suscribir una buena póliza de **protección** de su **familia** que contemple **accidentes** y, al mismo tiempo, que garantice su tranquilidad cuando se **jubile**.

- **Análisis:**

El ejemplo muestra un avance importante del vendedor, que afirma los objetivos de la venta al ayudar al cliente a describir con sus propias palabras lo que realmente necesita. Tomemos las frases:

- "...valores, que luego *veremos*". Veremos es un término visual, equivalente a la expresión de duda del cliente. Cuando manifiesta "no tengo claro el monto ni..." está anticipando, en principio, una preferencia visual en su comunicación.
- "...buena póliza, protección, familia, jubilación". Todas ellas son palabras que tienen un contenido poderoso para el cliente. Por lo tanto, una vez acordados y confirmados los objetivos, el vendedor tiene el camino habilitado para utilizar sus herramientas de ventas.

Es necesario remarcar, y en forma muy especial, que esta etapa previa no es menos importante por ser tal. Aunque digamos "recién ahora el vendedor tiene el camino habilitado para utilizar sus herramientas de venta", esto no quiere decir que "ahora" viene lo más importante. En realidad, todo lo que hemos hecho hasta este momento condiciona en forma determinante el éxito o fracaso de las etapas siguientes.

Y no es para menos: hemos descubierto el canal preferente de comunicación con el cliente; hemos logrado tener una relación empática con él; hemos ratificado juntos lo que realmente necesita.

4. Qué hacer si se pierde la empatía

A veces existe una pérdida de empatía debida a errores que cometen los vendedores, incluso los experimentados, especialmente al llegar al Nivel 3 de confirmación verbalizada de los objetivos. Más que de errores, en general se trata de olvidos o subestimación de la importancia de la verbalización del compromiso: la mayoría se equivoca al no destinarle suficiente tiempo a esta fase o al considerarla sobreabundante.

Por ejemplo, la detección entusiasta de la zona de seguridad, la adopción y el desarrollo de la empatía recíproca y el acuerdo de objetivos hacen olvidar la necesidad de "asegurar" la confirmación de los objetivos.

Este problema surge cuando nos introducimos de lleno en nuestras herramientas. Al estar enfrascados en el producto y las técnicas de venta, a veces olvidamos que frente a nosotros se encuentra una persona que probablemente comience a distanciarse, lo cual provoca un quiebre en la empatía que se ha logrado.

La pérdida de empatía hace que se pierda la comunicación kinestésica en primer lugar, luego la visual e inmediatamente la auditiva: probablemente, el cliente comience a oír sin escuchar.

Si esto sucede, nos estaremos alejando de los objetivos. Por más que lo intentemos, el cliente ya no estará recibiendo información y, de continuar en este camino sin que hagamos nada por recuperar el nivel de empatía, comenzará a desacompasarse y a interesarse por otro tema, y colocará su mente en otra parte. En este caso, nuestro mensaje puede llegar fragmentado y, peor aún, la situación provocará (por reflejo) un cierto nivel de incongruencia en la comunicación.

Generalmente, la solución que encuentra el vendedor es avanzar con toda su batería de herramientas de ventas, envolviéndose más y más en su propia exposición.

Error

¡El cliente ya no lo está escuchando!

Si esto le llega a suceder, usted cuenta con un conjunto de recursos para recuperar la empatía:

1. Cuando detecte que ha perdido empatía, deténgase inmediatamente. No demore, no espere otro momento. El cliente ya no está con usted.
2. Chequee la zona de seguridad o distancia zonal del cliente. Verifique si no traspasó algún límite (Nivel 1).
3. Verifique si el quiebre de la empatía se debe a un error suyo o si, por el contrario, existe algún motivo, persona o problema ajeno a la entrevista que lo está distrayendo. Puede ocurrir que un factor externo, como una llamada telefónica o algún cambio en el ámbito en el que se desarrolla la venta, llame su atención y lo desconcentre.
4. Fije nuevamente los objetivos. Verifique si están hablando de lo mismo. Generalmente, este es uno de los problemas que surgen por no destinar suficiente tiempo al Nivel 3, correspondiente a la confirmación verbalizada del objetivo.
5. Recomience con sumo cuidado el proceso de desarrollo de empatía a partir de un acompasamiento gradual del cliente en los planos visuales, kinestésicos e incluso verbales, siguiendo las pautas mencionadas al comienzo para este proceso. Recién cuando haya verificado y recobrado empatía, podrá volver al desarrollo de sus argumentos de venta.

Si logra realizar esta secuencia paso a paso, no tendrá problemas en reconectarse con su cliente y continuar la conversación en otra sintonía.

Síntesis

1. Establezca y calibre la distancia zonal de su cliente.
2. Respétela durante toda la entrevista, nunca pierda el foco en este tema.
3. Acompase postura, tono de voz y velocidad de expresión del cliente. No realice esto en forma obvia, ya que puede ser interpretado como una burla.
4. Durante la conversación, realice verificaciones que le permitan asegurar el mantenimiento de los tres niveles de empatía.
5. Afirme los objetivos cuando se vea obligado a recuperar empatía.
6. Obtenga un compromiso explícito.
7. Verbalice ese compromiso en los términos del cliente.

Capítulo 4

Retroaccionando requerimientos y descubriendo necesidades

CONTENIDOS

1. Etapa 4: retroaccionando requerimientos

Retroacción significa accionar hacia atrás[1]. En neuroventas utilizamos esta expresión para referirnos al procedimiento mediante el cual el vendedor, en comunicación empática con el cliente, trata de descubrir cuáles son las necesidades que existen detrás de sus requerimientos.

En el mismo contexto, un **requerimiento** es la demanda aparente del cliente, es lo que él cree que necesita. Habitualmente es un deseo superficial, condicionado por sus características personales y su medio ambiente, en el que tienen gran influencia las acciones de marketing de las empresas, tanto en el plano consciente como en el no consciente.

La **necesidad** es lo que está detrás, a un nivel más profundo de lo que sus requerimientos expresan. Se relaciona con el satisfactor que realmente está buscando, aunque lo pida a través de algo que para él (dentro del límite de lo que conoce y bajo la influencia de la publicidad) es la denominación de su deseo.

Recuerde:

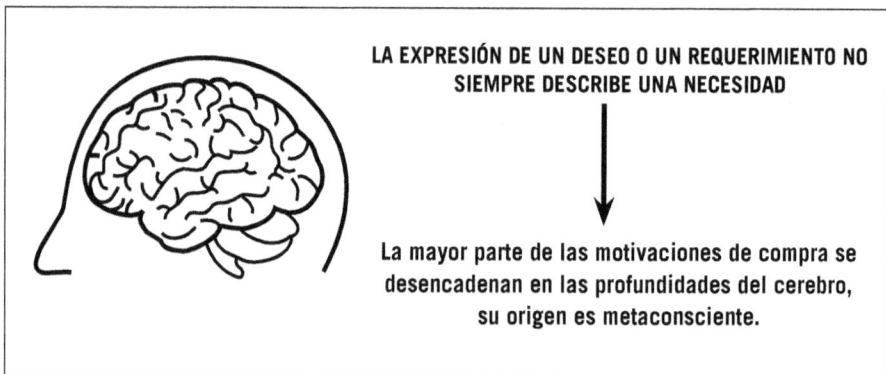

LA EXPRESIÓN DE UN DESEO O UN REQUERIMIENTO NO SIEMPRE DESCRIBE UNA NECESIDAD

La mayor parte de las motivaciones de compra se desencadenan en las profundidades del cerebro, su origen es metaconsciente.

En el ámbito de las neuroventas, el **requerimiento** constituye el **mapa**, mientras que la **necesidad** es el **territorio**. Aunque este sea el mismo, cada persona puede tener representaciones diferentes, mapas distintos, que derivan de diferentes experiencias.

Este es un concepto que viene de la Programación Neurolingüística, según la cual "un mapa no es un territorio" porque no muestra cómo es la

---

1 *Diccionario de la Real Academia Española*, XXI edición, Madrid, 1992.

tierra, el color del agua del río o los árboles, sino que se concentra en representarlo mediante límites geográficos, cruces de carreteras, etcétera. En otros términos:

> **Lo que vemos no es la realidad, sino la representación que nuestro cerebro construye sobre ella.**

Análogamente, nuestra visión también tiene las limitaciones de un mapa. Aunque el mundo es real, vamos generando conceptos, opiniones y actitudes mediante percepciones subjetivas.

El vendedor debe incorporar estos conocimientos para influir en el mapa que construirá el cliente y, a su vez, abrir su mente a lo que este le diga, ya que de la consideración de sus necesidades puede surgir el producto o servicio que mejor las satisfaga, aunque este sea distinto del que ha manifestado en su requerimiento.

1.1. Funciones de la retroacción

El concepto más importante de la retroacción consiste en *volver hacia atrás* en la acción que provocó (como resultado) un determinado requerimiento en el sistema de toma de decisiones del cliente. Sus funciones son las siguientes:

FUNCIONES DE LA RETROACCIÓN	1. Investigar cuáles son las verdaderas necesidades del cliente. 2. Verificar si existe una única opción satisfactora (lo cual excepcionalmente es posible) o si hay múltiples opciones, entre ellas, nuestro producto (si es que no fue mencionado en el requerimiento).

Llegar a un marco más amplio o con variantes más abiertas del requerimiento es el objetivo. Lo que importa es analizar cuáles son las necesidades que podemos relacionar con los beneficios de nuestro producto para vender lo que realmente le sea útil al cliente. Aquí llegamos a un punto en el que es muy útil efectuar una aclaración desde el marco conceptual del neuromarketing.

En general existen varias necesidades determinantes de la demanda de un producto, así como pueden ser varios los productos que satisfagan una misma necesidad. La compra de un coche, por ejemplo, busca satisfacer varias necesidades o expectativas; veamos algunas de ellas:

- Transporte.
- Placer al conducir un modelo determinado.
- Seguridad: que el coche sea confiable.
- Imagen: demostrar estatus.
- Confianza en uno mismo: sensación voluble de éxito en la conquista amorosa.

- **Ejemplo 1**

Requerimiento (cliente)   Deseo comprar un coche.

Retroacción (vendedor)   Deberá detectar si lo que el cliente necesita es:
- Un vehículo para movilizarse.
- Un modelo innovador, que le garantice el placer de conducir.
- Un coche seguro.
- Un objeto de estatus.
- Un complemento para su personalidad conquistadora.

La clave en esta etapa es ayudar al cliente a encontrar el motivo por el cual desea adquirir un automóvil (recordemos que puede haber más de uno operando simultáneamente). Expandir su punto de vista puede ayudarlo a darse cuenta de que no son necesarias, ni siquiera tan importantes, ciertas especificaciones que condicionan su requerimiento específico (el coche). Tenga presente que el cliente puede plantear **dos tipos de requerimientos**:

De **opción única**: cuando sus especificaciones dan lugar a un solo producto, ya sea porque tiene decidida la marca o porque existe solamente uno que, según él, puede satisfacer su necesidad.

De **opción múltiple**: cuando brinda especificaciones de suficiente amplitud como para que diversos productos satisfagan su necesidad.

Evidentemente, ambos tipos de requerimiento plantean diferentes niveles de complejidad en la decisión que deberá tomar para satisfacer sus necesidades. Esto pone al vendedor ante el desafío de demostrarle que su producto es el mejor (siempre que esto sea así, recordemos que cualquier argumento de ventas engañoso acarrea resultados no deseables en el largo plazo).

Sinteticemos en un gráfico lo hasta aquí expuesto:

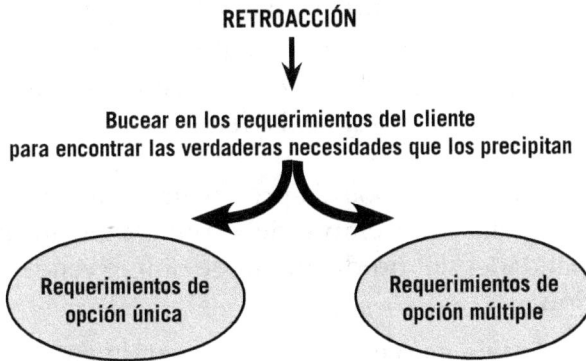

RETROACCIÓN

**Bucear en los requerimientos del cliente
para encontrar las verdaderas necesidades que los precipitan**

**Requerimientos de
opción única**

**Requerimientos de
opción múltiple**

Es muy frecuente que los clientes estén convencidos de que existe una limitada (a veces única) manera de satisfacer sus necesidades y planteen sus requerimientos en términos de una marca concreta. Esto ocurre porque, por lo general, confunden la *necesidad básica* (continuando con nuestro ejemplo, la de transporte) con la *necesidad derivada* asociada con un producto o marca (por ejemplo, la ideal para demostrar seguridad y, al mismo tiempo, determinado estatus social)[2].

• **Ejemplo 2**

Requerimiento (cliente)	Expresa: "creo que lo que mejor se adapta a mis necesidades es un Audi".
Retroacción (vendedor)	El vendedor debe encontrar cuáles son los valores simbólicos que el cliente le otorga a la marca Audi.

Si bien la primera función de una marca es la identificación de un producto, esta identificación siempre remite a un conjunto de significados, muchos de ellos asociados con emociones o símbolos cuyas connotaciones el vendedor deberá descubrir. En este caso, es imprescindible hallar los valores simbólicos que el cliente le otorga a la marca Audi para pensar cuáles pueden relacionarse con el producto que se está intentando vender.

Excepto que estemos ante un caso de fidelidad y esto se constituya en una barrera de entrada difícil de flanquear, por lo general el cliente no necesita una marca concreta sino los valores simbólicos con los que la asocia.

---

2 Véase Braidot, N., *Neuromarketing en acción*, Ediciones Granica, Buenos Aires, 2011, Capítulo 2.

1.2. La técnica de retroacción

La retroacción requiere del vendedor la aplicación de habilidades creativas en la búsqueda de soluciones novedosas y alternativas para ofrecer al cliente. La idea es que, previamente y durante el proceso, clarifique su percepción respecto de la verdadera necesidad del cliente, de forma tal que pueda reiniciar la búsqueda de satisfactores.

De este modo, el cliente podrá apreciar una intención sincera de atenderlo, aunque en el diálogo siempre debe prevalecer un direccionamiento sutil hacia las cualidades del producto que se quiere vender. Pensemos en la siguiente situación:

- **El cliente predefinió un requerimiento:** generalmente, lo hace influenciado por campañas publicitarias, por comentarios de otras personas (comunicación boca-oído) o por lo que leyó en internet. Sin embargo, lo normal es que no cuente con toda la información necesaria para tomar la mejor decisión.
- **El vendedor aplica la técnica de retroacción:** lo que hace es analizar el requerimiento e interpretar los beneficios y valores simbólicos que el cliente realmente busca. Mentalmente los asocia con su producto y acompaña a su interlocutor en esta asociación. Lo importante es que el cliente relacione los valores simbólicos que busca con el producto que comercializa el vendedor, generando de este modo un nuevo requerimiento.

1.3. Tipos de retroacción

Hay dos tipos de retroacción: simple y ampliada. La **retroacción simple** consiste en volver atrás el pensamiento del cliente y reconsiderar, en forma muy acotada y directa, la flexibilidad o inflexibilidad del requerimiento. La **retroacción ampliada** consiste en llevar al cliente a que contemple alternativas más amplias para satisfacer las necesidades que subyacen en sus requerimientos:

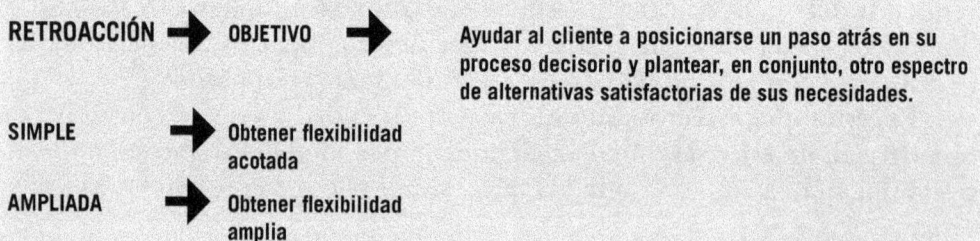

RETROACCIÓN → **OBJETIVO** → Ayudar al cliente a posicionarse un paso atrás en su proceso decisorio y plantear, en conjunto, otro espectro de alternativas satisfactorias de sus necesidades.

SIMPLE → Obtener flexibilidad acotada

AMPLIADA → Obtener flexibilidad amplia

En ciertas circunstancias, en particular cuando el cliente brinda especificaciones que dificultan o directamente impiden[3] una ligazón con el producto, para conveniencia del vendedor es necesario incorporar flexibilidad adicional –en otros términos, ampliación en la retroacción– Lo que se busca, además de volver hacia atrás el requerimiento del cliente, es que se explaye sobre lo que en realidad quiere.

Durante el diálogo es altamente conveniente hacer coincidir la retroacción con especificaciones que la competencia no puede cumplir, por eso insistimos tanto en que el vendedor debe estar muy informado. Veamos un ejemplo:

Cliente:	El servicio puede ser bueno, pero es demasiado caro.
Retroacción simple:	Entonces, el precio es para usted un factor importante en esta compra.

Estamos tratando de averiguar si nos encontramos frente a una argumentación o regateo de precios, ante una dificultad real o frente a una comparación con la competencia. La respuesta del cliente nos dará la pauta:

Opción a: "Bueno, en realidad, me parece caro".
Opción b: "Tenemos un límite en el presupuesto de la compañía".
Opción c. "Estuve viendo precios y ...".

En cada una de las opciones debemos elegir la línea argumental para averiguar algo más sobre la objeción y luego elaborar la propuesta adecuada incorporándola.

Retroacción ampliada:	Entonces, si lo comprendí correctamente, usted necesita contar con un presupuesto suficiente para esta compra.

Además de verificar si se trata de una estrategia para regatear el precio, la retroacción ampliada nos permite ir más allá, y averiguar si realmente existe una restricción presupuestaria. Esta información es muy valiosa, porque puede ser un camino para ofrecer financiación o, lisa y llanamente, otro producto más barato. De todas formas, es necesario advertir que esta técnica debe ser monitoreada con delicadeza por cuanto se corren riesgos de que se pierda empatía (si es que erramos en las expresiones utilizadas). Aconsejamos una vez más utilizar las mismas palabras que empleó el cliente, una por

---

3 Tal el caso de especificaciones de opción única.

una, rearmando las frases, poniéndolas en términos más generales o específicos, según el caso.

Recuerde:

1. Las cualidades del producto son la brújula que guía la retroacción, el camino para unir las necesidades retroaccionadas que fundamentarán un nuevo requerimiento.

2. Esta etapa debe permitir al vendedor unir las necesidades retroaccionadas y conformadas por el cliente con las cualidades de su producto o servicio.

3. Retroaccionar es una forma de ampliar la mente del cliente, evolucionando desde lo que él dice que quiere hacia lo que ambos, en conjunto, descubrirán que es su verdadera necesidad.

Asimismo, la retroacción con ampliación contribuye a solucionar requerimientos que aparentemente son de opción única; sin embargo, también es aplicable en aquellas situaciones en las que resulta conveniente la búsqueda de necesidades a satisfacer que hayamos considerado complementarias y que para el cliente pueden ser centrales.

2. Estrategia de lenguaje en la retroacción

El procedimiento de retroacción es delicado. Los términos que se utilizan, incluso el estilo con que se aborda esta etapa del proceso de venta, deben manejarse con sumo cuidado. Es frecuente que los vendedores se esfuercen por llevar al cliente a razonar que su producto es superior cuando este ha explicitado por qué prefiere el de la competencia.

No es aconsejable utilizar argumentos del tipo: "vamos a razonar", "si razonamos de esta manera", "discutamos el tema". Tampoco lo es la pregunta: "¿por qué prefiere tal producto o marca?". En cierto modo, lo que está haciendo el vendedor es facilitarle el terreno para que desarrolle sus objeciones.

Por ejemplo, la pregunta "¿por qué?" impulsa casi siempre al cliente a una explicación defensiva y más bien cerrada, dificultando la consideración de alternativas. Es conveniente, en todo caso, preguntar con palabras que no provoquen estas reacciones de abroquelamiento sino que, por el contrario, le permitan explayarse ampliando sus anteriores opiniones.

Dado que la retroacción busca clarificar la necesidad real del cliente, es conveniente que esta primera etapa posibilite la mayor amplitud de respuesta posible. Por ello sugerimos términos y frases como: "entonces", "si entendí correctamente", y repetir el último argumento del comprador como pregunta o rearmar la frase ampliando el concepto.

Tenga presente lo siguiente:

- "Entonces" liga la expresión del cliente con la afirmación que sigue.
- "Si", utilizado en forma condicional, expresa "comprendí y no comprendí". Da la opción para que el cliente confirme o rectifique la expresión que le sigue.

A la inversa, no son recomendables las generalizaciones o el uso de palabras calificadoras con términos absolutos, por ejemplo: "nuestro producto es el mejor; todos nuestros clientes están satisfechos; no tenemos ninguna falla; nunca hemos demorado una entrega".

Ante estas afirmaciones, cualquier interlocutor muestra una reacción involuntaria que lo lleva a pensar: "realmente, ¿no habrá ninguno mejor?"; "¿estarán todos los compradores satisfechos?". Un viejo refrán español dice: "Dime de qué alardeas y te diré de qué careces". Es muy importante que el vendedor lo tenga en cuenta.

- **Listado de frases o palabras clave sugeridas:**

  - A veces...
  - Algunas personas dicen...
  - En cierto sentido...
  - Es muy común...
  - Hemos desarrollado en nuestros clientes un nivel de alta confiabilidad...
  - La gente dice que...
  - La mayor parte del tiempo...
  - Las evidencias sugieren que...
  - Mucha gente piensa que nuestro producto es superior a la mayoría de los existentes en plaza...
  - Podemos esperar que...
  - Puede ser...
  - Si lo que decimos es cierto...
  - Si usted acepta la premisa básica...

- Una manera de pensar en este tema es...
- Usted ha tenido noticias...
- Usted puede esperar que...

Antes de avanzar en las otras etapas del proceso de retroacción, le aconsejamos practicar con estas expresiones y, fundamentalmente, erradicar las palabras que provocan reacciones defensivas y de cierre de alternativas.

2.1. En práctica

a) **Analizar el requerimiento del cliente**
¿Qué hay detrás del requerimiento?
¿Qué contenidos simbólicos demanda?
¿Cuál es el "mapa" y a qué "territorios" hace referencia?
¿Cuántas y cuáles necesidades hay detrás de sus requerimientos?

b) **Establecer un orden de prioridades de satisfactores buscados detrás del requerimiento planteado.**

c) **Las alternativas o vías de retroacción a desarrollar deben ser coherentes con cualidades vinculables a nuestro producto.**

- **Ejemplo:**

Imaginemos que nuestro cliente plantea el siguiente requerimiento: "Necesito un Seguro Jet (identifica a la competencia) que cubra a mi empresa ante riesgos de accidentes de los empleados". En este caso, nos encontramos ante diversas opciones:

a) **Utilizar una retroacción más o menos amplia buscando detectar oportunidades:**
V: "Si entendí correctamente, usted necesita un seguro ágil que le cubra riesgos a su empresa".

b) **Utilizar la modulación del tono de voz en una retroacción acotada:**
V: ¿Un Seguro Jet?

Esta retroacción es definitoria, porque puede llevar a una confirmación que luego es difícil de levantar o ampliar.

c) **Utilizar el adverbio "entonces" en retroacción simple:**
V: Entonces... ¿usted está buscando una cobertura de riesgos del trabajo?

Si el cliente utiliza el nombre del producto de la competencia para efectuar el requerimiento, debemos pensar rápidamente en las diferentes asociaciones simbólicas que pudo haber realizado, por ejemplo, recordar un argumento publicitario.

Esto fundamenta, una vez más, por qué el vendedor neurorrelacional debe conocer con el mayor detalle posible las características y estrategias de producto, precio, canales de distribución y comunicaciones de todos los productos de la competencia, así como también de aquellos que puedan actuar como sustitutos.

Volviendo a nuestro ejemplo. "Seguro Jet" probablemente sea una marca asociada al *pago rápido* de un siniestro. En consecuencia, podemos suponer que nuestro cliente no está realmente pidiendo Seguro Jet, sino un servicio que le garantice velocidad en el cobro de la cobertura de una póliza.

Otro de los grandes beneficios de la retroacción es que permite "vender más", con esto nos estamos refiriendo a otros productos que el vendedor tiene en cartera, aunque ellos no hayan sido el objetivo de la reunión.

Por ejemplo, si el vendedor es convocado para vender una cobertura de riesgos de trabajo, durante la conversación puede detectar, a partir de las expresiones del cliente, que hay otras necesidades en su empresa. Más aún, en el plano personal, puede necesitar un seguro de retiro para sí mismo o cualquier otro tipo de póliza para su hogar o los miembros de su familia.

Tenga presente lo siguiente:

La comunicación con el cliente durante el proceso de retroacción no pasa solo por las diferentes preguntas o repeticiones de frases con las que buscaremos aclaraciones.

Pasa por captar sus mensajes no verbales, para lo cual no solamente debemos tener oídos, sino también capacidad para percibir lo que nos llega a través de otros canales[4].

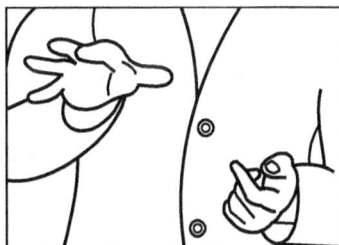

Esto significa que, después de la pregunta o cualquier forma de retroacción, el cliente brindará una respuesta no verbal que se producirá en forma automática segundos antes de la respuesta verbal, que por otra parte (según mi experiencia) generalmente es la más sincera.

En caso de que exista coincidencia afirmativa entre la respuesta verbal y la no verbal, podremos estar seguros de que estamos en condiciones de avanzar

---

4 Véase Parte III, Capítulo 3.

en el proceso de profundizar la real necesidad de satisfactores expresada previamente. Si deniega en ambos sentidos, verbal y no verbal, debemos verificar si fue adecuada la línea de retroacción elegida.

ADVERTENCIA Si volvemos atrás en el requerimiento, razonando en términos de un satisfactor que no es negociable, nos encontraremos con una barrera en la retroacción, mientras que si retrocedemos por otra vía, mediante satisfactores que pueden resultarle interesantes al cliente, lograremos una ampliación de las alternativas.

Cuando la respuesta no verbal y la verbal no coinciden, puede deberse básicamente a dos motivos:

- Que el cliente nos quiera ocultar sus verdaderos sentimientos respecto de nuestras expresiones, negando verbalmente algo con lo que en realidad coincide.
- Que el cliente realmente piense que sí y que no al mismo tiempo, porque desea el servicio que le ofrecemos, pero no está de acuerdo con el precio.

Estos dos niveles de respuesta son comunes y no se refieren solo a dos canales a través de los cuales se exteriorizan. Se trata en realidad de dos niveles de análisis de las respuestas, uno realizado en el plano consciente y otro en el metaconsciente. Ambos se detectan cuando la respuesta no verbal inmediata (dos o tres segundos antes) no coincide con la respuesta verbal posterior.

Es importante destacar que antes de dar por cerrada una venta es necesario que respondamos a ambos niveles. Recordemos que el cliente no hace esto de manera consciente. Sus manifestaciones no verbales surgen de su metaconsciente, lo cual constituye un indicador de autenticidad. De hecho, si respondemos solamente a un canal, en algún momento surgirá como problema la parte no tomada en cuenta. Es necesario, entonces, abarcar todos los niveles de las objeciones u opiniones del cliente y responder en forma adecuada e integral en el proceso de retroacción.

2.2. Cláusulas o expresiones condicionantes

Después de la retroacción, es necesario acotar toda posibilidad de nuevos requerimientos o especificaciones olvidadas por parte del cliente. Esto se logra utilizando expresiones condicionantes como la siguiente: "Si nosotros podemos satisfacer todas estas especificaciones, ¿hay otra cosa que necesite o que pueda ser importante para usted?".

El objetivo del uso de cláusulas condicionales es verificar la existencia o no de especificaciones adicionales que pudieran haberse olvidado, y al mismo tiempo asegurar los límites del campo a desarrollar en la presentación del producto.

- **Ejemplo de retroacción con cláusula condicionante, una vez efectuado el pedido y las retroacciones iniciales:**

Cliente	Sí, eso es, necesito una cobertura de riesgos de trabajo segura y ágil. (Ya eliminamos el requerimiento nominado.)
Retroacción	Entonces, lo que usted necesita es una cobertura que le garantice una rápida atención en una empresa de seguros solvente.
Cliente	Claro, claro, eso es.
Cláusula condicional (vendedor)	Bien, señor Vigil, si le ofrecemos todas estas especificaciones, atención rápida, en una empresa solvente y segura, ¿usted cree que existen otras especificaciones que debemos tener en cuenta?

De la respuesta dependerá que incorporemos nuevas especificaciones.

En la medida en que el cliente no esté de acuerdo con la retroacción y la cláusula condicional, es necesario continuar preguntando hasta que lleguemos a un punto de óptima información. Una vez acordados con él los términos retroaccionados y las cláusulas condicionales, tendremos un campo más propicio para exponer la presentación de nuestro producto o servicio.

2.3. Palabras clave calificadoras

Retomando el ejemplo que utilizamos precedentemente, la necesidad oculta detrás del requerimiento de un automóvil puede ser transporte, estatus, movilidad, conveniencia, etcétera. Quizá no contemos exactamente con el producto que nuestro cliente pide, pero sí con las especificaciones en las que él piensa cuando lo menciona.

Estas especificaciones son las que debemos poner en primer plano para que el cliente pueda visualizarlas. De esta manera, podemos cambiar la percepción, el "mapa": ya no piensa en el nombre de marca de la competencia, sino en los satisfactores que realmente necesita.

El segundo paso es asociar estas especificaciones con nuestros productos, con cada una de sus cualidades y beneficios, para que los requerimientos del cliente coincidan con lo que estamos en condiciones de ofrecerle.

La utilización de palabras calificadoras clave es una excelente estrategia para lograrlo. Tal como hemos dicho anteriormente, estas transmiten algo más que lo que su significado literal implica. Tienen contenidos que dependen fundamentalmente de las experiencias personales de cada cliente.

Póliza tiene una significación más precisa (al describir un producto determinado) que palabras como solvente, ágil, sólido, etcétera, a las que podemos denominar "calificadoras". En consecuencia, adquieren suma importancia para interpretar cuándo se utilizan como medio para describir deseos y necesidades.

- **Ejemplos de palabras calificadoras:**

Alegre	Confortable	Ágil
Cálido	Conveniente	Amoroso
Flexible	Desafiante	Apropiado
Frío	Elegante	Barato
Productivo	Estilo	Clásico
Rápido	Familiar	Complicado
Seguridad	Inteligente	Igual que
Seguro	Moderno	Interesante
Único	Sólido	Nuevo
Útil	Solvente	Razonable

La importancia de estos términos radica en que cuando el cliente los escucha o los pronuncia no recibe ni emite tan solo un mensaje literal. Pensemos en un producto, por ejemplo un departamento calificado como "confortable": ¡cuántas imágenes diferentes se conforman con relación a este atributo! Tantas como individuos existen.

Por ejemplo, para un hombre que desea comprar un piso de soltero, tiene alto poder adquisitivo y es amante de la tecnología incorporada a los productos, "confortable" remite a un conjunto de significados que pueden ser muy diferentes a los de un ama de casa que, con un nivel socioeconómico similar, emprenda la búsqueda de una vivienda para su familia.

Si logramos descubrir cuáles son estas connotaciones, podemos elaborar argumentos de ventas que, coherentes con los beneficios del producto que ofrecemos, se ajusten estrictamente a la medida individual de cada cliente.

El secreto está en describir las cualidades de nuestro producto o servicio exactamente con las palabras calificadoras que tienen significado positivo para el cliente.

Si bien no es garantía de éxito generalizar una técnica, es muy importante contar con un método que nos permita crearla a medida y adecuarla para cada situación.

- **Ejemplo:**

Vamos a suponer que vendemos propiedades para vivienda y nuestro cliente está buscando una casa para habitar con sus tres hijos, y lo define del siguiente modo: "Me gustaría conseguir una casa como la de mis padres, en la que teníamos habitaciones **amplias** y **luminosas**. Estaba ubicada en un barrio **tranquilo**, con muchos árboles que daban **frescura** al lugar".

Las palabras calificadoras evidentemente son: "amplias", "luminosas", "tranquilo", "frescura". Es importante que durante la entrevista trate de tomar nota (escribirlas mientras las escucha lo ayudará a no olvidarlas luego). Una vez que las identificó, ya sabrá que este cliente comprará una casa en la medida en que la perciba como amplia, luminosa, tranquila y con sensación de frescura.

Tenga presente que para mejorar su percepción sobre las connotaciones de estos términos, además de contar con datos significativos, como la procedencia y el estilo de vida de su interlocutor, le será de gran ayuda observar las señales no verbales mientras se comunica.

Piense:

¿Qué significa "amplio" para una persona que ha convivido con sus padres y seis hermanos en un piso pequeño en pleno centro de Madrid? ¿Significa lo mismo que para el hijo único de una familia acomodada que pasó su infancia y adolescencia en una casa de las afueras con jardín y piscina? ¿Qué significa "tranquilo" para quien vivió en la esquina de Gran Vía y Montera, en pleno centro de Madrid? ¿Tiene la misma carga semántica para alguien acostumbrado a vivir en un barrio residencial de la muy tranquila ciudad de Salamanca?

2.4. Estrategias para detectar las palabras clave

- **Analice el tono de voz del cliente**
  Cuando el cliente verbaliza una palabra clave calificadora con contenidos emocionales por lo general levanta la voz, cambia el tono o la destaca de alguna manera, como si enfatizara el término "desde adentro".

- **Observe su comportamiento no verbal mientras vocaliza las palabras clave**
  Generalmente el cliente levanta las cejas o realiza algún gesto con la mano para enfatizar la calificación.

- **Observe sus movimientos oculares mientras expresa palabras califica-doras**[5]

  La observación de los movimientos de los ojos informa claramente sobre el canal sensorial en el que se mueve el pensamiento del cliente (visual, auditivo o kinestésico):

  - Cuando dirige la mirada hacia arriba, evidencia que está pensando en imágenes, dibujos, fotos, planos (visual).
  - Si mira en la misma línea de su estatura, significa que está razonando a través de sonidos: palabras, música, ruidos en general (auditivo).
  - En cambio, al mirar hacia abajo y a la derecha, está tomando contacto con sus sensaciones táctiles, olfativas, gustativas (kinestésico).

    Por lo general, los movimientos oculares evidencian evocación de experiencias vividas o imaginación de situaciones hipotéticas. Si aprendemos a reconocerlos, podremos obtener indicios bastante claros respecto de lo que el cliente quiere expresar y, fundamentalmente, si hay congruencia entre su lenguaje verbal y no verbal[6].

- **Verifique las palabras clave**

  Observe la reacción del cliente mientras usted repite las palabras durante la conversación y luego registre si evidencia un estado emocional diferente. Hágalo con la mayor naturalidad posible, no lleve la conversación a un diálogo artificial o forzado.

  Otra forma de comprobar las palabras clave consiste en cambiar, en la conversación referida al producto, los términos que detectamos. Por ejemplo: si cuando usted dice: "Tenemos para ofrecerle esta casa, que es bastante confortable", el cliente responde: "No, quisiera una casa bien amplia", evidentemente está ratificando que para él la palabra clave es amplia.

- **Observe cuidadosamente al cliente mientras describe su requerimiento o la imagen del producto o servicio que busca**

  Esta observación implica "escuchar" los términos calificadores y "ver" lo que el cliente dice en el plano no verbal.

- **Pregunte**

  "¿Qué criterio utiliza usted para tomar su decisión?" "¿Qué quiere con-

---

5 Véase Parte III, Capítulo 3, apartado 1.2.3.
6 Véase Parte III, Capítulo 4, apartado 4.

seguir con esta compra?" O bien (específicamente para cada producto o servicio), "¿qué desea usted en relación con nuestro seguro de retiro?"

- **Utilice una palabra clave de uso generalizado**
  "Realmente, ¿qué es lo que lo satisface en cuanto a...?" (si está vendiendo un piso, puede utilizar los vocablos amplio, luminoso, moderno, antiguo, etc.).

- **Utilice la referenciación futura**
  Aprovechar la entrevista para una venta puntual, indagando al cliente sobre sus planes futuros, puede ser de gran ayuda para volver a contactarlo más adelante. Por ejemplo: "Nos alegra que haya elegido este piso para su hijo. Su esposa me comentó que le gustaría mudarse a un barrio tranquilo dentro de unos meses, ¿usted también quisiera mudarse o se siente cómodo en su vivienda actual?". Si usted es un vendedor experimentado, tal vez le parezca obvia esta recomendación. Sin embargo, nuestra experiencia nos indica que muchos colegas suyos, ante la excesiva concentración y esfuerzo que exige en la actualidad llevar a cabo con éxito la venta de un producto, muchas veces se olvidan de la importancia de aprovechar el contacto para indagar y "agendar" la posibilidad de una venta futura.

- **Referencie, en forma futura, a terceros**
  Por ejemplo: "Si su esposa estuviera con nosotros en este momento ¿coincidiría con usted en la elección del piso que está eligiendo para regalarle a su hijo?".

CÓMO DETECTAR LAS PALABRAS CLAVE

ESCUCHANDO AL CLIENTE
LENGUAJE VERBAL
Escuche si levanta o
cambia el tono de voz.

Verifique.
Pregunte.
Repita.
Referencie a futuro.
Referencie a terceros.

OBSERVANDO AL CLIENTE
LENGUAJE NO VERBAL
Observe si realiza movimientos gestuales de apoyo a la calificación.
Observe si realiza movimientos oculares mientras expresa las palabras calificadoras.

3. Recomendaciones

Para que usted pueda incorporar y aplicar esta técnica que integra nuestra metodología de venta neurorrelacional, le será de gran ayuda tener presente las siguientes recomendaciones:

1. Cada palabra engloba un significado propio e individual. Por lo tanto... ¡de ninguna manera debemos modificarla, adaptarla o cambiarla! Si lo hacemos, obligaremos al cliente a traducir un término que no utilizó a sus propias experiencias para asignarle un significado, lo cual disminuye la efectividad de esta técnica.

   Recordemos el ejemplo anterior: amplio no es lo mismo que confortable. Luminoso no es lo mismo que grande. Tranquilo no es lo mismo que pacífico o silencioso. Verde no es lo mismo que florido, y así sucesivamente.

2. El *vendedor neurorrelacional* debe desarrollar su sensibilidad para detectar las respuestas metaconscientes de su cliente, observando sus expresiones faciales, tono de voz, posturas del cuerpo, movimientos de ojos...; en definitiva, todos los mensajes que emite en forma no verbal. De esta manera, reconocerá inmediatamente las palabras clave que le provocan reacciones emotivas porque estas se expresan también a través de su cuerpo.

3. Escriba, durante la entrevista, las palabras clave que va detectando.

4. ¡Practique!

Entrénese aplicando esta metodología en su entorno cercano, por ejemplo, mientras dialoga con familiares y amigos. Esto le permitirá no solo aprender, sino también corregir sus propios errores "antes" de que se encuentre frente al desafío de hacerlo bien con un cliente.

Síntesis

1. Analice cada requerimiento del cliente.
2. Indague qué necesidades o valores simbólicos lo impulsan a expresarlos de tal o cual manera.
3. Aplique la retroacción para saber qué es lo que el cliente necesita, más allá del requerimiento explícito inicial.

4. Utilice la retroacción ampliada para expandir las alternativas de satisfacción a los requerimientos del cliente.
5. Emplee terminología adecuada.
6. No polarice el diálogo.
7. Utilice cláusulas condicionales para descubrir requerimientos no mencionados por el cliente.
8. Identifique las palabras clave diseñando preguntas o referencias.
9. Descubra qué significados asocia el cliente con cada palabra calificadora.
10. Observe las entonaciones, y los comportamientos gestuales y oculares empleados por el cliente al pronunciar las palabras calificadoras.
11. Verifique las palabras calificadoras utilizadas.
12. No traduzca las palabras clave, utilícelas tal como lo hizo el cliente.

Capítulo 5

Detectando la estrategia de compras del cliente

CONTENIDOS

1. Etapa 5: detectando la estrategia de compras del cliente

El comportamiento de compra de un cliente involucra todas las actividades que anteceden, acompañan y suceden a las decisiones de adquirir o no un producto o servicio[1]. En este apartado nos concentraremos en detectar cuál es la estrategia que puede emplear en una situación concreta de ventas, teniendo siempre presente que el tipo de producto posee gran incidencia en este proceso y que la toma de decisiones está impulsada más por motivos metaconscientes que conscientes, aun cuando estemos ante un comprador organizacional.

1.1. Descubriendo el procedimiento que emplea

Las técnicas de retroacción y ampliación de retroacción con condicionales son la base para descubrir el secreto más importante que todo vendedor de éxito debe conocer con anterioridad a la venta propiamente dicha: la estrategia de compra del cliente.

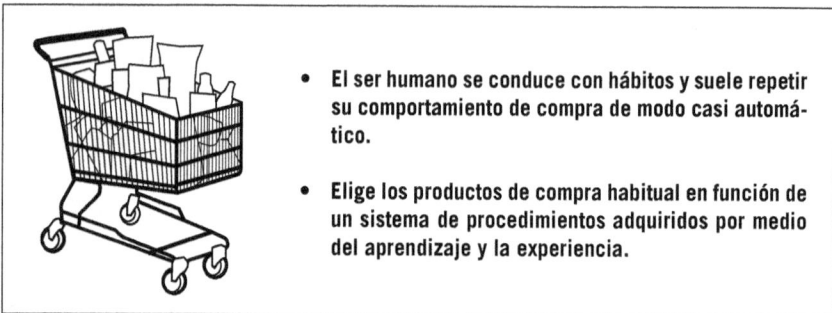

- El ser humano se conduce con hábitos y suele repetir su comportamiento de compra de modo casi automático.

- Elige los productos de compra habitual en función de un sistema de procedimientos adquiridos por medio del aprendizaje y la experiencia.

El comportamiento de compra también forma parte de un sistema de conductas adquiridas por medio del aprendizaje. Estas conductas están determinadas por una especie de estructura mental que, en gran parte, depende de la personalidad del sujeto y de las influencias que recibe de su medio social.

Por ejemplo, una mujer que trabaja en una oficina se levanta, en general, a la misma hora todos los días laborales, normalmente comparte el desayuno con su familia (con alimentos que rara vez varía), acerca a los niños

---

1 Véase Braidot, N., *Neuromarketing en acción*, Ediciones Granica, Buenos Aires, 2011, Capítulo 2.

hasta el bus de escolares y recorre casi siempre el mismo camino para llegar a su trabajo.

Estos hábitos rutinarios se reflejan en la conducta de compra debido a que la mayoría de las personas tarda en incorporar productos nuevos. A nivel neurológico, la demora se relaciona con el consumo de energía cerebral: a mayor automatismo, menor consumo. Por ejemplo, al comprar todos los días la misma marca de yogur para los niños el cerebro libera recursos de la memoria de trabajo[2] (la compradora no tiene que pensar en buscar otras marcas, ocuparse de leer su capacidad nutritiva, etc., porque le es útil la que ya eligió).

Si aplicamos estos conocimientos a la práctica, vemos, por ejemplo, que los supermercados cambian la ubicación de los productos para evitar que las rutinas configuren mapas estáticos en el cerebro de los clientes. Solo si existe esta modificación se logra que los clientes recorran todo el local en busca de lo que necesitan, y de este modo se favorece la compra por impulso.

El neuromarketing toma del marketing tradicional cinco categorías mediante las cuales se ubica a un cliente con relación a otros en función del tiempo que tarda en adoptar un nuevo producto. Si bien se toman en cuenta los condicionantes neurobiológicos, en estos tiene gran influencia el tipo de personalidad:

Ganglios basales

Lóbulo frontal

En el comportamiento rutinario del cliente están implicados los ganglios basales (relacionados con los hábitos).

El automatismo decisional implica un menor consumo de energía cerebral y nos lleva a actuar sin que medie ningún tipo de pensamiento consciente.

- Los **innovadores**: son los primeros compradores de un nuevo producto. Lo adquieren, en promedio, dentro de los tres primeros meses[3]. Representan solamente un **3% del mercado**.
- Los **adoptadores iniciales**: son personas con un buen nivel de educación y situación económica, pero necesitan de una opinión colectiva o de una presión externa para aceptar el producto. Representan alrededor del **13% del mercado**.
- La **mayoría temprana**: son clientes que "esperan" que los beneficios o "la promesa" del nuevo producto se hagan evidentes. Representan alrededor del **34% del mercado**.

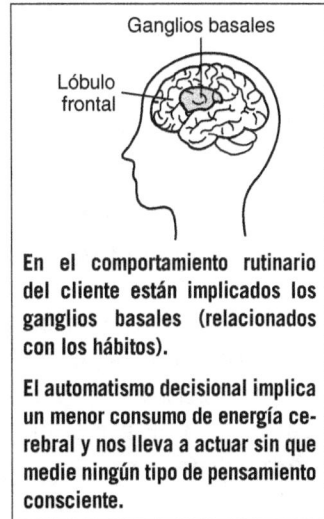

2 La memoria de trabajo es el sistema cerebral responsable de operar y manipular temporalmente la información cuando tomamos decisiones en el día a día.

3 Para ampliar este tema, véase Braidot, N., *Neuromarketing, neuroeconomía y negocios*, Editorial Nuevo Norte-Sur, Madrid, 2005, Capítulo 5.

- La **mayoría tardía**: son prácticamente los últimos en adquirir un producto nuevo. Representan otro **34% del mercado**.
- Los **rezagados**: se convierten en clientes recién cuando el producto alcanzó la etapa de madurez. Representan el **16% del mercado**.

Gráficamente, lo veremos mejor:

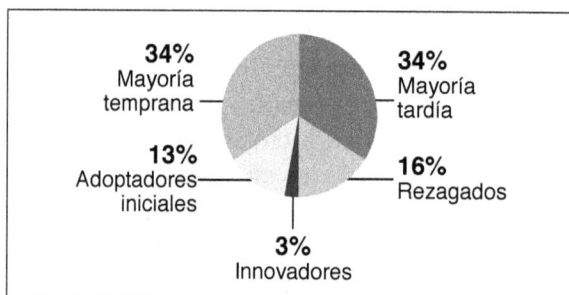

Si sumamos la mayoría tardía y los rezagados, obtenemos un 50% de personas a las que les resulta difícil cambiar sus hábitos. El otro porcentaje significativo es el de la mayoría temprana: 34%, que si bien involucra a clientes que no tardan tanto en cambiar sus hábitos, lo hacen "recién cuando están seguros" de los beneficios del nuevo producto. Y esto puede llevar muchos meses de permanencia de este en el mercado.

Esto explica por qué, salvo en el caso de productos muy especiales, es usual que el cliente tenga requerimientos similares con respecto a los atributos del producto, que compre casi siempre en el mismo supermercado, que en cada compra adquiera volúmenes parecidos y que "tarde" en cambiar sus hábitos.

Es interesante observar también que, en general, el recorrido por el interior del supermercado tiende a ser muy similar. Esto explica por qué muchos minoristas, en forma coordinada con los fabricantes, se esfuerzan por crear un ámbito dentro del local que produzca un impacto positivo en la percepción visual. Al mejorar el contexto de compra, se favorece la predisposición del cliente para variar su recorrido y permanecer más tiempo en el local[4].

También se ha observado que, en los casos de la venta cara a cara, se repite la necesidad de que el producto sea primero mostrado, luego descripto y finalmente probado. Si bien esto es lo más común, puede haber variaciones que dependen del tipo de producto y del sistema representacional de cada persona. Como vemos, el conocimiento del procedimiento de compras del cliente es fundamental. Más aún, debe plantearse como un tema que contribuye al beneficio mutuo, ya que:

---

4 Véase Braidot, N., *Neuromarketing, neuroeconomía y negocios*, Editorial Nuevo Norte-Sur, Madrid, 2005, Capítulo 7, "Estrategias de merchandising".

- Nos faculta para poner de manifiesto frente a él, como un objetivo prioritario, que estamos buscando la manera de servirlo mejor.
- Nos habilita para ofrecerle nuestro producto de la manera que resulte más conveniente para sus intereses.
- Nos permite verificar si desea concretar la compra, siempre que existan condiciones para ello.

Planteando el tema en términos de colaboración con el cliente, podemos comenzar preguntándole en forma directa cuáles son los pasos que sigue para la compra de un producto, si prefiere comprar por internet o le gusta que lo visiten personalmente, si necesita un catálogo impreso o prefiere ver las imágenes en el sitio web de la empresa, etcétera.

Recuerde que la percepción de un trato personalizado proporciona importantes beneficios:

- Refuerza la imagen del vendedor y de su organización.
- El cliente nota seriedad y compromiso en el objetivo de servirle mejor.
- Esto aumenta su predisposición para responder a todas las preguntas.

1.2. ¿Visual, auditivo o kinestésico? ¿En qué orden?

Al estudiar la estrategia de compras del cliente es de fundamental importancia detectar en su sistema de preferencia comunicacional cuál es la secuencia, ya que esta es la que deberá utilizar el vendedor en la etapa siguiente del Método de Venta Neurorrelacional, que es la presentación del producto o servicio[5].

PISTAS:		
VISUALES	**AUDITIVAS**	**KINESTÉSICAS**
Firmas, gestos, dibujos, gráficas, imágenes.	Sonidos, música, cadencia, ritmos y tonos.	Tacto, olfato, gusto, emoción y sentimientos.

Por ejemplo, si las pistas indican que primero es visual, luego auditivo y, por último, kinestésico, ya sabemos el orden que deberá seguir la entrevista.

---

5 Este tema se desarrolla ampliamente en la Parte III, Capítulo 2, apartado 4.

1.3. Aplicaciones

Una vez que detectamos los principales aspectos del procedimiento de compras del cliente, utilizamos esta información para organizar la presentación a su medida, para lo cual conviene tomar nota de manera sutil y, de tanto en tanto, volver hacia atrás para verificar que lo hemos comprendido correctamente. Veamos un ejemplo, que hemos extractado de un caso de venta de pólizas de seguro para granizo.

Vendedor	*Opción a:* ¿Cuál es el procedimiento que le queda más cómodo para elegir una póliza para granizo? *Opción b:* ¿Qué necesita para realizar una evaluación y decidir la compra? Otras opciones.
Cliente	Bueno, habitualmente solicito explicaciones detalladas al vendedor porque me aburre leer la "letra chica" de las pólizas.
Vendedor	Entiendo. Eso le pasa a la mayoría de la gente. ¿Qué más necesita?
Cliente	Referencias, conozco su compañía solo por la publicidad, ¿tiene algún listado de clientes?
Vendedor	Sí, claro. Entonces: lo visitaremos para explicarle detalladamente el alcance de las diferentes pólizas y lo que dice la letra chica. Las referencias sobre nuestros clientes están en nuestro sitio de internet; de todos modos, le llevaremos folletería impresa. ¿Le parece bien?

1.4. Confirmación final del procedimiento

Como precaución especial, y una vez que hayamos detectado el procedimiento de compra, es conveniente retroceder con todas las etapas, utilizando a tal fin alguna estratagema, por ejemplo: "Disculpe... entendí que usted dijo... (volvemos a detallar la secuencia). ¿Es esto correcto?"

Este tema seguramente puede comprenderse mejor, y con mayor precisión, analizando en detalle el siguiente ejemplo.

EL CLIENTE LLAMA A UNA COMPAÑÍA DE SEGUROS PORQUE ESTÁ INTERESADO EN UNA COBERTURA DE RIESGOS DEL TRABAJO

La recepcionista deriva el llamado luego de atender amablemente, tras mencionar el nombre de la organización.

V: Buen día, soy Carlos Gómez. ¿Con quién tengo el gusto de hablar?

C: José Vigil. Tengo una pequeña empresa y llamo para consultarles sobre este seguro nuevo de accidentes de trabajo.

V: Muy bien José, ¿cómo llegó hasta nosotros?
     (Esta pregunta suele hacerse al final, sin embargo, es aconsejable incorporarla al principio. Asimismo, utilizar solo el nombre produce básicamente dos efectos: incorporamos en el cliente una percepción positiva y al mismo tiempo hacemos más franco y directo el diálogo. Por otra parte, con esta pregunta estamos averiguando sobre el origen de la relación y si hay personas de conocimiento común que hicieron de puente.)

C: Héctor García, el presidente de la Cámara que nos agrupa, me habló de ustedes.

V: Sí, recuerdo a Héctor. Es una persona muy activa que ha tenido frecuentes contactos con nosotros por seguros para su empresa. ¿Hace mucho que lo conoce?
     (Buscamos referencias de la relación con el fin de obtener anclajes adicionales.)

C: Sí, hace varios años. Hemos compartido buenos momentos juntos. Además, me ayudó mucho en mi desarrollo profesional.
     (Detectamos tres palabras clave: compartido, buenos y desarrollo.)

V: Bien, para brindarle un mejor servicio necesito hacerle algunas preguntas. ¿Por qué desea contratar una cobertura de riesgos de trabajo?

C: Bueno… para mí es muy importante la seguridad. Tengo una empresa con 25 empleados, por eso busco una compañía solvente, confiable.
     (Formulamos varias preguntas relacionadas con la organización con el fin de averiguar qué es realmente lo que necesita y cuál es el procedimiento de compra que emplea el cliente.)

C: Como la empresa está creciendo y la inversión es importante, normalmente miro en profundidad los antecedentes y la solvencia de las empresas que contrato antes de tomar una decisión. En este caso, tengo muy buenas referencias de mi amigo y otras personas de la Cámara, pero me gustaría contar con más información.
     (Si bien no se habló aún de precios y alcance de las pólizas, el cliente ya está iniciando el procedimiento al aludir a referidos utilizando palabras o frases clave: miro en profundidad, antecedentes, buenas, solvencia, decisión.)

V: Muy bien. Me ocuparé de que le llegue información para que pueda analizar en profundidad los antecedentes y solvencia de nuestra compañía. ¿Le parece bien?
     (En este caso, el vendedor está realizando una retroacción simple de confirmación del primer paso en el procedimiento de compra del cliente, utilizando las mismas frases y palabras que este.)

C: Sí, correcto.

V: José, ¿puede especificarme qué más necesita para evaluar nuestra propuesta y tomar una decisión?

C: Bueno, tengo que ver los precios, y quisiera tener en claro las cláusulas que regirían el contrato. Como la compra es importante, luego de leer la información me comunico para tomar contacto personalmente.
     (Palabras o frases clave: ver, muestre, tener en claro, tomar contacto personalmente, revelan que el sistema preferente de José Vigil es, ante todo, visual y luego kinestésico.)

V: De acuerdo. Cuando nos veamos le mostraré claramente el alcance de cada póliza para que usted vea cuál le resulta más conveniente, así como también otros servicios que tenemos que pueden ser muy efectivos para una empresa del tamaño que tiene la suya. ¿Le parece bien?
     (Retroacción ampliada: el vendedor intenta vender otras pólizas, además de la solicitada por el cliente.)

C: De acuerdo.
     (El vendedor confirmó el procedimiento de compras del cliente con una retroacción ampliada que le ha permitido posicionarse para una venta mayor o más importante.)

V: José, ¿existe alguna otra cosa que necesite o desea que yo tome en cuenta?
     (Estamos utilizando una frase condicional para hacer surgir todos los planteos o requerimientos no mencionados hasta el momento.)

C: Sí, la contratación es importante y quiero que esté dentro de nuestro presupuesto.

V: Muy bien. No vamos a tener ningún problema en ese sentido. ¿Necesita financiación?
     (Retroacción ampliada; el objetivo es verificar si el cliente intentará regatear el precio o si necesita un cronograma de pagos flexible.)

C: Sí, me vendría bien que me traiga algunas alternativas para analizarlas con el contador.
     (Confirma la afirmación, evidencia que existe un límite presupuestario, que necesita financiación y que no está regateando solamente. En este momento tenemos el procedimiento de compras claro y confirmado por el cliente.)

2. Recapitulación

Como observamos, el trabajo realizado por el vendedor tiene importantes aspectos a detallar como ejemplo de otro tipo de situaciones:

1. Buscó la referencia de la relación (la persona o el medio por el cual se enteró el potencial cliente de la existencia de la empresa). De esta manera, logró contar con el aval de un conocido común al comenzar el diálogo. Recuerde que esto siempre provoca en el cliente una tendencia a extender al vendedor el trato dado a su amigo, en este caso, Héctor García.

2. Obtuvo referencias de la relación con el objeto de encontrar elementos en común y también palabras clave para su utilización posterior.

3. Se abocó a la detección del procedimiento de compras y obtuvo varias pistas.
4. Detectó que el cliente es en primer lugar visual (le interesa ver), y luego kinestésico (tomar contacto, probar).
5. Utilizó frases condicionales para afirmar los compromisos.

Lo que obtuvo es importante: detectó el procedimiento de compras y generó la posibilidad de crear una relación y vender otros servicios, además de los que llevaron al cliente a tomar contacto. Recuerde: siempre que pueda, la entrevista cara a cara es la mejor opción para crear una relación con el cliente que perdure en el tiempo.

Síntesis

1. Investigue el procedimiento de compras del cliente.
2. Apunte por escrito las diferentes etapas y los términos que este va utilizando.
3. Tome en cuenta la secuencia de la preferencia comunicacional del cliente y adapte sus estrategias a ella.
4. Utilice frases condicionales para afirmar compromisos y procedimientos.
5. Retroaccione y confirme procedimientos.
6. Intente conseguir una entrevista cara a cara.

Capítulo 6

Presentando el producto

CONTENIDOS

1. Etapa 6: presentando el producto

Las necesidades y deseos de los clientes relacionados con el consumo se materializan en los productos y servicios que elijen para su satisfacción. Ahora bien, ni hombres ni mujeres eligen los productos y servicios por lo que estos son o aparentan ser, sino por la **percepción** que tienen sobre ellos y, fundamentalmente, sobre sí mismos[1].

En este sentido, muchos productos actúan como espejos en los cuales las personas disfrutan verse reflejadas. Por lo tanto, y en el marco del neuromarketing:

UN PRODUCTO ES LO QUE EL CLIENTE PERCIBE QUE ES		UN PRODUCTO ES UNA CONSTRUCCIÓN CEREBRAL
▼		▼
Porque son los mecanismos de percepción los que determinan un concepto y un conjunto de razones por las cuales será (o no) elegido.		Porque es el cerebro del cliente, y no la línea de producción de una fábrica, el verdadero lugar donde se crea y cobra vida.

Este concepto remite a las funciones sensitivas del cerebro: recibe información de todos los órganos sensoriales, la procesa y la integra para formar nuestras percepciones. También forma parte de uno de los temas más apasionantes que estudia el neuromarketing: la construcción cerebral de la realidad[2].

En el marco de la neuroventa, un producto debe ser considerado siempre como el conjunto de beneficios que recibe el cliente cuando compra. De hecho, los satisfactores pueden ser presentados de diferentes formas a medida que vamos descubriendo cuáles son las verdaderas necesidades que subyacen a sus requerimientos. Por ello, responder preguntas como las siguientes es de gran utilidad: ¿los beneficios que ofrece estimulan suficientemente al cliente como para precipitar un proceso cerebral activo?, ¿lo hace de manera positiva?, ¿la información sobre estos beneficios es coherente?, ¿no se contradice?

Recuerde:

> El primer paso es ubicarse en la mente del cliente;
> el segundo, en el producto.

---

1 Véase Braidot, N., *Neuromarketing en acción*, Ediciones Granica, Buenos Aires, 2011, Capítulo 5.
2 Este tema se desarrolla en el Capítulo 1.

Ya no hay dudas de que la elección de una marca se da a partir de una cantidad de variables que no son otra cosa que significados simbólicos asociados a un producto imaginario que el cliente tiene en su mente. Por ello, el principal rol del vendedor es lograr que esa imagen se haga realidad. Para llevar a cabo con éxito este proceso, deberá tener en cuenta un conjunto de conocimientos procedentes del neuromarketing que le serán de gran utilidad:

- La imagen de marca se forma también por analogía, es decir, a través de un lazo imaginativo (cerebral) entre dos o más productos con escasas diferencias en cuanto a sus características físicas, como Pepsi y Coca-Cola.

> Usted deberá contar con la mayor cantidad posible de información sobre los productos de la competencia.

- La imagen de marca es cognitiva: toda persona reserva en su memoria conocimientos y experiencias pasadas que le sirven para tomar sus decisiones de compra actual y futura.

> Usted deberá contar con la mayor cantidad posible de información sobre su cliente.

2. Revisión del procedimiento: hacia el momento culminante

Hasta el momento hemos realizado actividades muy importantes al transitar las diferentes etapas del Método de Venta Neurorrelacional:

- Nos preparamos para que nuestra entrevista sea exitosa: obtuvimos información sobre el cliente, el mercado y la competencia, y trabajamos interiormente para que la entrevista sea exitosa (desarrollamos confianza en nosotros mismos, aplicamos técnicas para sintonizar nuestro pensamiento en positivo y le dedicamos parte de nuestro tiempo a la visualización creativa).
- Aplicamos todo lo aprendido para el primer contacto, esto es: buscamos los indicios relacionales, hicimos la presentación inicial de beneficios, generamos empatía y aplicamos técnicas para recuperarla cuando la hemos perdido.
- Analizamos los requerimientos del cliente.
- Identificamos las necesidades que los desencadenaron.
- Aplicamos la técnica de retroacción en el proceso de decisión de compra.
- Analizamos las palabras clave y el procedimiento de compras que utiliza.

Ha llegado la hora de efectuar la presentación de nuestro producto. El éxito depende, en gran parte, de la asociación que hagamos entre las especificaciones obtenidas durante la retroacción y las cualidades satisfactorias de este. En neuroventas, la presentación debe "anclar" las necesidades del cliente con los beneficios de nuestro producto: si este procedimiento se realiza de manera adecuada, tenemos prácticamente asegurado el éxito de la venta.

2.1. La técnica del anclaje

El fenómeno de asociación que se produce entre una idea y una experiencia se denomina anclaje. Por ejemplo, una canción puede llevarnos a evocar un momento en el que hemos sido sumamente felices y actuar como generadora de ese estado de ánimo. Recordemos que ante un estímulo determinado, la amígdala explora la experiencia comparando lo que está sucediendo ahora con el registro de memorias pasadas.

Las campañas publicitarias tienen su fundamento en estos anclajes: influyen en los potenciales compradores a través de la vinculación de sus productos con determinadas emociones. Por ejemplo: cuando un anuncio tiene incorporado algún aspecto relacionado con la memoria emocional, como la imagen de un grupo de amigos felices compartiendo una cerveza en un bar, puede activar una asociación neuronal, produciendo una experiencia concreta relacionada con la marca. De este modo, logra "anclar" determinadas emociones con el producto.

Debido a que el ser humano no es plenamente consciente de todas las emociones archivadas en su memoria[3], la técnica del anclaje durante una entrevista de ventas permite traer esos recuerdos a la conciencia, desencadenando una predisposición positiva en el cliente hacia el producto o servicio. Este anclaje o asociación es básicamente un proceso de influencia y aprendizaje que las personas realizan a diario, en forma prácticamente metaconsciente.

ANCLAJE es el fenómeno de asociación entre:

Una expresión comunicacional		Una experiencia propia

Las asociaciones casi siempre son representaciones de eventos, personas, objetos o lugares. Se forman cuando el cerebro decide unir diferentes alternativas de información. La materia prima para estas asociaciones se origina en los sentidos.

---

3 Véase Parte I, Capítulo 2, apartado 1.2 (marcadores somáticos).

Si los sentidos nos proveen de uno o más inputs (un aroma y una melodía, por ejemplo), el cerebro automáticamente relaciona una multiplicidad de sensaciones correlacionadas. Esto se debe a que cualquier estímulo que active una parte de la red activa todas las demás. En general, todos hemos tenido experiencias asociadas a una palabra, a una canción o a un aroma. Cuando volvemos a oír esa canción, o estamos cerca de alguien con "aquel perfume", nuestros sentidos se "activan", llevándonos a revivir momentos del pasado.

Cumpliendo funciones similares, las palabras clave asociadas al contenido asignado por el cliente pueden utilizarse para establecer "contacto y asociación" entre sus necesidades y las soluciones de nuestro producto, lo cual nos introduce en un nuevo concepto en materia de estrategia del lenguaje: el de las palabras bisagra[4].

> **Las palabras bisagra son las formas comunicacionales a través de las cuales el cliente presenta sus necesidades.**

Es necesario aclarar una vez más que no estamos dando importancia a una mera expresión lingüística (que algunos podrían calificar como superficial), ya que el lenguaje tiene profundidades insospechadas por su incidencia en el comportamiento propio y en el de los interlocutores. El método que estamos desarrollando exige que cambiemos nuestro tradicional modo de presentar el producto, que dejemos de lado las aprendidas frases con las que lo destacamos, memorizadas exclusivamente en base a nuestros conocimientos sobre sus cualidades.

Asimismo, en todo momento debemos ser conscientes de que lo que pensamos sobre nuestro producto evoca un conjunto de significados para nosotros (o para quien nos instruyó), pero no necesariamente coinciden con los de nuestros clientes, ya que tienen que ver con las emociones y sensaciones que cada uno de ellos asocia a sus propias vivencias. Por lo tanto, algunas claves para el éxito de esta etapa (volvemos a retroceder) son las siguientes:

- *Detectar cuáles son las necesidades que manifiesta el cliente.*
- *Aplicar la retroacción para acordar los términos con los cuales expresarlas.*
- *Describir las cualidades del producto que le estamos presentando con esos términos.*

---

4   La denominación se origina en una analogía con las funciones de una bisagra en la puerta de la que forma parte.

2.2. Anclando necesidades con cualidades

Ya tenemos un listado de cualidades que pueden utilizarse como un blanco en el que deben impactar nuestros argumentos. Esto significa utilizar, una a una, las palabras del cliente para describir los beneficios del producto, aprovechándolas como punto de contacto, como una especie de gozne, durante la presentación:

A través de la detección de las palabras bisagra obtenemos una serie de anclajes para unir los beneficios de nuestro producto con las necesidades del cliente.

En este proceso de ligar necesidades con beneficios, o beneficios con necesidades, es importante tomar en cuenta la conveniencia de anclar sensaciones de posesión del producto. Esto se logra proyectándolo al futuro y haciéndole sentir al cliente que ya lo está disfrutando (mucha gente tiende naturalmente a pensar de esa manera, dándole una inmejorable oportunidad a la habilidad del vendedor para actuar motivándola en este sentido).

Por último, recuerde que cada cualidad (cada beneficio) constituye un blanco siempre que utilice todas las palabras bisagra (en lo posible). No olvide que estas son una síntesis simbólica de contenidos asociados a las verdaderas necesidades del cliente.

3. En práctica: ofreciendo el producto

La gráfica siguiente sintetiza de manera muy sencilla lo hasta aquí expuesto en cuanto a desmenuzar las cualidades del producto y ligarlas, una por una, con la mayor cantidad posible de palabras bisagra.

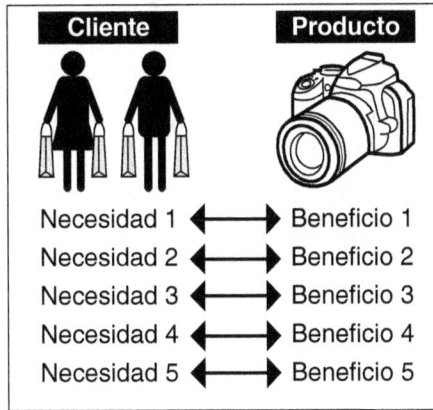

Por ejemplo (y continuando con el tema seguros), imagine que su cliente es el dueño de una empresa mediana y le dice:

Para mí, es importante la seguridad, no quiero tener problemas si ocurre un siniestro ni enloquecer para cobrar la póliza (como me ha ocurrido en el pasado). Además, estoy muy ocupado, quiero concentrarme en mi trabajo y tratar con proveedores que no me compliquen la vida. A esta altura, privilegio mi tranquilidad, las buenas relaciones. Eso no quiere decir que paguemos un precio que exceda nuestro presupuesto, sabemos que hay varias compañías confiables.

En esta simple expresión usted puede hallar unas cuántas palabras bisagra. Se las apunto: seguridad, problemas, cobrar, tranquilidad, precio, presupuesto, relaciones, confiables.

- **Secuencia sugerida para el procedimiento:**

    1. Detectar **literalmente** lo que el cliente quiere. Recordemos que en este momento debemos decidir si es conveniente retroaccionar en forma amplia (buscando necesidades relacionadas con las cualidades de nuestro producto) o en forma simple, si lo que nos hace falta es solamente detectar los términos bisagra.
    2. Analizar las cualidades del producto que vendemos y relacionar cada una de ellas con la mayor cantidad posible de términos bisagra.
    3. Desarrollar la presentación de cada cualidad del producto, describiéndolas con los términos bisagra que, para el cliente, tienen contenidos relacionados con las necesidades descriptas por él al comienzo.

Síntesis

1. Revise el procedimiento de compras del cliente.
2. Detecte y escriba las palabras bisagra usadas por el cliente al describir sus necesidades.
3. Retroaccione las palabras bisagra para asegurar cuáles son.
4. Desarrolle un anclaje de cada cualidad del producto con la mayor cantidad posible de términos bisagra descriptores de la necesidad del cliente.
5. Utilice, para este anclaje, todos y cada uno de los términos bisagra detectados.
6. Organice la presentación del producto describiendo sus cualidades con las palabras bisagras del cliente.

Capítulo 7

Cerrando la venta y construyendo una relación permanente

CONTENIDOS

1. Etapa 7: cerrando la venta y construyendo una relación permanente

A lo largo de todo el proceso de comunicaciones que establecieron durante las etapas anteriores el vendedor y su cliente, se produjo un aprendizaje. El vendedor ya conoce las expectativas del cliente y este, a su vez, también sabe lo que puede esperar en cuanto a la capacidad del producto para satisfacer sus requerimientos. En otros términos, si hubo empatía o se logró recuperarla (en caso que se hubiera perdido) y si ambos, vendedor y cliente, lograron establecer una comunicación efectiva, se generaron los lazos de confianza imprescindibles para conducir la conversación hacia el cierre.

En el marco de la neuroventa, siempre partimos de la siguiente premisa:

- **Es el *cliente* quien cierra la venta.**

- **El vendedor debe considerar el *timing* del cliente.**

La estructura del cierre debe seguir, etapa por etapa, el procedimiento de decisión del *cliente*, en el orden preciso que él elige y utilizando la terminología clave que emplea.

Es una recapitulación general que intercala cualidades de nuestra propuesta, términos bisagra y palabras clave desarrolladas con relación a *las necesidades del cliente*.

1.1. El cliente cierra la venta

El trabajo más importante del vendedor en esta etapa es crear las condiciones para que sea el cliente quien tome el timón e inicie el proceso de cierre. Para ello, debe estar convencido de que los beneficios del producto que se le ofrece son los que mejor satisfacen las necesidades que subyacen a sus requerimientos.

En neuromarketing, una necesidad insatisfecha siempre es una oportunidad interesante de ventas, ya que refleja un estado de carencia que puede ser resuelto mediante un producto o servicio.

Cuando una persona experimenta un estado de carencia, genera sentimientos de privación o desequilibrio. Cuanto más relevantes para el sujeto sean esos sentimientos, mayor será su compulsión para encontrar alguna forma de satisfacción. Esta compulsión puede explicarse mediante el estudio de los mecanismos cerebrales.

Ante un estímulo apropiado, el cerebro crea una necesidad que demanda ser satisfecha. Por ejemplo, si el estímulo es un susto provocado por personas extrañas que intentaron ingresar en el hogar del cliente, la necesidad será seguridad.

Si se rompe seguido su automóvil y lo precisa para trabajar, la necesidad será contar con un vehículo confiable para transportarse. Si bien estos ejemplos reflejan hechos más bien coyunturales, el estado de carencia se manifiesta prácticamente todos los días y en muchos momentos; por ejemplo, cada vez que sentimos hambre y elegimos un restaurante para almorzar al mediodía.

A su vez, todos los humanos tendemos a sustituir una situación de menor satisfacción por otra que nos proporcione mayor satisfacción. Por ejemplo, si el cliente no está conforme con el sistema de alarma que ha contratado porque no se activó cuando alguien intentó ingresar a su domicilio, se ocupará de buscar otro que lo reemplace.

Cuando descubre un producto que satisface mejor que otro sus necesidades y decide comprarlo, ese estado de carencia inicial será reemplazado por una sensación de alivio, bienestar, placer, tranquilidad; en el ejemplo expuesto, una alarma más confiable.

Por lo general, todos tenemos una tendencia homeostática a restablecer el equilibrio. Por ello, son precisamente esas nuevas sensaciones que experimenta el cliente las que lo llevan a iniciar el proceso de cierre de venta.

La tendencia a buscar mayor satisfacción debe ser capitalizada por los vendedores para argumentar por qué su producto es más conveniente.

Para ello, es imprescindible que la preparación de la entrevista incluya un detalle exhaustivo de las características y precios de los productos competidores, tanto nacionales como extranjeros, además de un pormenorizado estudio de sus fortalezas y debilidades.

1.2. Estilos de salida: el lenguaje para el cierre

Cuando tratamos de ayudar al cliente en la iniciación del proceso de cierre, habitualmente pensamos en aplicar las herramientas que nos conduzcan al mejor resultado final. Sin embargo, ese momento deseado no llegará si no detectamos cuáles son sus estilos de salida.

- Los estilos de salida son filtros mediante los cuales cada cliente selecciona la información que considera útil y descarta aquella que no lo es.
- Este proceso se produce en forma metaconsciente y depende de la personalidad y las características neurocognitivas de cada interlocutor.

Ya hemos dicho que la información que entra a nuestro sistema nervioso es procesada y transformada en representaciones neuronales, y que existe un sinnúmero de procesos que se producen a nivel metaconsciente durante una presentación de ventas. Si bien el comprador no puede registrar lo que ocurre en este nivel cerebral, ya no hay dudas de que en los estilos de salida estos procesos inciden de manera considerable en los filtros que aplicará para seleccionar la información.

Por ello, en las decisiones de compra nunca existe la racionalidad pura. De hecho, si un cliente decide reemplazar un sistema de alarmas por otro, aun cuando lo haga luego de una evaluación aparentemente racional, tanto en la información que seleccione como en la que descarte siempre habrá factores subjetivos intervinientes. Esto se debe a que su conducta también se desencadena por los estímulos instintivos que operan en el cerebro reptiliano (en el caso de este ejemplo, el miedo).

Por eso, los beneficios emocionales de los productos tienden a estar muy cerca de los sentimientos asociados a las situaciones relacionadas con el hogar (protección de los seres queridos, en el caso de la alarma), seguridad en el trabajo (caso del comprador organizacional) y las aspiraciones del individuo, como la pertenencia a determinados ámbitos sociales (entre otras).

Esto deberá tenerse especialmente en cuenta durante todo el proceso de *venta neurorrelacional* para ir generando, paso a paso, condiciones que ayuden a adelantar el momento en el que el cliente decida cerrar la venta.

Hay una serie de principios que le serán de gran ayuda para detectar estilos de salida[5].

ESTILOS DE SALIDA

- GENERAL / ESPECÍFICO

- PROACTIVO / REACTIVO

- INTERNO / EXTERNO

---

5 Para mayor información, véase Bailey, Rodger, *The Language and Behavior Profile Manual,* Language and Behavior Institute, West Park, New York, 1991.

- **General / específico**

Las personas que tienden a ver más lo *general* que los detalles evitan enfocar aspectos específicos, por ello suelen no tomar en cuenta nombres o características particulares. Normalmente son aquellas en las que predomina el hemisferio derecho en el procesamiento de la información[6].

En este caso, es mejor utilizar palabras que connoten una visión global, generalizada. A la inversa, los clientes que van a lo **específico** tienen un predominio de su hemisferio izquierdo, por lo tanto, requieren mayores precisiones, como nombres propios, lugares, situaciones, secuencias, números.

Es típico de individuos que distinguen la información al mínimo nivel de detalle y buscan indicadores que eliminen la ambigüedad. Por lo general, son personas muy curiosas y receptivas a toda la información disponible, y es probable que reaccionen en forma negativa cuando el mensaje del vendedor no sea claro.

Si este es el caso, y siempre que el vendedor haya comprendido el estilo y adaptado su lenguaje a este, el cambio de actitud (por ejemplo, sustituir el producto actual por el que se le ofrece) es más pronunciado que en aquellos que tienden a ver lo general debido a que estos últimos suelen ser personas distraídas y es frecuente que tarden más en tomar una decisión.

- **Proactivo / reactivo**

Los **proactivos** son individuos orientados a la acción. Prefieren estar en posiciones de liderazgo y avanzada en proyectos, hablan con autoridad y utilizan términos imperativos: "hágalo"; "vayamos por ello".

Los **reactivos**, en cambio, analizan la situación tomando precauciones, y usan frases largas, como la siguiente: "espere, déjeme ver…".

- **Internos / externos**

Los **internos** necesitan información para evaluarla por sí mismos. Son poco influenciables, rara vez consultan la opinión del vendedor para decidirse, aunque ello les demande más tiempo.

Los **externos**, por su parte, suelen ser indecisos, por lo tanto, son los más proclives a ser influenciados por el vendedor. Normalmente son rezagados, preguntan más, demoran más y compran luego de que otros lo han hecho. Son los más receptivos a la comunicación boca-oído.

Al dirigirse a ellos, es conveniente utilizar ejemplos y casos, como: "los resultados que obtuvo la empresa equis con nuestro producto pueden servirle

---

6 Véase Capítulo 1, apartado 4.

como referencia de su durabilidad". Cuando las compras son institucionales, estos clientes suelen ser los más complicados ya que los errores pueden afectarlos negativamente en su trabajo. Aunque parezca increíble, en muchos departamentos de compras de grandes organizaciones hay personas con estas características.

Las categorías expuestas para los estilos de salida no son excluyentes entre sí. Por ejemplo, si usted observa que su cliente es desconfiado, utiliza mucho la calculadora, trata de organizar secuencialmente el diálogo y pide muchas referencias, ya tiene varias pistas de que es específico y reactivo. En la práctica, es sencillo descubrir cuál es el estilo: alcanza con observar con detenimiento al interlocutor y aplicar lo aprendido tanto en este capítulo como en el 1, donde abordamos el tema de la lateralización (hemisferios izquierdo y derecho).

1.3. La posición de aceptación, o la postura del sí

Aunque nos parezca difícil de aceptar, existen posturas que predisponen a una respuesta afirmativa y otras que, a la inversa, inclinan hacia la duda y la negativa.

Para explicar estas situaciones, que son muy frecuentes en la actividad de ventas, recurriremos directamente a la práctica, actuando aquí como clientes:

Alternativa 1	Alternativa 2
Nos reclinamos para atrás en la silla, cruzamos las piernas, expulsamos la mayor parte del aire de los pulmones e inclinamos la cabeza hacia un costado.	Nos sentamos erguidos, con la cabeza en idéntica posición sobre el cuello, respirando de manera confortable y con el mentón apuntando levemente hacia el frente.
En esta posición, imaginamos al vendedor preguntándonos si queremos comprarle la chaqueta que nos ofrece. Notaremos cuán difícil le será convencernos de que esta sería una buena decisión.	En esta posición, imaginamos al vendedor haciéndonos la misma pregunta. Observaremos que ahora es más fácil definir positivamente la compra.

"Nada es más difícil, y además importante, que estar en condiciones de decidir", decía Napoleón Bonaparte. Por ello, debemos asegurarnos de que nuestro cliente se encuentre en la posición adecuada para resolver favorablemente la compra.

2. Construyendo el cierre

Si durante las etapas previas se creó empatía, es muy difícil que ante la proximidad del cierre el cliente se encuentre en una postura dubitativa o negativa con respecto a efectuar la compra. Ahora bien, si hubo pérdida de empatía y se observa una postura como la que describimos en la Alternativa 1 es necesario lograr que cambie a la posición que describimos en la Alternativa 2.

En la Parte IV de esta obra brindamos abundantes herramientas para la interpretación de actitudes y posturas, no obstante, es conveniente destacar aquí las recomendaciones más importantes:

a) Verifique el nivel de empatía.
b) Analice si no ha invadido la distancia zonal de su cliente[7].
c) Si perdió empatía, intente recuperarla ¡ya mismo!
d) Utilice los conocimientos que suministra la Parte IV sobre comunicaciones, para provocar cambios de posturas autoprotectoras, como brazos cruzados, mentón bajo o atención dispersa.
e) Recuerde: la estructura del cierre de una venta debe seguir, etapa por etapa, el procedimiento de compra del cliente en el orden preciso en que este lo realiza y utilizando la terminología clave que ha empleado.

2.1. Previsiones para el cierre

Al llegar a la instancia del cierre hemos logrado:

- Establecer, etapa por etapa, el procedimiento de compra.
- Detectar las especificaciones del requerimiento del cliente y traducirlas a palabras bisagra.
- Contar con una lista de palabras clave que tienen un impacto emocional positivo en el cliente.
- Reconocer el sistema representacional del cliente y su secuencia preferida.
- Recuperar empatía en caso de que la hayamos perdido.
- Descubrir su estilo de salida.

---

7 Véase Parte IV, Capítulo 4, apartado 2.

Con todos estos elementos iremos acompañando al cliente en el cierre de la venta. Al aplicar el Método de Venta Neurorrelacional usted está en condiciones de atravesar esta etapa con mucha seguridad, ya que ha organizado la información que le suministró el cliente con su propia lógica de procedimiento y en sus términos; por lo tanto, las posibilidades de no le vaya bien son prácticamente inexistentes.

Recuerde:

EL CIERRE NO ES LA CONCRECIÓN DE UNA VENTA

- Es solo la concreción de una etapa en la relación con el cliente.

- Es una gran oportunidad para crear una relación duradera.

Si implementó la Metodología de Venta Neurorrelacional paso a paso, la respuesta seguramente será un sí.

3. La relación posventa

Tal como se desprende de la imagen anterior, el principal objetivo de la neuroventa no es colocar un producto o servicio o un conjunto de ellos en una oportunidad. Cerrar una venta es un punto de partida, es sentar las bases de una relación basada en la confianza que perdure en el tiempo.

Tenga presente lo siguiente:

- Las posibilidades futuras dependen siempre de la imagen construida en el presente.
- El cliente debe estar satisfecho tanto con el producto o servicio como con la atención que ha recibido del vendedor: si usted no le agrada, pero quiere repetir la compra, lo más probable es que lo haga con uno de sus colegas.
- Asimismo (no es necesario que el cliente lo sepa) usted debe informarse dentro de su propia empresa para asegurarse de que el producto le llegue en tiempo y forma, esto es, tal como se pautó.

La neuroventa implica un esfuerzo compartido, ya que de nada sirve un cierre exitoso si luego Producción no llega a tiempo, o se generan dificultades con la entrega. En un caso así, usted puede perder todo lo que ha logrado, por lo tanto, y en esto deben prestar atención especialmente los gerentes de ventas, debería implementarse un sistema de retroalimentación que permita contar con información en este sentido.

Lamentablemente, muchas relaciones que tenían grandes oportunidades de ser perdurables dada la excelente gestión de los vendedores se han perdido por errores o descuidos en otros eslabones de la cadena. Por lo tanto, si el vendedor no puede seguir la entrega dentro de su empresa (las competencias sin sentido entre áreas son más frecuentes de lo que uno cree) debe ir él al encuentro de su cliente.

Por último, es necesario hallar el modo de alentar a los clientes a que continúen en contacto con el vendedor, ya sea enviándole ofertas específicas (internet es hoy uno de los principales aliados de la neuroventa), así como los típicos regalos y saludos de cumpleaños y fiestas religiosas.

Si la venta ha sido exitosa, también tiene a su favor que el hecho de tratar con personas nuevas y cambiar de marca involucra un contenido de incertidumbre que muchas personas eluden. Recuerde lo que vimos sobre el funcionamiento de los ganglios basales y el consumo de energía cerebral. Por lo tanto, si el cliente está conforme y se ha generado empatía, usted tiene un campo fértil para continuar sembrando: él no deberá afrontar el coste de cambiar de proveedor y usted se asegurará compras futuras.

Con el tiempo, esto es, cuando haya un mayor grado de confianza, trate de obtener referencias que lo vinculen con conocidos o amigos de su cliente. Recuerde que uno de los principales objetivos de nuestra metodología de ventas es crear una red de relaciones que contribuyan a generar rentabilidad futura en las organizaciones que la implementan.

Síntesis

1. El cliente es quien cierra la venta: estudie su estilo de salida.
2. La estructura de cierre sigue, etapa por etapa, el procedimiento de compra del cliente.
3. Elija el lenguaje del cierre: recuerde la importancia de utilizar los términos bisagra que él empleó así como también su secuencia comunicacional preferida (visual, auditiva, kinestésica).

4. Verifique la postura del cliente, y no descuide la suya.
5. Efectuada la presentación final, espere el acuerdo del cliente.
6. Dedíquele tiempo a la relación posventa. Ello le asegurará:
   - Más compras de parte de un mismo cliente.
   - Ventas de otros productos o servicios.
   - Referencias de relaciones para potenciales clientes.
7. **El cierre de la venta no es un final. ¡Es un comienzo!**

PARTE III

DESARROLLO COMUNICACIONAL
DEL VENDEDOR

Palabras, silencios, sonrisas, miradas, gestos, muecas, pensamientos, posturas, tonos de voz... "Todo" comunica en neuroventa.

Por ello, y si bien muchos procesos son espontáneos, el vendedor neurorrelacional debe incorporar un conjunto de metodologías para autoliderar sus cambios internos y, asimismo, técnicas que le permitan comprender a sus clientes, acompasarlos y empatizar con ellos, creando de este modo una base sólida para la gestación de una relación que perdure en el tiempo.

Néstor Braidot

Capítulo 1

Predisposición y apertura: los estados comunicantes en la neuroventa

CONTENIDOS

1. Desarrollo comunicacional del vendedor.
Qué aportan los nuevos conocimientos sobre el cerebro

¿Por qué los clientes se comportan de una manera determinada? ¿Cuál es la razón de que nos resulte más fácil vender algunos servicios mientras que otros son una verdadera complicación? ¿Por qué logramos una buena conexión con algunos compradores mientras que otros nos resultan antipáticos o extremadamente aburridos? ¿Qué sucedió que de repente se interrumpió la empatía y fracasó la venta?

Afortunadamente, una de las disciplinas que han registrado mayores avances durante los últimos años (debido, en parte, al desarrollo de la tecnología que permite explorar el cerebro mientras está en actividad) es la que se enfoca en los procesos de comunicación humana. Sobre esa base, la neuroventa creó un conjunto de metodologías que, aplicadas de manera correcta, minimizan las posibilidades de que el vendedor fracase o se encuentre a oscuras en algún momento de la relación con el cliente. Las siguientes son sus principales premisas:

- Toda transacción económica, así como también la que no lo es (vendemos ideas, convicciones, proyectos), se realiza entre **personas**.
- En los mensajes recibidos a través del móvil, el correo electrónico, una secretaria o cualquier otra vía que no sea personal, no hay letras, imágenes ni voces: hay un **ser humano** que tiene **una necesidad que el vendedor debe descubrir y resolver**.
- **En neuroventas siempre están primero las personas.** El producto y el servicio ocupan un lugar prioritario solo como satisfactores de las necesidades detectadas.

Tener a mano los elementos que nos ayuden a comprender a las personas y, por supuesto, a nosotros mismos mientras nos comunicamos, nos permitirá avanzar hacia un nuevo enfoque, esto es, hacia una manera mucho más efectiva de relacionarnos con los demás. En este sentido, el trabajo de la neuroventa es preventivo: cuando se aprenden y se aplican las metodologías de la neurocomunicación, muchas de las preguntas que sintetizamos en el primer párrafo desaparecen por la simple razón de que se minimizan los problemas de relación con los demás y con nosotros mismos.

1.1. Estados comunicantes

El inicio de un proceso de comunicación requiere de un estado comunicante en los participantes. Por ejemplo, si un cliente tiene su mente en otro tema, nos encontraremos ante una barrera infranqueable, por lo tanto, hay que esperar hasta que se genere una apertura. Lo mismo sucederá con nosotros si pretendemos iniciar una comunicación para la cual no estamos preparados y/o dispuestos.

Por fortuna (y aun cuando la comunicación tiene un importantísimo porcentaje metaconsciente), el vendedor neurorrelacional puede adquirir un conjunto de herramientas para liderar la mayor parte de sus procesos internos y, de ese modo, comunicarse mejor consigo mismo y con los demás.

1.2. Aplicaciones: ¿cómo creamos un estado comunicante?

El punto de partida somos nosotros mismos, y lo hacemos desde nuestras representaciones internas (lo que hemos vivido, lo que tenemos guardado en la memoria) y nuestra neurofisiología. Las representaciones son las que el cerebro construye a través de su sistema perceptual y tienen una enorme influencia en los estados internos. Por ejemplo, si un vendedor fracasa varias veces durante una semana puede cerrarse y repetir la experiencia durante la próxima, excepto que aplique las nuevas herramientas que tiene a su disposición (como las técnicas de relajación y la visualización creativa) para lograr una apertura en positivo.

Asimismo, el cuerpo siempre hará que nos comportemos de una u otra manera; de hecho, no es lo mismo vender cuando estamos cansados que cuando no lo estamos. Tampoco tendremos un buen estado comunicante si llegamos a la entrevista con un intenso dolor en alguna parte del cuerpo. Esto es muy importante ya que ha sido comprobado que las sensaciones kinestésicas crean imágenes (conscientes o no) que actúan sobre la corteza motriz, generando tanto los estados mentales como las expresiones que los representan[1].

Recuerde:

Adquirir un estado comunicante significa contar con una apertura hacia nosotros mismos y los demás.

Nuestra predisposición a comunicarnos es controlable por nuestra voluntad.

1   Masters, R., *Neurocomunicación*, Urano, Barcelona, 1996.

El impacto benéfico que tienen algunas palabras, la visualización creativa, la meditación y el autoliderazgo emocional en la creación de un estado comunicante positivo ha sido comprobado científicamente. Por ello, en esta obra usted encontrará numerosos ejemplos y prácticas (en la Parte IV) que le permitirán alcanzarlo toda vez que lo necesite.

1.3. Comunicación neurorrelacional potenciada

Una vez abierta la puerta, esto es, cuando ya logró su estado comunicante, el vendedor está en condiciones de iniciar el proceso de comunicación con su cliente.

Recuerde:

Neurocomunicación implica comprensión del interlocutor, lo que equivale a decir: sentirse de manera empática en su posición y lugar.

El tema de la empatía aparece prácticamente en todos los capítulos de esta obra, y ello no es casual: si logramos comprender y compartir emociones, además de actitudes y palabras, estamos desarrollando una de las habilidades más importantes de la neuroventa: prever los comportamientos del cliente para poder diseñar las estrategias adecuadas.

Cualquiera sea el producto o servicio que se comercialice, las mejores posibilidades de éxito siempre están determinadas por la calidad de la relación que el vendedor establezca con su interlocutor.

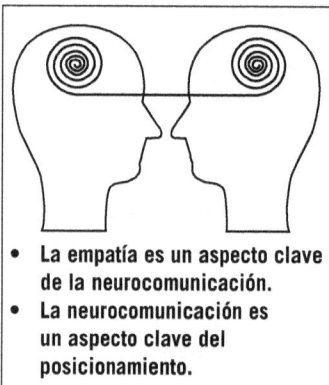

Esto no excluye la importancia del posicionamiento del producto y de la empresa en el mercado, es decir, de la percepción que tengan los clientes, en particular en el nivel simbólico, y aquí estamos hablando prácticamente sobre lo mismo: la neurocomunicación es un aspecto clave del posicionamiento.

- La empatía es un aspecto clave de la neurocomunicación.
- La neurocomunicación es un aspecto clave del posicionamiento.

Por ello, siempre debemos tener en mente que vender un producto o un servicio es venderle a una persona, incluso cuando jamás veamos su rostro porque, por ejemplo, se contacta a través de internet. Recuerde los siguientes conceptos:

- La comunicación es un todo integrado en el que intervienen cientos de variables simultáneamente.
- La comunicación es un proceso de múltiples canales, cuyos mensajes se refuerzan y controlan de manera permanente.
- No hay forma de no comunicarse, SIEMPRE EXISTE COMUNICACIÓN[2].

En todo proceso humano de comunicación intervienen el lenguaje verbal (contenidos expresados a través de la palabra) y el lenguaje no verbal (gestos, expresiones, posturas), tonos de voz, modulación, etcétera. En todos los casos, la comunicación se efectúa por vías y conexiones cerebrales diferentes. Asimismo, y aun cuando una persona esté sentada en la misma postura sin emitir mensaje alguno, estará comunicando.

Los seres humanos, en realidad, nos comunicamos siempre y sin cesar, independientemente de nuestra voluntad, hasta tal punto que:

- Cuando no deseamos comunicarnos, debemos comunicar que "no deseamos comunicarnos".
- Al comunicar que no deseamos comunicarnos, nos estamos comunicando.

Esto parece un juego de palabras, sin embargo, es sumamente importante ya que el vendedor deberá realizar un trabajo consciente y sistemático para no cometer errores cuando crea que no se está comunicando. Por ejemplo, no responder un mensaje en tiempo y forma no significa no comunicarse, sino todo lo contrario.

Lo mismo puede ocurrirle si está frente a un cliente, y este le suelta un inmenso discurso sobre los beneficios de un producto de la competencia. Por la cabeza del vendedor pueden estar pasando frases como "si tanto le convence el otro producto, ¿qué hace aquí?", o bien, "todo lo que está diciendo no tiene fundamento, es una estrategia para que yo le baje el precio". Claro, un vendedor nunca pondría estos pensamientos en palabras; sin embargo, su cuerpo y su rostro pueden estar reflejando lo que pasa por su cabeza al exteriorizarlo con un simple levantamiento de cejas, entrecerrando los ojos o cruzándose de brazos. Por ello, lo más aconsejable es hacer un esfuerzo consciente para evitar los pensamientos negativos sobre los clientes durante las entrevistas.

1.4. Orquesta comunicante: la globalidad de la comunicación

Los conceptos que hemos abordado se entienden mejor si utilizamos el modelo de orquesta comunicante, ya que en neuroventas tanto comunica el ven-

---

2 Bateson *et al.*, *La nueva comunicación*, Kairós, Barcelona, 1984.

dedor como la forma en que están decoradas las oficinas, la manera en que la recepcionista atiende al cliente o el lenguaje que se utiliza al responder un correo electrónico.

Si pretendemos aislar un elemento del todo que constituye la comunicación, cambiaremos también su sentido.

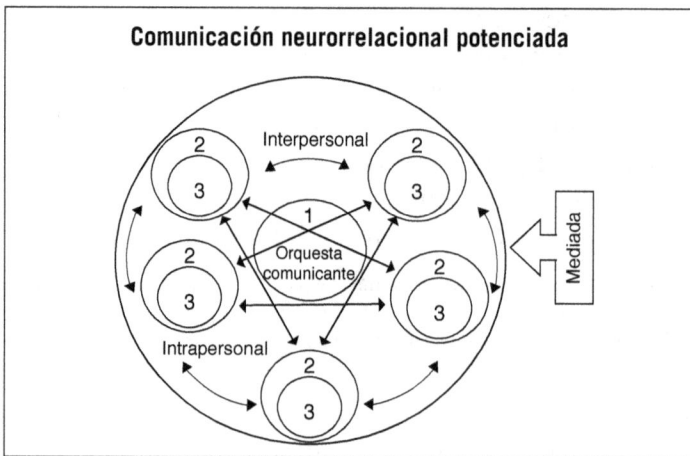

Analicemos en detalle los principales conceptos a los que remite la gráfica precedente:

- **Orquesta comunicante**

La comunicación no existe en forma aislada y parcial. En el nivel organizacional, todas las personas (independientemente de su función, incluso del producto o servicio) comunican de manera interrelacionada. Tanto comunica la publicidad como el envase o el modo en que el vendedor o la telefonista de la empresa se relacionan con los clientes. Además debemos tener presente que no solo comunicamos cuando decidimos hacerlo explícitamente; también lo hacemos con gestos (muchos de ellos inconscientes), con la forma de vestirnos, presentarnos o estrechar la mano al saludar.

- **La comunicación interpersonal**

Es la comunicación cara a cara, en la que cada persona se relaciona a través de todos sus sentidos de manera armoniosa. El que se realice de manera eficaz depende exclusivamente de los interlocutores.

Esta comunicación es externa, dirigida a otros mediante palabras, entonaciones, expresiones, posturas, es decir, por medio de mensajes verbales y no verbales. Como resultado, en cada uno de los interlocutores se verifica un proceso de cambio personal (por ello casi siempre recurrimos a la persuasión con el objetivo de modificar el comportamiento en el otro).

A nivel interpersonal, la comunicación debe verse y evaluarse en función de los resultados que produce en los interlocutores, independientemente de sus contenidos. En cualquier caso, no existe calificación objetiva, siempre hallaremos resultados subjetivos.

Ya hemos dicho que cada persona percibe la realidad de manera diferente, no solo por su bagaje cultural, sino también por la personalidad, la influencia del entorno, la experiencia y la ideología, entre otros factores, que, inscriptos en sus redes neuronales, actúan como potentes **filtros perceptuales**. Por ello:

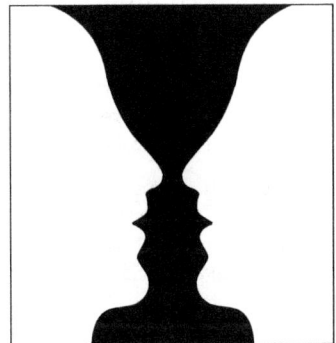

- Vemos mejor lo que esperamos ver.
- Vemos mal o no vemos aquello que no se ajusta a nuestras ideas y objetivos.
- Definimos como imposibles cosas que son imposibles "solo para nuestros filtros perceptuales".
- No apreciamos una innovación que genere cambios positivos. La zona de comodidad de nuestro cerebro, monitoreada por nuestros ganglios basales, suele realizarnos una mala jugada a la hora de aceptar productos nuevos.

La imagen precedente es muy conocida; sin embargo, es una de las que mejor reflejan que nuestro cerebro ve lo que primero atraviesa nuestros filtros perceptuales: ¿dos personas en un proceso de comunicación cara a cara?, ¿un jarrón? En el segundo caso: ¿qué tipo de jarrón?, ¿para ubicarlo sobre un mueble o en la entrada de una casa?, ¿de porcelana o de metal?

Todos vemos lo que queremos ver, y ese proceso es no consciente. Por ello, a menudo los vendedores se encuentran con compradores que crean su propio mundo a partir de sus percepciones. Si no están suficientemente capacitados para comprender cómo operan estos mecanismos, les resultará mucho más difícil comunicarse y pueden tener problemas a la hora de crear la empatía necesaria para que tanto ellos como sus clientes alcancen los resultados esperados.

Los siguientes son los principales aspectos relacionados con este tema que el vendedor neurorrelacional deberá incorporar y aplicar:

- La retroalimentación, haya o no palabras de por medio, es inmediata.
- El cliente utiliza normalmente sus cinco sentidos.
- La comunicación interpersonal incorpora elementos de naturaleza corpórea, como la entonación, los gestos, las posturas o los movimientos corporales.
- Siempre existen filtros perceptuales: cada cliente provee señales como respuesta directa a lo que percibe sobre lo que el vendedor le está comunicando.
- El contexto interpersonal no está estructurado. La frecuencia, la forma y el contenido de los mensajes, si bien están centrados en un tema específico, suelen estar controlados por pocas reglas.

- **La comunicación intrapersonal**

Es la comunicación interna, la que establecemos con nosotros mismos. Está integrada por todo lo que cada persona piensa, se dice y siente interiormente. Dado que nos comunicamos con los demás y con nosotros mismos también con gestos y con nuestra apariencia, este tipo de comunicación tiene una gran influencia en el estado comunicante. Por ejemplo, si nos olvidamos un *paper* que consideramos importante y nos lo reprochamos interiormente minutos antes de llegar a la reunión, algo de este malestar interior estaremos comunicando.

> - La comunicación intrapersonal tiene una enorme influencia tanto en la generación de un estado comunicante como en el desarrollo del proceso posterior.
>
> - Llegar a una entrevista con un estado comunicante adecuado es imprescindible, así como también su adaptación al del cliente (luego de estudiar su sistema de representación comunicacional).

El vendedor debe escucharse y atender su propio "yo". Si nota que algo está mal, tiene a su disposición un conjunto de técnicas para revertirlo. Si no lo siente así, esto es, si aun cuando practica las técnicas que aprenderá en esta obra no logra entrar en un estado comunicante porque tiene un problema que lo supera, es mejor que aplace la entrevista. En cambio, si nota que puede... ¡qué bueno! Recuerde que el cerebro tiene la capacidad de modificar o intervenir en nuestras representaciones internas.

- **Comunicación mediada**

Al hablar de comunicación mediada, aludimos al impacto de las nuevas tecnologías, desde la PC, la laptop y las tabletas digitalizadoras hasta lo que existe y está en desarrollo a través de programas como Skype y teléfonos móviles. Hoy por hoy, la distancia física puede ser una dificultad solo en materia de costes, por ejemplo, cuando el cliente se encuentra muy lejos de los centros de producción y/o entrega.

Para algunos autores la comunicación mediada no es interpersonal porque existe un aparato de por medio, no es cara a cara, el contacto personal requiere de mediadores técnicos y elimina elementos que son muy importantes (como todo lo que se transmite a través del lenguaje no verbal).

Las posibilidades de comunicarnos con otros sin estar frente a ellos son múltiples.

Aun cuando exista un aparato que actúe como mediador entre cara y cara, la comunicación mediada siempre es interpersonal porque se realiza entre personas.

En nuestra opinión:

Por ejemplo, el vendedor que emplea el teléfono utilizará palabras previamente seleccionadas, así como también determinados tonos de voz, inflexiones, aclamaciones, etcétera. Lo que no podrá hacer es estrecharle la mano al cliente, observar sus reacciones faciales o analizar su postura. Aun así, y debido a que la comunicación no se establece entre aparatos, o entre un aparato y una persona, la consideramos interpersonal.

Dada la preferencia de muchos clientes por estos sistemas que ahorran costes y tiempos, es necesario que el vendedor conozca los porcentajes relacionados con la efectividad comunicacional:

Efectividad comunicacional

38%
Modulación, tonos de voz, cadencia

55%
Lenguaje corporal, gestos

7%
Contenidos

Si pensamos solo en el correo electrónico, que es el mediador más utilizado, veremos que nuestras posibilidades quedan prácticamente limitadas a los contenidos que expresamos a través del lenguaje escrito. Por ello es imprescindible que el vendedor se familiarice con los códigos lingüísticos que van surgiendo, tanto para el e-mail como para los mensajes a través de los móviles y, a su vez, que logre un tono amigable capaz de trascender la frialdad que puede generarse al no establecer una comunicación cara a cara.

:-):-* :-s ☺☺☹

El vendedor debe estar muy atento a la variedad de símbolos que se utilizan por MSN o email, así como también al estilo de escritura, dado que ello le permitirá traducir lo que expresan sus clientes.

Por ejemplo, si una persona habla aceleradamente, no hace pausas, modula poco y utiliza un tono agudo, escribirá de la misma forma. No habrá separación de ideas ni párrafos y utilizará exageradamente los signos de exclamación, como reforzando los movimientos rápidos que haría con sus ojos o con sus manos.

Por ejemplo, desde que el mundo es mundo, el hombre se comunica por medio de símbolos que expresan ideas y sentimientos y de ello dan cuenta numerosas investigaciones en arqueología.

En las comunicaciones a través de internet y celulares de esta época hay nuevos símbolos que se utilizan para complementar el mensaje explícito añadiéndoles un contenido emocional, por ejemplo: :-) (felicidades); ;-) (guiño, complicidad);))) (suerte, buena onda). La utilización de estos códigos está tan difundida que se están creando diccionarios de abreviaturas SMS que el vendedor deberá tener a mano y, en lo posible, estudiarlos apenas se editen.

En lo que respecta al lenguaje tradicional, la forma de escribir nos dice mucho. Por ejemplo, los puntos suspensivos son empleados para dejar correr una pausa, tomar un respiro o invitar a reflexionar sobre el asunto en cuestión. Por cierto, este es un tema que da para un libro completo. Lo relevante para lo que nos ocupa es que la utilización de los códigos que trae consigo la nueva tecnología de comunicaciones se realice eficazmente, ya que no solo la forma de pensar se transmite a través de la escritura en forma no consciente, sino también las emociones.

2. Comunicar es vender, y vender es comunicar

La frase que tiene como título este apartado debería inscribirse en las redes neuronales de los vendedores para siempre (mediante la repetición) ya que es otro de los pilares fundamentales de la neuroventa. Me explico:

Comunicar es vender: porque al comunicar también estamos vendiendo: una idea, un servicio, un gesto, una palabra, una relación, una forma de proceder y actuar. Lo hacemos durante la mayor parte de nuestra vida:
- "vendemos" nuestra propia imagen en una relación de pareja;
- "vendemos" una idea o propuesta ante un público;
- "vendemos" un producto o servicio ante un cliente,

   ...y estamos comunicando.

Vender es comunicar: porque en toda venta existe una interacción entre sujetos, de comprensión del producto o servicio, es decir,
comunicación.

- "Comunicamos" que nuestro producto tiene las mejores cualidades del mercado

...*y estamos vendiendo*

Insistimos en que la comunicación comprende una globalidad de vías a
través de las cuales la gente recibe lo que expresamos en forma voluntaria o
involuntaria. Palabras cuyo contenido se ha pactado convencionalmente, vocalizaciones que comprenden tonos, modulaciones y velocidad de la voz son
acompañadas por expresiones gestuales que dicen mucho por sí mismas.

También exteriorizamos y transmitimos, muchas veces sin quererlo, sentimientos, sensaciones, dolores, alegrías, "vibraciones".

Recuerde:

- El "todo" de expresiones verbales, gestuales y kinestésicas tiene también una ex-
teriorización en la congruencia que estas evidencian entre sí.
- El "todo" es, como siempre, mucho más que la suma de las partes.

Por ejemplo, un producto es la materialización de la unión de tres aportes: el de la empresa que lo concibe y produce; el del cliente que lo percibe,
lo interpreta y finalmente lo compra, y el del vendedor, que une ambas partes. En este contexto:

La comunicación es el fluido que facilita la interrelación de las tres partes:
el vendedor, el cliente y el producto.

Históricamente, el énfasis en el producto hizo olvidar la importancia
de comprender al cliente para desentrañar su percepción respecto de aquel.
Esto posiblemente se debió a la creencia de que algunos vendedores y/o
negociadores nacen con un talento natural, trucos, secretos infalibles y algo
mágico para concretar las ventas sin tener en cuenta lo que el cliente piensa.

Sin dejar de reconocer las aptitudes naturales que muchas personas
poseen para desempeñarse en la actividad de ventas, subrayamos que es
imprescindible realizar un esfuerzo de capacitación y entrenamiento para
obtener mejores resultados finales o, en todo caso, una ampliación de la
eficacia.

3. El porqué de la programación neurolingüística en el método de venta neurorrelacional

La programación neurolingüística (PNL) se construye a partir de tres principios que son sustanciales en la neuroventa:

a) El modo en que actuamos para obtener los resultados que deseamos alcanzar.

b) Cómo opera nuestro sistema nervioso, es decir, cómo pensamos y sentimos.

c) Cuál es la relación con el lenguaje, con lo que decimos, con el modo en que lo decimos, y cómo influye en nosotros todo lo que escuchamos.

Desagregando los términos que le dan nombre, podemos comprender con mayor claridad su significado:

- **Programación:** durante toda la vida incorporamos vivencias que se traducen en pautas de comportamiento que definen nuestra conducta y nuestras exteriorizaciones comunicacionales.

- **Neuro:** la capacidad de programarnos se encuentra en la actividad neurobiológica. La neurolingüística estudia cómo se presenta y elabora el lenguaje en el cerebro.

- **Lingüística:** el lenguaje estructura y refleja el pensamiento cuando describimos, categorizamos, extraemos sentido de las experiencias y lo comunicamos a los demás.

  De la misma manera, el lenguaje que utilizamos influye en nosotros mismos.

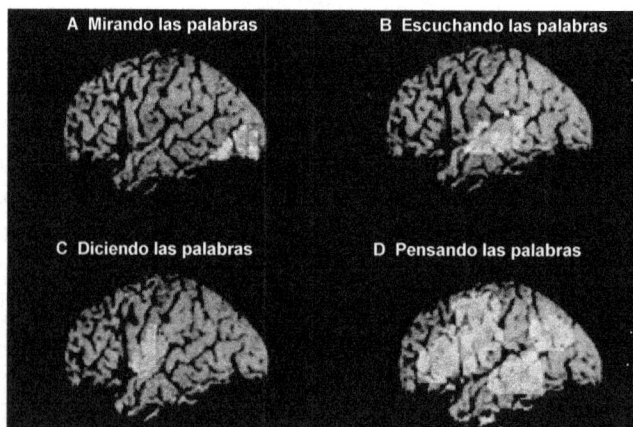

A Mirando las palabras   B Escuchando las palabras   C Diciendo las palabras   D Pensando las palabras

De lo expuesto se desprende que la PNL estudia las estructuras de las experiencias subjetivas: cómo creamos nuestro mundo interno a partir de lo que vemos, olemos, sentimos, oímos y degustamos, y cómo, a su vez, este condiciona lo que vemos, olemos, tocamos, oímos y degustamos.

Por ejemplo, en la página anterior, la imagen de la derecha, obtenida con técnicas de fMRI, muestra procesos relacionados con palabras que se registran en distintas partes del cerebro.

Si el vendedor es hábil, puede crear un verdadero proceso de seducción a través de sus palabras, generando momentos originales, adaptados a cada cliente en particular.

Recuerde:

> En neuroventas no tienen cabida los monólogos sobre productos y servicios, sino la capacidad de crear argumentos que, si bien se sustentan en una importante preparación previa, se van generando en el momento como resultado de las capacidades adquiridas.

Síntesis

1. Antes de la entrevista, ensaye qué comunicará, a quién (cómo es su cliente) y de qué forma lo hará.
2. No descuide ningún aspecto. Usted siempre se estará comunicando, aun cuando no desee hacerlo.
3. Tenga presente que la comunicación no es información: es intención previa y un conjunto de significados que deben ser coherentes entre sí.
4. Elabore mensajes dirigidos al hemisferio derecho de su interlocutor: utilice imágenes visuales, metáforas, palabras de contenido emocional, siempre que detecte que está lateralizado en ese sentido.
5. En todos los casos, trate de desviar la intervención analítica del hemisferio izquierdo de su cliente, sobre todo en los momentos cercanos al cierre.

Capítulo 2

Sistemas de percepción. La construcción cerebral de la realidad

CONTENIDOS

1. La construcción cerebral de la realidad

¿Qué ocurre en nuestro cerebro cada vez que vemos, saboreamos, tocamos, oímos u olemos? ¿Cómo se codifican los estímulos sensoriales? ¿Qué factores psicológicos, neurobiológicos y culturales influyen en las evaluaciones de nuestros clientes cuando nos ven, nos estrechan la mano, nos escuchan y huelen nuestro perfume? Responder estas preguntas exige que tengamos una noción sobre la forma en que el cerebro codifica y transforma la información procedente del entorno para crear lo que se conoce como "juicio perceptivo".

A nivel orgánico, las sensaciones que experimentamos durante los procesos sensoriales son el resultado de la interacción de millones de células nerviosas que se comunican entre sí. Dado que estos procesos son inherentes a cada individuo, todo lo que pensamos, por ejemplo, sobre un cliente y la empresa que representa, estará teñido por nuestra percepción. Más aún, lo que percibimos no es el resultado de lo que ocurre en la realidad, sino de lo que cada uno de nosotros *interpreta* respecto de los fenómenos.

Lo que percibimos como realidad no es más que su representación, por ende, lo que creemos que es el mundo *objetivo* no es más que una interpretación *subjetiva*.

2. Filtros y limitaciones en la percepción

Uno de los temas más interesantes relacionados con la construcción cerebral de la realidad tiene que ver con los **filtros perceptuales**, esto es, con modos de pensar y sentir que influyen en la imagen que nos formamos sobre objetos, hechos y acontecimientos. Sin embargo, el tema no termina aquí. Además de la información procedente del entorno, en la percepción de la realidad interviene también la capacidad humana para imaginar.

La neurobiología utiliza dos fases en la percepción que es muy interesante analizar para aplicarlas a la comprensión de los procesos de neurocomunicación: transducción y codificación. La primera se produce en el circuito cerebral a través del cual fluye la información sin que se modifique su significado, mientras que la segunda se caracteriza por cambios en la interpretación de la información sin que se modifiquen el circuito ni el medio por donde esta fluye.

Por ejemplo: la transducción convierte un estímulo procedente del medio ambiente (imaginemos el perfume de una persona con la que llevamos adelante una entrevista de ventas) en un impulso eléctrico que viaja por determinados neurocircuitos. La codificación determina la respuesta: podemos disfrutarlo y hacer un comentario sobre el placer que nos provoca ese aroma o experimentar un sentimiento especial debido a que… casualmente es el que utilizaba nuestra ex pareja.

En definitiva, lo que percibimos como realidad es simplemente una interpretación sensorial, personal, de una parte de esta. Ello se debe a la presencia de filtros que actúan en diferentes niveles. Observemos cómo operan algunos (que no siempre son ideológicos o emocionales).

- El cerebro permite el paso de aproximadamente ¡el 1% de la información sensorial que nos llega del entorno! Dado que un estímulo que no se procese por estas vías no forma parte de la construcción cerebral de la realidad, los sentidos actúan como filtros: solo captamos la información que el cerebro puede recibir y procesar.

- La mayor parte de la información se procesa en forma metaconsciente.

- Lo que percibimos depende del momento del día, del mes, de las estaciones del año y de las épocas de la vida.

- Nuestros deseos, ideologías y sentimientos actúan como potentes filtros perceptuales. Casi todos "vemos lo que queremos ver" e interpretamos el mundo en función de lo que más nos interesa.

- Los procesos de percepción son en general no conscientes e involucran conexiones con significados arraigados en las profundidades del cerebro.

- Como modelos mentales, las construcciones que elaboramos se van fijando a lo largo del tiempo hasta convertirse en canales de percepción predominantes.

Asimismo, cuando la percepción se tiñe con información procedente de recuerdos o de determinadas creencias –por ejemplo, que es más fácil negociar con el representante de una cadena de supermercados que con un terrorista (recuerdo haber escuchado esta afirmación en mis épocas de estudiante)–, actuamos en consecuencia. Grinder y Bandler[1] dividen las limitaciones que determinan la percepción en neurológicas, sociogenéticas y personales.

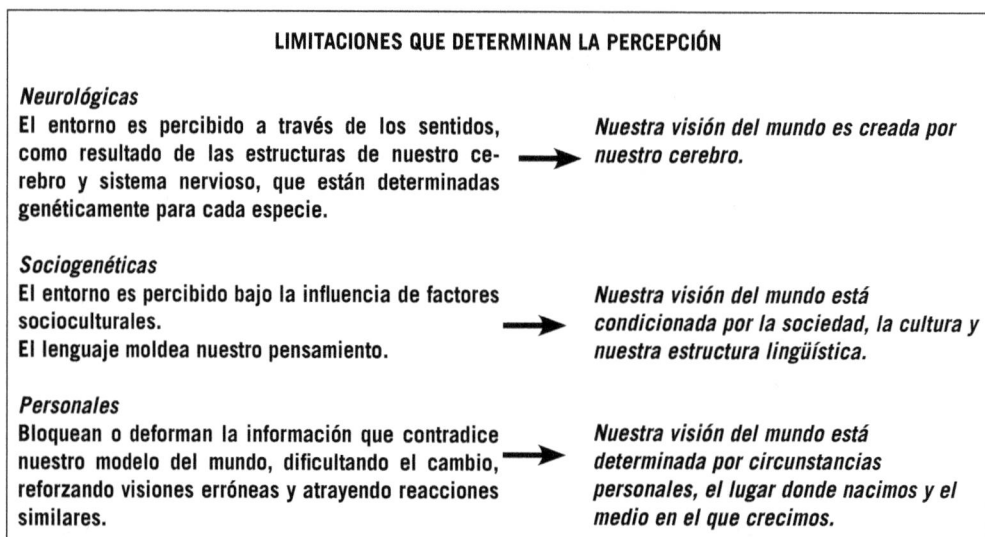

LIMITACIONES QUE DETERMINAN LA PERCEPCIÓN

Neurológicas
El entorno es percibido a través de los sentidos, como resultado de las estructuras de nuestro cerebro y sistema nervioso, que están determinadas genéticamente para cada especie. ⟶ *Nuestra visión del mundo es creada por nuestro cerebro.*

Sociogenéticas
El entorno es percibido bajo la influencia de factores socioculturales.
El lenguaje moldea nuestro pensamiento. ⟶ *Nuestra visión del mundo está condicionada por la sociedad, la cultura y nuestra estructura lingüística.*

Personales
Bloquean o deforman la información que contradice nuestro modelo del mundo, dificultando el cambio, reforzando visiones erróneas y atrayendo reacciones similares. ⟶ *Nuestra visión del mundo está determinada por circunstancias personales, el lugar donde nacimos y el medio en el que crecimos.*

Dentro del conjunto de las **limitaciones sociogenéticas** se agrupan todas las influencias que derivan de nuestra pertenencia a una comunidad cultural determinada, a un grupo social específico. Las fuerzas sociales influyen, en gran medida, en qué neuronas ganan o pierden preeminencia y en qué enlaces se formarán, reforzarán o extinguirán entre ellas. En otros términos, **el cerebro suele producir lo que el contexto social lo condiciona a producir.**

El idioma es una de las influencias culturales centrales debido a que estructura y ordena nuestra percepción, consecuentemente, modela nuestros pensamientos. En otras palabras:

> La forma en que interpretamos el mundo está condicionada por nuestra estructura lingüística, debido a que el lenguaje es un limitador/potenciador poderoso de las experiencias individuales.

Existen ejemplos interesantes, como el de los esquimales de Groenlandia, que poseen en su lengua no menos de treinta términos para denominar distintas variedades de nieve, percibiendo con su denominación las diferentes cualidades de las mismas, mientras que nosotros, que tenemos

---

[1] Bandler, R. y Grinder, J., *La estructura de la magia*, Volumen 1, "Lenguaje y terapia", Cuatro Vientos, Santiago de Chile, 1980.

pocas palabras para describirlas, somos incapaces de reconocerlas y diferenciarlas.

Con respecto a las **limitaciones personales**, podemos decir que la experiencia de una persona se diferencia de la de otras por circunstancias individuales; fundamentalmente, el lugar y el medio donde ha nacido, en particular aquel en el que desarrolló los primeros años de vida (hasta los 14 años las vivencias se graban en forma mucho más profunda e indeleble).

En función de lo expuesto, tenemos ya una detallada idea de cómo formamos nuestras representaciones mentales, por lo tanto, podemos comprender mejor el tema de la subjetividad, esto es, lo que tiene que ver con la actitud, la formación, la historia personal y las experiencias que van modelando el cerebro.

3. Tipos de percepción

Aunque a veces no somos plenamente conscientes de las percepciones simultáneas que estamos interiorizando, estas cumplen con su papel de estimularnos. Ello se debe a que la cantidad de mensajes que recibimos cotidianamente es tan abrumadora que el cerebro no puede captarla en su totalidad. Por ello, atendemos un máximo de siete más/menos dos variables de información a la vez.

De igual manera, en la actividad de ventas los mensajes son captados por el cliente a través de esta misma y diversa gama de medios de percepción. Por ello, agudizar los sentidos, registrar todos los mensajes, recibirlos y responder en consecuencia, es un paso importante en el desarrollo de las cualidades comunicacionales de un vendedor. Esto nos lleva a realizar la siguiente sugerencia:

> **Esté atento, despierto, observe continuamente, tanto a su cliente como a usted mismo.**

3.1. Percepción consciente y metaconsciente

El ser humano recibe los mensajes que se le envían en dos planos simultáneamente: el consciente y el metaconsciente.

- **Percepción consciente:** se caracteriza por centralizarse en uno o más canales a la vez, aunque generalmente no son más de dos.

  Ejemplo: Cuando leemos, nos concentramos en ver; cuando vamos a la ópera, vemos y oímos a la vez; cuando saludamos a nuestro cliente, lo sentimos físicamente a través del contacto de su mano.

- **Percepción metaconsciente:** permite que varios mensajes sensoriales sean percibidos por diferentes sentidos simultáneamente junto a la información que llega directamente al plano consciente.

  Ejemplo: Cuando preparamos una entrevista de ventas podemos hacerlo con música de fondo porque hemos leído que el cerebro funciona mejor en esas condiciones. Sin embargo, nuestro canal consciente seguirá siendo la vista, mientras que lo que ingrese por el oído será percibido en forma metaconsciente.

En el proceso de comunicación humana, **los mensajes no verbales actúan en forma metaconsciente**: se transmiten por debajo del nivel normal de consciencia y ejercen una poderosa influencia en cómo pensamos, sentimos o nos comportamos sin que seamos conscientes de este proceso:

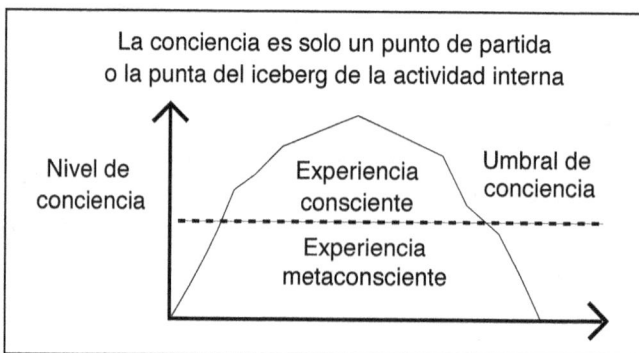

La conciencia es solo un punto de partida
o la punta del iceberg de la actividad interna

Nivel de conciencia

Experiencia consciente

Umbral de conciencia

Experiencia metaconsciente

Por ejemplo, durante una reunión con un cliente, este escuchará nuestros argumentos, observará todo lo que pueda ver, desde la gráfica de los folletos hasta los detalles de la vestimenta que lucimos, tocará el producto si lo hemos llevado y percibirá nuestros mensajes no verbales. Todos los estímulos impactarán en forma simultánea en su cerebro; sin embargo, la mayoría irá directamente a su plano metaconsciente. Este fenómeno explica por qué una persona puede no recordar, por ejemplo, de qué color era la camisa de un vendedor, pero tiene una imagen muy clara sobre su prolijidad en la vestimenta.

4. Sistemas de representación comunicacional

Los sistemas de representación comunicacional determinan la manera en que percibimos, almacenamos y codificamos la información que nos llega por medio de los sentidos. **En la cultura occidental se agrupan en tres categorías fundamentales: visual, auditivo y kinestésico.** Cada persona tiene un sistema de preferencia, tanto a nivel sensorial como de representación interna, por el cual capta y registra la mayor parte de la información que recibe.

La persona *preferentemente visual* se expresará, pensará, comunicará en términos de imágenes y formas: todo aquello que pueda "ver" (o visualizar mentalmente).

Quien sea *preferentemente auditivo* se expresará, pensará, comunicará en términos de sonidos, ruidos, música: todo aquello que pueda "oír" (u oír mentalmente).

Aquel que sea *preferentemente kinestésico* se expresará, pensará, comunicará en términos de sensaciones: todo aquello que pueda oler, tocar, saborear, en definitiva, "sentir" (o sentir mentalmente).

El término "preferentemente" no está en negritas por casualidad, ya que la utilización de un sistema no excluye la participación de otro. Por ejemplo, al oír una canción, percibir un aroma o degustar un plato es normal que "veamos" diferentes imágenes con el pensamiento.

El desarrollo de empatía depende, en gran parte, de la capacidad del vendedor para detectar y utilizar el sistema de representación comunicacional del cliente.

En neuroventas, la detección del sistema de representación comunicacional (o sensorial) del cliente es una parte central de la estrategia, por ello el vendedor debe estar capacitado para comprender cómo codifica y organiza lo que expresa. Las siguientes son las principales claves para la obtención de pistas:

- Observar los movimientos oculares con los que acompaña sus respuestas y expresiones: hacia dónde mira.
- Escuchar lo que dice: los predicados utilizados.
- Escuchar cómo lo expresa: tonos de voz, modulación, velocidad, etcétera.
- Kinésica: observar sus gestos y posturas (este punto se tratará en profundidad más adelante).

4.1. Detección por medio del posicionamiento de los ojos

El movimiento ocular informa claramente sobre el canal sensorial en el que se mueve el pensamiento del cliente. Algunos indicadores sobre conductas observadas en diferentes personas son muy importantes para ayudarnos a comprender estos conceptos:

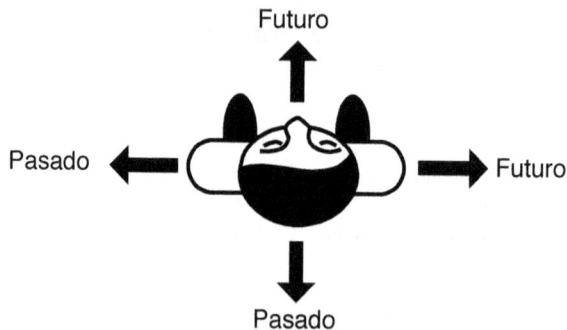

El 97% de las personas asocia en forma no consciente el futuro con la derecha y el pasado con la izquierda, o el pasado detrás y el futuro delante.

Cuando una persona mira hacia delante y arriba, adquiere una postura más proactiva, de aceptación, más optimista. La siguiente gráfica lo ayudará a descifrar mejor el tipo de pensamiento representado por la posición que adquieren los ojos:

CANALES SENSORIALES

FORMAS DE PENSAMIENTO SEGÚN EL POSICIONAMIENTO DE LOS OJOS

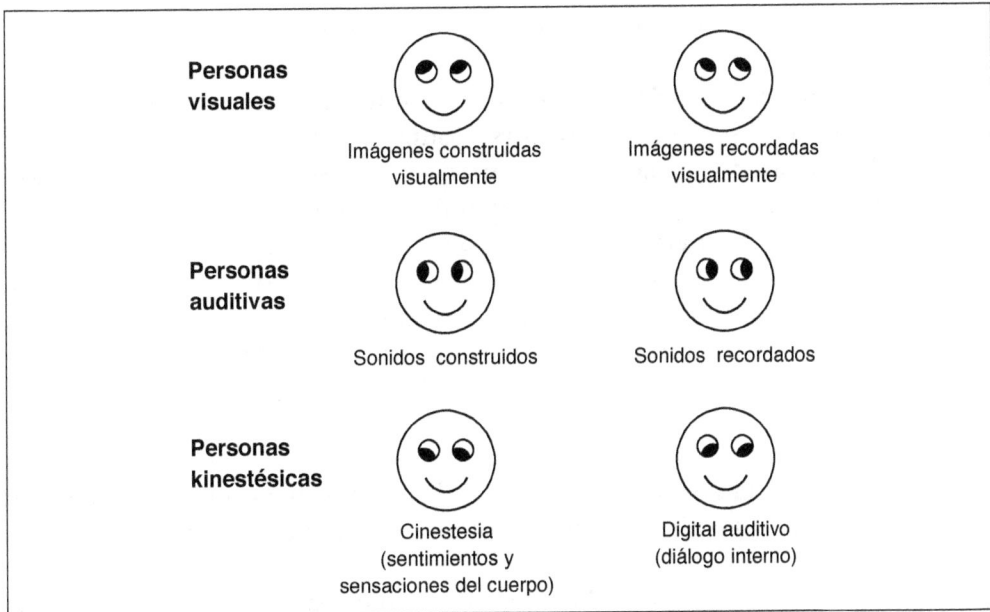

Personas visuales	Imágenes construidas visualmente	Imágenes recordadas visualmente
Personas auditivas	Sonidos construidos	Sonidos recordados
Personas kinestésicas	Cinestesia (sentimientos y sensaciones del cuerpo)	Digital auditivo (diálogo interno)

Este esquema es válido para el 95% de los diestros. En los zurdos la interpretación se invierte.

Personas visuales

Cuando un cliente dirige la mirada hacia arriba, indica que está pensando en imágenes, dibujos, fotos, planos.

Pueden darse tres situaciones diferentes en una persona preferentemente visual:

- **Mirada hacia arriba y a la izquierda:** está evocando imágenes, generalmente vendrán de su pasado, de su memoria, de situaciones que ha experimentado.

- **Mirada hacia arriba y a la derecha:** está creando, construyendo imágenes nuevas; las está imaginando a partir de algo que no ha vivido.

- **Mirada recta hacia adelante** sin fijación en un lugar preciso (mirada vaga): refleja pensamientos o reflexiones generales en imágenes.

Personas auditivas

Cuando el cliente dirige la mirada en la misma línea de su estatura, significa que está razonando a través de sonidos: palabras, música, ruidos en general.

- **Mirada lateral hacia la izquierda:** significa que está recordando sonidos (puede ser música, conversaciones o, simplemente, ruidos).
- **Mirada lateral hacia la derecha:** en estos casos está creando sonidos, esto es, está imaginando ruidos, música, conversaciones.
- **Mirada hacia abajo y a la izquierda:** esta expresión revela una actitud de diálogo interior, la persona está reflexionando como si estuviera conversando consigo misma. Al imaginar una conversación interna, puede representarla como si la estuviera oyendo realmente.

Personas kinestésicas

- **Mirada hacia abajo y hacia la derecha:** está tomando contacto con sus sensaciones táctiles, olfativas, gustativas y también interiores, como las emociones.
- **Mirada hacia abajo y a la izquierda:** si bien encontramos esta mirada también en las personas auditivas, la mirada hacia abajo es representativa de los kinestésicos. En particular, tiene una modalidad introspectiva, la persona se está sintiendo a sí misma, interactúa con su propio "yo".

Más allá de las pistas que podemos obtener a través de los ojos, es importante observar la secuencia que formen estas claves visuales para orientar las estrategias a seguir durante la argumentación.

Por ejemplo:

- Si usted detecta una mayor proporción de percepciones auditivas, puede deducir que su cliente piensa auditivamente, lo cual implica tener en cuenta su mayor sensibilidad a las argumentaciones acústicas, desde la entonación de voz hasta los términos que emplee.
- Si hay pistas de que es preferentemente visual, el mejor recurso es mostrarle el producto, material gráfico sobre este o describirlo de manera tal que pueda verlo con su imaginación. Por si acaso, nunca olvide su *notebook* o su *tablet computer*. La mayoría de las personas son visuales.
- Si da señales de ser preferentemente kinestésico, no servirán de mucho los discursos ni las hermosas imágenes. Deberá aportar pruebas con-

cretas y tangibles. Además de ver el producto, este tipo de clientes no compran si no pueden tocar, manipular. Si usted vende servicios (dada la característica de intangibilidad que poseen) deberá utilizar su imaginación para preparar presentaciones dirigidas a este target.

4.2. Pistas a través de las palabras

Las palabras que el cliente utiliza revelan su sistema de representación sensorial y dejan entrever cuál es el dominante. Imaginemos tres clientes de una inmobiliaria que nos dicen:

1. No **veo** las ventajas de este piso.
2. Me gusta **escuchar** el **canto** de los pájaros en el jardín.
3. El aspecto **rústico** de las paredes me agrada.

En cada una de estas tres expresiones aparecen pistas muy importantes. El primer cliente es visual (utiliza palabras visuales), el segundo es auditivo (términos que reflejan sonido), y el tercero, kinestésico (relaciona sensaciones táctiles). Estas pistas, junto a las que surgen de los movimientos oculares, proporcionan pautas más seguras para crear sobre la marcha una estrategia de comunicaciones efectiva.

Con el fin de orientarlo más en este sentido, en el cuadro siguiente listamos ejemplos de palabras y dichos frecuentes clasificados según el sistema de representación sensorial.

Visual	Auditivo	Kinestésico
A primera vista	Escuchar	Sentir
Evidentemente	Oír bien	Echar un cable a tierra
Visible	Prestar oído	Estar bien parado
Claro	Hacer oídos sordos	Calor
Luminoso	Hacer eco	Tibieza
Esclarecer	Estar a tono	Tomar a pecho
Aclarar	Grito	Contacto
Perspectiva	Silencio	Pesar
Ilustrar	Armonía	Liviano
Pintoresco	Orquestar	Mi olfato no me engaña
Brumoso	Oído	Chocar

Panorama	Dar la nota	Experimentar
Espejo	Te cuento	Resentimiento
Color	Decir	Bronca
Forma	Musical	Aroma
Distancia	Me suena	Perfumado
Tamaño	Hablar	Saborear
Observar	Vibración	Gustoso

4.3. Las pistas vocales

Así como analizamos el contenido de las palabras, también debemos prestarle atención al tono, timbre, velocidad, modulación y a sus inflexiones vocales. Esto significa **oír cómo habla el cliente**.

Personas visuales

Se caracterizan por tener un tono de voz agudo, hablan sin interrupciones y rápido, modulan poco y hacen pocas pausas para respirar.

Personas auditivas

Se preocupan por modular adecuadamente y en un tono de voz medio, realizan pausas al hablar y a una velocidad normal. Respiran entre una frase y otra.

Personas kinestésicas

Estas personas se caracterizan por hablar en un tono muy bajo, de una manera lenta, con muchas pausas y silencios.

5. En práctica

La secuencia de claves que proporciona el cliente constituye la base del desarrollo de la estrategia comunicacional del vendedor. El punto de partida es sintonizarlo con las técnicas de mimetismo conductual, acompasándolo con las palabras y gestos que él emplea. Esto permite establecer un clima de confianza desde el inicio, ya que el interlocutor siente que está ante una persona "parecida". Recuerde que prácticamente todos los seres humanos confiamos más en aquellos que se nos parecen.

Puede comenzar practicando con alguien de su círculo cercano sin que él o ella lo sepan: observe su lenguaje, el movimiento de los ojos. No creo que le lleve mucho tiempo detectar sus preferencias sensoriales. Tenga presente que cuando comunicamos utilizamos todos los medios a nuestro alcance (verbales y no verbales), sin embargo, siempre hay un sistema que predomina. A continuación, enumeramos, solo a modo de ejemplo, algunas pistas que lo ayudarán a detectar los sistemas de representación sensorial de sus interlocutores.

Cliente visual	Cliente auditivo	Cliente kinestésico
• Habla rápido. • Mira a los ojos en forma directa. • Gesticula hacia arriba, como dibujando en el aire. • Utiliza palabras visuales. • Postura rígida. • Respiración rápida y acelerada. • Voz aguda de ritmo rápido y entrecortado.	• Habla como escuchando por teléfono. • Generalmente no mira a los ojos. • Tiende a mover la cabeza hacia el costado y a mover los brazos. • Elige palabras que reflejan sonidos. • Postura relativamente distendida. • Respiración homogénea con movimientos rítmicos. • Tonalidad melódica y agradable.	• Habla lentamente y en forma pausada. • Mira hacia abajo y a la izquierda. • Se mueve con soltura en forma distendida. • Elige palabras que reflejan sensaciones. • Su postura es como la de *El pensador*, de Rodin. • Respiración profunda que arranca desde el estómago. • Tonalidad profunda.

Síntesis

1. Utilice técnicas para desarrollar su sensibilidad. Recuerde que ello no solo potenciará su capacidad comunicativa, sino también la perceptiva.
2. Indague cuáles pueden ser las limitaciones personales y sociogenéticas de su interlocutor. Respételas.
3. Trabaje previamente para agudizar sus capacidades de percepción metaconsciente y esté atento a los metamensajes de su interlocutor en todo momento.

4. Trate de detectar si su cliente es visual, auditivo o kinestésico: observe sus movimientos oculares, escuche lo que le dice y cómo lo dice; preste mucha atención a sus gestos y a sus posturas.
5. Trate de utilizar el mismo sistema representacional de su cliente.
6. Utilice el acompasamiento para generar empatía, y aplique inmediatamente las técnicas para recuperarla si esta se pierde.

Capítulo 3

La comunicación no verbal

CONTENIDOS

1. La comunicación no verbal

Como su nombre lo dice, la comunicación no verbal es la que no se establece por medio de palabras, escritura o voz. Su medio de expresión es el cuerpo. Para poder comprender los mensajes que llegan a través de este sistema debemos tener en cuenta cuatro aspectos que distingue Knapp[1] y aplicarlos durante cada una de las etapas del método de venta neurorrelacional:

1. **Motivación:** el vendedor debe ser el principal convencido y tener muchas ganas de aprender, puesto que estas habilidades le ayudarán en todos los aspectos relacionales de su vida (entendiendo que en cada relación se lleva a cabo un proceso de comunicación).
2. **Actitud:** cada situación de ventas debe afrontarse de manera productiva y positiva, de nada servirá si comenzamos desde un "no puedo" o "esto será aburrido".
3. **Conocimiento:** está claro que para aprender algo nuevo debemos comprenderlo. Para ello necesitamos leer, escuchar y, sobre todo, observar.
4. **Experiencia:** lo ideal siempre será aprender de alguien, con alguien que nos vaya señalando (a partir de sus conocimientos y vivencias) el camino a recorrer. Si esto no es posible, solo la propia práctica logrará generar experiencia.

Nuestro objetivo es que esta obra lo ayude a transitar con éxito cada una de esas cuatro etapas. Lo demás... ¡depende solo de usted!

1.1. Kinésica

La comunicación kinésica engloba las posturas y gestuaciones, en general, todos los movimientos que realizamos con el cuerpo.

Prestar la debida atención a este tipo de lenguaje, sumado a lo que hemos expuesto en los capítulos anteriores, nos permitirá formarnos una idea más completa sobre el sistema de representación comunicacional de nuestro interlocutor; más aún, nos brindará mejores posibilidades de comunicación consciente.

---

1 Knapp, Mark, *La comunicación no verbal, el cuerpo y el entorno (Essentials of Nonverbal Communication)*, Paidós, Barcelona, 1982.

Mario Pei, un experto en comunicaciones, calcula que nuestro cuerpo produce cerca de 700.000 signos físicos diferentes. Y aunque parece difícil de creer, más lo es comprobar que, de estos, 250.000 expresiones distintas son generadas por medio del rostro. No obstante, al día de hoy solamente se encuentran catalogados alrededor de 5.000 gestos y 1.000 posturas y, de ellas, son aún menos las que utilizamos frecuentemente.

Paul Ekman, quien durante años ha estudiado las expresiones faciales, cataloga **seis expresiones básicas** y universales, cada una de ellas ligada a una emoción, que se expresan en forma no verbal: **sorpresa, felicidad, ira, miedo, aversión** y **tristeza**. Todas las personas que habitamos este planeta las utilizamos y reconocemos (independientemente de las diferencias socioculturales).

El modo en que un cliente se mueve, se sienta, se para, agita sus manos o gesticula dice mucho más de lo que podemos imaginar.

Sin excepción, los seres humanos transmitimos nuestros pensamientos a través gestos faciales y movimientos corporales no conscientes. Estos mensajes duran milésimas de segundo; sin embargo, tienen un impacto muy profundo en la comunicación.

Otras expresiones, a diferencia de las básicas, varían de cultura en cultura[2]; por ejemplo, en Occidente el suicidio se gesticula llevándose la mano en forma de pistola a la sien, mientras que en Japón se realiza la pantomima de abrirse el vientre mediante el *hara-kiri*. Al observar el comportamiento de las diferentes colectividades que integran las ciudades cosmopolitas, vemos que los gestos revelan el origen étnico de muchos individuos (cada cultura posee movimientos corporales distintivos).

El vendedor neurorrelacional debe entrenarse en un doble sentido:

- Para escuchar, ver, oír, sentir lo que le dice el cuerpo del cliente.
- Para escuchar, ver, oír, sentir lo que le dice su propio cuerpo.

En neuroventas, el lenguaje no verbal tiene una enorme importancia: tanto el cuerpo del vendedor como el del cliente, con sus gestos y movimientos, comunican más allá de lo que es posible imaginar, hasta tal punto que desencadenan respuestas y actitudes que muchas veces no tienen una explicación racional.

2   Ekman, P. y Davidson, R.J. (eds.), *The nature of emotions. Fundamental questions*, Oxford University Press, New York, 1994.

Por ello, la formación del vendedor neurorrelacional exige un entrenamiento específico para interpretar este lenguaje y, al mismo tiempo, revisar el suyo propio. Por ejemplo, no es lo mismo exponer las cualidades de un producto con una sonrisa en los labios, los ojos bien abiertos y una postura segura (pero distendida) que hacerlo con el ceño fruncido o los puños cerrados.

1.2. ¿Qué comunican los gestos?

Cuando se habla de lenguaje gestual se está haciendo referencia a dos sistemas simultáneos: el lenguaje de quien emite el mensaje y expresa un significado, y la forma en que quien lo recibe lo decodifica para su posterior interpretación.

Durante una entrevista, vendedor y cliente intercambian una gran cantidad de mensajes a través de sus gestos, por ejemplo, expresiones faciales y movimientos de cabeza y manos. Por ello, cuando calificamos a un profesional de ventas como perceptivo o intuitivo lo que estamos haciendo es reconocer su capacidad para leer las claves no verbales de sus interlocutores. Del mismo modo, si como clientes tenemos el "pálpito" de que el vendedor tal o cual nos ha mentido, no se trata en realidad de una corazonada, sino de registros no conscientes de que su lenguaje corporal no coincide con lo que ha expresado en palabras.

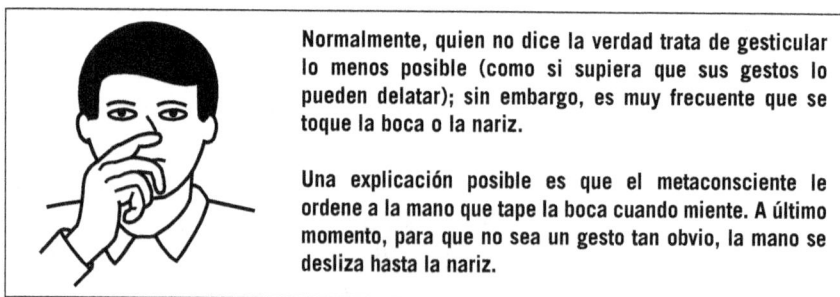

Normalmente, quien no dice la verdad trata de gesticular lo menos posible (como si supiera que sus gestos lo pueden delatar); sin embargo, es muy frecuente que se toque la boca o la nariz.

Una explicación posible es que el metaconsciente le ordene a la mano que tape la boca cuando miente. A último momento, para que no sea un gesto tan obvio, la mano se desliza hasta la nariz.

Para decodificar los mensajes no verbales necesitamos dos herramientas: conocimiento y entrenamiento. Dado que no siempre se refleja en su exterior lo que las personas están experimentando internamente, es imprescindible prestar mucha atención. Según un viejo dicho popular, "quien cuenta sus males espanta", por eso muchas personas dicen que se encuentran bien cuando en realidad están mal.

En una situación de ventas es fácil detectarlo: si al cliente le pica realmente la nariz, se la tocará y no habrá ningún intento de disimulo. Si miente, el gesto tendrá la secuencia anteriormente descripta. Otros indicios para detectar mentiras son el enrojecimiento del rostro, la tensión y el movimiento excesivo de las extremidades inferiores (que delatan generalmente un grado de nerviosismo), el tronco demasiado estirado, los ojos cerrados o los labios apretados (signos inequívocos de contradicción).

> El vendedor deberá cuidar en extremo su lenguaje kinésico, preparándose para hacer consciente lo que era metaconsciente antes de que se informara sobre este sistema tan importante de comunicación.

Sabemos, entonces, que el lenguaje de las palabras puede ser escaso y que es precisamente el no verbal el que construye de verdad las relaciones humanas, ya que representa el porcentaje más alto de la comunicación. Albert Mehrabian[3], un experto en lenguaje corporal de la Universidad de Harvard, llegó a la conclusión, luego de numerosas investigaciones, de que **en un diálogo cara a cara solo el 7% es verbal. El 83% restante comprende mensajes que se transmiten al tono de voz (38%) y el porcentaje más alto (55%) procede del cuerpo.**

De hecho, cuando una persona gesticula se da cuenta solo periféricamente de que lo hace. Sin embargo, puede estar expresando claramente lo que piensa sin saberlo. Los gestos, sobre todo los faciales, son indicadores muy claros de estados internos, tanto fisiológicos (dolor de cabeza, por ejemplo) como emocionales (preocupación, angustia, desagrado). Una cuidadosa observación, sobre todo en una mesa de negociaciones, permitirá detectar la congruencia comunicacional, ya que existen gestos no conscientes que contradicen las palabras y son imposibles de controlar.

A continuación, veremos lo que una persona puede decir, sin darse cuenta, mediante el lenguaje de su cuerpo.

1.2.1. El rostro

En las expresiones del rostro entran en juego el cerebro consciente y el emocional (en este caso, en forma no consciente).

Tenga muy, muy presente lo siguiente:

---

3 Mehrabian, A., *Nonverbal Communication*, Aldine-Atherton, Chicago, 1972.

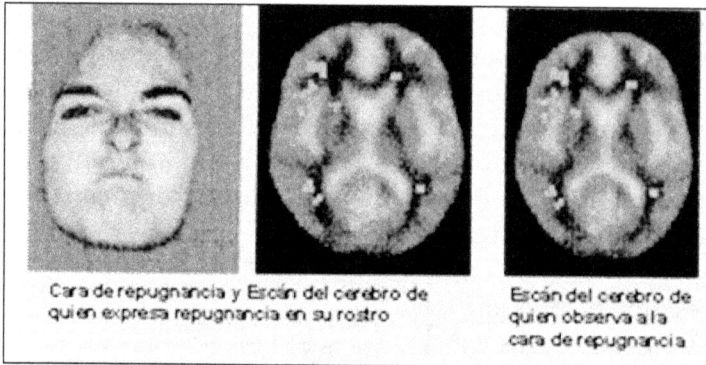

Cara de repugnancia y Escán del cerebro de quien expresa repugnancia en su rostro

Escán del cerebro de quien observa a la cara de repugnancia

Por medio de las expresiones faciales, podemos lograr empatía o perderla.

Hay investigaciones en neurociencias que han demostrado que cuando un gesto revela alegría, tristeza o repugnancia (ver fotografía) el interlocutor que observa tiende a sentir de la misma manera[4].

Tal como adelantamos en un apartado anterior, tras estudios comparativos entre diferentes culturas Paul Ekman llegó a la conclusión (que puede parecer obvia, pero no lo es tanto) de que los hombres de todo el mundo ríen cuando están alegres o quieren parecerlo, y fruncen el ceño cuando están enojados o pretenden estarlo. Esto confirma lo que dijimos al principio: si bien muchas de las expresiones no verbales están determinadas por la cultura de la cual forma parte el individuo, hay gestos que son universales.

Por ejemplo, tras realizar varios estudios comparativos mediante fotografías de rostros que expresaban emociones básicas (alegría, sorpresa, temor, furia, tristeza, asco) a personas oriundas de diferentes culturas, Eckman notó que la mayoría coincidió en su interpretación de los gestos, incluso una tribu de cultura neolítica de Nueva Guinea que estuvo aislada del resto del mundo hasta hace escasos años.

Con las siguientes imágenes, se amplían estos conceptos:

EXPRESIONES FACIALES UNIVERSALES

Sorpresa

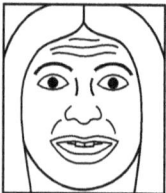

- Cejas levantadas, curvas y elevadas.
- Piel estirada debajo de las cejas.
- Arrugas horizontales en la frente.
- Párpados abiertos; párpado superior levantado y párpado inferior bajado; el blanco del ojo suele verse por encima del iris, aunque en ocasiones también se coloca por debajo.
- La mandíbula cae, abierta, de modo que los labios y los dientes quedan separados, pero no hay tensión ni estiramiento de la boca.

---

4 Phillips, M.L. *et al.*, "A specific neural substrate for perceiving facial expressions of disgust". En: *Nature*, 389:650, 1997, págs. 495-7.

Temor

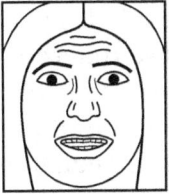

- Cejas levantadas y contraídas al mismo tiempo.
- Las arrugas de la frente se sitúan en el centro y no extendidas por toda la frente.
- Párpado superior levantado, mostrando la esclerótica, con el párpado inferior en tensión y alzado.
- Boca abierta y labios tensos y ligeramente contraídos hacia atrás, o bien estrechados y contraídos hacia atrás.

Asco (disgusto)

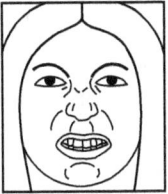

- Labio superior levantado.
- Labio inferior también levantado y empujando hacia arriba el labio superior, o bien tirado hacia abajo y ligeramente hacia delante.
- Nariz arrugada.
- Mejillas levantadas.
- Aparecen líneas debajo del párpado inferior y el párpado está levantado, pero no tenso.
- Cejas bajas, empujando hacia abajo al párpado superior.

Furia

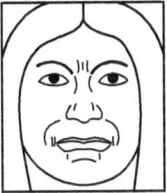

- Cejas bajas y contraídas al mismo tiempo.
- Líneas verticales entre las cejas.
- Párpado inferior tenso; puede estar levantado o no.
- Párpado superior tenso y pudiendo estar bajo o no por la acción de las cejas.
- Mirada dura en los ojos, que pueden parecer hinchados.
- Labios: o apretados mutuamente, con las comisuras rectas o bajas, o bien abiertos, tensos y en forma cuadrangular, como si gritara.
- Las pupilas pueden estar dilatadas.

Alegría

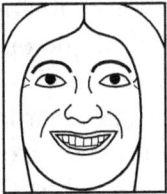

- Comisura de los labios hacia atrás y arriba.
- La boca puede estar abierta o no, con o sin exposición de dientes.
- Una arruga (naso-labial) baja desde la nariz hasta el borde exterior, más allá de la comisura de los labios.
- Mejillas levantadas.
- Aparecen arrugas por debajo del párpado inferior que puede estar levantado, pero no tenso.
- Las arrugas denominadas "pata de gallo" van hacia fuera desde los ángulos externos de los ojos.

Tristeza

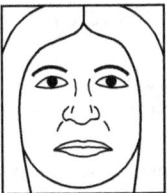

- Los ángulos interiores de los ojos hacia arriba.
- La piel de las cejas forma un triángulo, con el ángulo interior superior.
- El ángulo interior del párpado superior aparece levantado.
- Las comisuras de los labios se inclinan hacia abajo o los labios tiemblan.

Del mismo modo que existen expresiones universales, cada cultura posee convenciones que definen cuáles son los gestos faciales apropiados para cada situación; "reglas de expresión" las llamó este autor, pues se refieren a las normas, hábitos y convenciones que las personas aprenden para controlar la expresión de las emociones[5]. Además, cada una de ellas tiene su estilo facial propio; como ejemplo vale citar la expresividad del rostro de los italianos en oposición al rostro controlado de los ingleses, difícil de sondear.

UN ÁMBITO DIVERTIDO MEJORA LAS POSIBILIDADES DE VENTA

Mientras se escaneaba el cerebro de un grupo de participantes en la Universidad de Stanford, California, se descubrió que los chistes activaban el núcleo accumbens, asociado con el sistema de recompensa.

Normalmente, la actividad en esta región provoca una sensación placentera, de bienestar, que puede perdurar durante varias horas e influye en la conducta.

Si bien es cierto que las expresiones generalmente están suscitadas por emociones y que estas son difícilmente controlables, debemos tener en cuenta que las personas podemos aprender a producir índices corporales o gestos. Por ejemplo, si reemplazamos una mueca de disgusto por una sonrisa, comenzamos a transformar pensamientos negativos en positivos[6].

Ahora bien, la risa debe ser sincera, aunque proceda de un estado de ánimo autogenerado.

Recuerde: el vendedor debe tener *congruencia* entre lo que dice con palabras y lo que expresa con gestos, por lo tanto, no puede simular una sonrisa ya que solo activará algunos músculos en torno a la boca.

En realidad, el control cerebral de los músculos faciales es muy complejo[7] ya que enviamos numerosos mensajes a través de ellos: arquear las cejas cuando no entendemos o no estamos de acuerdo, curvar la boca hacia abajo cuando sentimos disgusto, etcétera. Por lo tanto, si se produce una sonrisa *conscientemente*, el cerebro buscará un motivo que la justifique y, al no hallarlo, se generará un estado de incongruencia.

Si bien los seres humanos contamos con técnicas como la *simulación*, la *inhibición* y/o el *enmascaramiento*[8] –de hecho, una vendedora jamás le diría a

---

5   Scherer, K. y Ekman, P. (eds.), *Approaches to Emotion*, Lawrence Erlbaum, Hillsdale, NJ, 1984.

6   En la Parte IV de esta obra hallará ejercicios para generar estados de ánimo positivos a través de la risa.

7   Ornstein, R., *La evolución de la conciencia. Los límites del pensamiento racional*, Emecé, Barcelona, 1994.

8   Rosengren, K., *Communication. An Introduction*, Sage, London, 2000.

su cliente "la verdad, señor, es que es feo" (aunque lo esté pensando)– hay que tener mucho cuidado al impostar ya que los verdaderos pensamientos terminan expresándose de una u otra manera.

1.2.2. La boca

Los gestos que realizamos por medio de la boca pueden expresar una amplia gama de significados, como sentimientos, emociones, muestras de respeto, entre otros. Veamos algunos de ellos:

– La sonrisa

Uno de nuestros gestos más habituales es la sonrisa. Con ella demostramos una disposición de buena voluntad e intención, de apertura hacia otra persona o situación. También es reflejo de nuestros sentimientos positivos. Sin embargo, no todas las sonrisas son iguales. Están las genuinas y espontáneas que surgen de manera natural, automática e inconsciente y aquellas otras que son voluntarias, que provocamos de manera consciente y forzada.

TIPOS DE SONRISAS

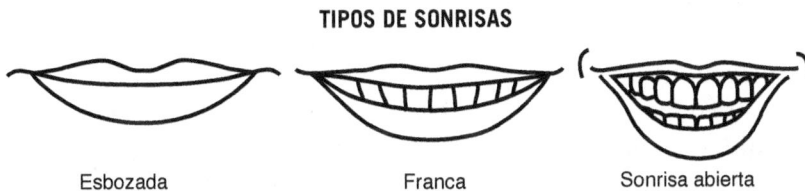

| Esbozada | Franca | Sonrisa abierta |

Cada una de ellas involucra un circuito cerebral independiente, por ello enfatizamos en que es muy difícil simular una sonrisa debido a que no tenemos capacidad para controlar todos los engranajes necesarios para que ella se produzca con naturalidad. Los nervios que hacen sonreír a los labios pueden ser conscientemente controlados, pero no un gran número de pequeños músculos que rodean la cavidad orbital de los ojos. Tal como muestra la gráfica de la página siguiente, estos surgen del sistema límbico en forma metaconsciente, por eso es tan complicado disimular una sonrisa franca.

Veamos un ejemplo: imagine que prácticamente en el cierre de una venta importante (a la que usted le ha dedicado mucho tiempo) su interlocutor recibe un llamado y, trascartón, le dice que van a postergar la decisión. La sonrisa amable con la que responda será provocada forzosamente por su consciente, pues su estado interno no será precisamente amigable.

NEUROCIRCUITOS DE LAS SONRISAS VOLUNTARIA Y ESPONTÁNEA

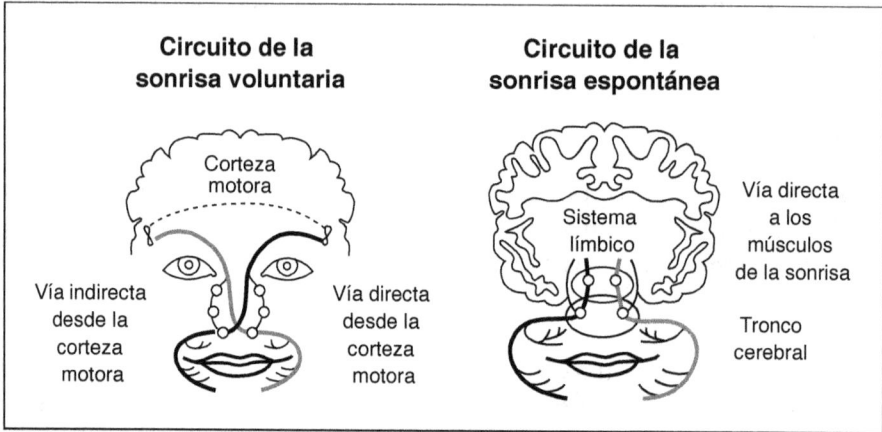

Circuito de la sonrisa voluntaria

Corteza motora

Vía indirecta desde la corteza motora

Vía directa desde la corteza motora

Circuito de la sonrisa espontánea

Sistema límbico

Vía directa a los músculos de la sonrisa

Tronco cerebral

En concordancia con lo que mencionamos anteriormente, lo que debe tratar de hacer es un enorme esfuerzo por cambiar *su estado interno* para que, aunque sea unos segundos después, pueda esbozar una sonrisa más cercana a la natural. Por otra parte, si no invierte su malestar puede afectar la predisposición para cerrar en la próxima reunión, ya que su estado de furia interior será inevitablemente percibido por el cliente.

Tenga presente también que las sonrisas transmiten distintas emociones, como alegría, placer, plenitud, sarcasmo o ironía. Estas últimas son las más irritantes, por eso, aunque su cliente lo exaspere piense en el negocio que puede hacer con él, eso seguramente le va a ayudar a relajarse.

– El beso

Es un rito social que puede tener varias connotaciones y ser expresado de muchas maneras diferentes. Asimismo, el beso tiene un fuerte componente cultural.

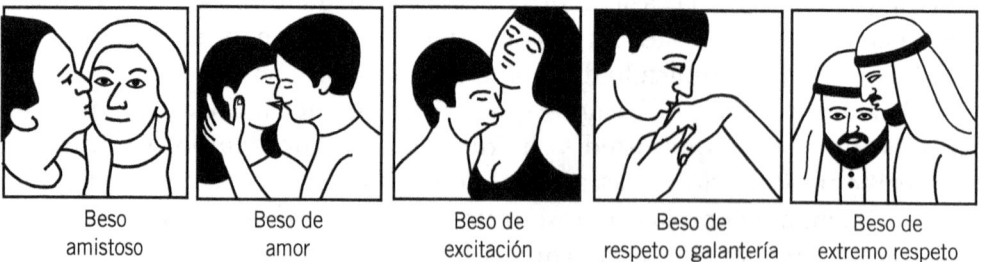

| Beso amistoso | Beso de amor | Beso de excitación | Beso de respeto o galantería | Beso de extremo respeto |

En las negociaciones con extranjeros hay que tener en cuenta las diferencias culturales en cuanto a los besos de saludo. En algunos países se da solo uno, en otros dos o tres, en otros más y en otros ninguno. Hay países en los que el beso es mal visto y solo se debe estrechar la mano, independientemente del sexo de la otra persona. Aunque parezca exagerado, todos los detalles cuentan en el manejo de una comunicación eficaz.

– El bostezo

El bostezo es un acto reflejo que indica cansancio o aburrimiento y en la mayoría de las ocasiones es muy difícil disimularlo, por eso, haga lo imposible por no ir cansado a una entrevista importante. Existe también el bostezo voluntario y consciente que puede reemplazar al mensaje verbal, una manera que elige su cliente para decirle: "estoy aburrido" y servirle a usted para decidir si tiene que remontar la entrevista haciendo un esfuerzo para recuperar empatía o si le conviene concluirla o postergarla.

1.2.3. Los ojos

El comportamiento ocular es una de las formas más sutiles del lenguaje corporal. Tal como anticipamos el movimiento de los ojos puede informarnos claramente sobre el canal sensorial en el que se mueve el pensamiento de un cliente.

Alan Pease[9] va más mucho más allá y nos dice: "*Solo cuando dos personas se miran directamente a los ojos existe una base real de comunicación*". Esto incluye un análisis sobre la forma en que la persona nos mira, el tiempo que detiene la mirada y la dirección en la que nos observa cuando habla. Estos son solo algunos de los signos que, en forma metaconsciente, podemos captar.

Asimismo, las señales visuales cambian de significado según el contexto. Un individuo puede enviar muchos mensajes mediante el movimiento de sus ojos. Por ejemplo (y en una reunión de ventas):

- Durante el intercambio de palabras, el movimiento ocular proporciona señales que indican al interlocutor cuándo será su turno para hablar.
- Si el cliente mira mucho hacia otra parte mientras escucha, indica que no coincide con lo que el vendedor le dice.
- Si el vendedor vuelve los ojos hacia otro lado mientras habla, denota que está inseguro de lo que expresa. Lo mismo puede ocurrirle a un cliente indeciso.

9 Pease, A., *El lenguaje del cuerpo: cómo leer la mente de los otros a través de sus gestos*, Sudamericana-Planeta, Buenos Aires, 1986.

- Si el cliente mira al vendedor mientras lo escucha, indica que está de acuerdo o que simplemente le presta atención.
- Si el vendedor mira fijamente al cliente mientras presenta su producto, demuestra que está muy seguro de lo que dice.
- Si el vendedor evita la mirada del cliente, transmite que no está siendo sincero en su argumentación.
- Entre los hombres, la manera de mirar refleja también la jerarquía social. Si su cliente es una persona dominante, lo transmitirá a través de una mirada fija e intensa.

Cabe destacar que para juzgar el comportamiento ocular no se puede aplicar un código único, ya que está determinado también por la personalidad del individuo y la situación o grupo social en el que se encuentra. Sin embargo, los estudios realizados denotan que cuando a una persona le agrada otra es probable que la mire más frecuentemente que lo habitual y que sus miradas sean también más prolongadas. Esto sucede porque a la mayoría de los seres humanos les resulta más fácil decir "me gustas" con el cuerpo, especialmente con los ojos, que exteriorizarlo con palabras.

Otro determinante del comportamiento ocular es la pertenencia sexual. Al parecer, las mujeres miran más que los hombres y mantienen la mirada por más tiempo. A su vez, los hombres intensifican el tiempo de la mirada cuando escuchan, mientras que las mujeres lo hacen cuando son ellas las que hablan.

– Las pupilas

La información que transmiten las pupilas es muy importante, por eso vale la pena el esfuerzo de estudiarlas. Luego de investigaciones realizadas por Hess[10], se concluyó que las pupilas se dilatan en momentos de entusiasmo, alcanzando hasta cuatro veces su tamaño normal.

En un contexto de ventas, la dilatación en las pupilas puede estar indicando mucho interés en el producto. Se cuenta que los joyeros chinos saben mucho sobre este tema: cuando se dan cuenta de que un cliente dilata sus pupilas al mirar las joyas que le ofrecen jamás hacen una rebaja. Cuando ocurre lo contrario, es decir, cuando no hay dilatación de las pupilas, podemos inferir que el cliente no tiene suficiente interés en el producto que se le está ofreciendo, con lo cual cambian la estrategia.

---

10 Hess, U. *et al.*, "The facilitative effect of facial expresion on the self-generation of emotion". En: *International Journal of Psychophysiology*, 12:3, 1992.

– Tipos de mirada

Según Pease, existen diversas formas de mirar que abarcan diferentes zonas del rostro y cuerpo. Estos conocimientos son de gran utilidad para optimizar el proceso de comunicación que se establece en cualquier relación de negocios, por ello, lo que el vendedor debe tener en claro es **cómo observar a su cliente durante la entrevista.**

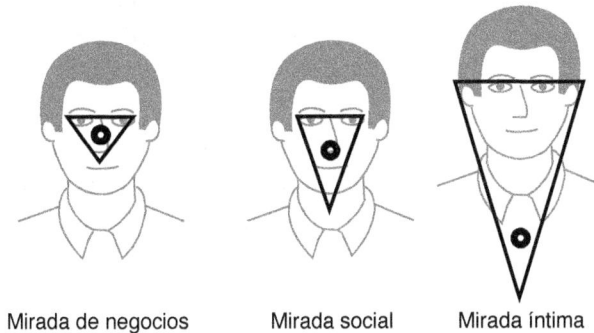

Mirada de negocios   Mirada social   Mirada íntima

Cuando hablamos de negocios, debemos imaginar que hay un triángulo en la frente de la otra persona. Si nuestra mirada se mantiene dentro de esta figura, transmitiremos una sensación de seriedad. Mientras la mirada no caiga por debajo de los ojos del interlocutor, tendremos el control de la situación. Una vez que hayamos logrado un poco más de confianza, la mirada puede bajar de la línea de los ojos del interlocutor. Ello permitirá crear un clima más agradable, más franco y de mayor apertura. Predispone a conocer al otro.

Si bien la mirada social es común cuando entablamos relaciones personales, dentro de las negociaciones es posible invertir el triángulo abarcando hasta la nariz del otro. Este tipo de mirada transmite interés y confianza en uno mismo. Es ideal durante la entrevista de ventas.

Con respecto a la mirada íntima hay que tener mucho cuidado, ya que no solo abarcamos el rostro de la otra persona, podemos extender el triángulo hasta la cintura sin darnos cuenta. Con este tipo de mirada estamos transmitiendo un conjunto de emociones que expresan un interés especial por el otro. Si su cliente lo impacta, tómese un tiempo (por si acaso).

Los siguientes, son datos que pueden serle de gran utilidad:

- Si usted es un hombre y negocia con otro, para transmitir seguridad y confianza mantenga el contacto visual durante aproximadamente el 60-70% del tiempo.

- Si trata con una mujer, reduzca el contacto a no más del 50% del intercambio, teniendo cuidado de no bajar la mirada al centro del triángulo, pues implica deseos de mayor intimidad.
- Si usted es mujer y está negociando con un hombre, mantenga el contacto visual alrededor del 70%. Si quiere transmitir mayor sumisión, reduzca la duración. Tenga en cuenta que la retención de la mirada puede provocar en el hombre una sensación de incomodidad e inquietud. En el caso de negociaciones entre mujeres, la retención de la mirada no provocará similar inquietud. Se aconseja mantenerla durante el 70% del tiempo para dar sensación de autoridad.

Puede, incluso, dirigir la mirada del otro apuntando a una zona cercana a sus propios ojos obligándolo, de esta manera, a que levante la mirada. Otro recurso interesante es señalar un detalle del documento o del producto que le está ofreciendo para reforzar su atención.

En todos los casos, tenga presente que la mirada puede tener diversos significados. Además del interés o la atención, los ojos pueden dar señales de aburrimiento, de complicidad (guiño), de escepticismo, de encuentro y sorpresa, de inocencia, de exasperación o de estar a punto de producirse el llanto.

1.2.4. La cabeza

Los movimientos de la cabeza expresan otra serie de significados, aunque estos también varían dependiendo de la cultura.

- **Afirmación y negación:** en todas las culturas este gesto se produce de la misma forma; sin embargo, no siempre tiene el mismo significado. En Bulgaria, por ejemplo, mover la cabeza de izquierda a derecha es sí y de arriba hacia abajo es no.

EL NO EN DISTINTAS CULTURAS

| Etíopes | Árabes, griegos | Occidentales |

EL SÍ EN DISTINTAS CULTURAS

| Etiopía | Bulgaria, India, Pakistán, Grecia | Occidente |

- **Demostrativos:** indicaciones del tipo "se fue por ahí", "ven aquí" o para señalar a alguna persona u objeto. Se utilizan cuando se tienen las manos ocupadas o en lugares donde no se puede señalar con el dedo.
- **Incertidumbre:** "quizá si, quizá no", "más o menos". Consiste en mover la cabeza lentamente de izquierda a derecha, pero sin que rote el cuello.
- **Superioridad:** se caracteriza por elevar el mentón, estirar el cuello y mirar con los ojos semicaídos.

1.2.5. Las manos

Aunque muchas veces son ignorados, los gestos de las manos comunican y contribuyen a esclarecer los mensajes emitidos mediante las palabras. También revelan emociones. Nuevamente, el factor cultural está presente al momento de comunicar con las manos. En Occidente, por ejemplo, estamos acostumbrados a saludar con un apretón de manos; sin embargo, en Oriente este gesto tiene un carácter agresivo. Los japoneses acostumbran mantener la distancia y realizar una pequeña inclinación con la cabeza y el torso.

Entre los gestos que realizamos con las manos, podemos observar la siguiente clasificación:

– Gestos ilustrativos

Son aquellos que complementan y acompañan el lenguaje verbal. Dependen de la cultura de pertenencia y, por lo tanto, se aprenden socialmente. Podemos distinguir:

Ilustrativos apuntadores: señalan un objeto o persona con el dedo estirado y apuntando.

Ejemplo: "ella es la nueva secretaria", "ven aquí", o bien, "se fue en esa dirección".

Ilustrativos espaciales: señalan el tamaño con las manos.

Ejemplos: "así de grande", "así de cerca" , "así de ancho".

Ilustrativos kinetográficos: los utilizamos para representar una sensación somática o, simplemente, para dar cuenta de impresiones que vienen de nuestro cuerpo.

Ejemplos: quienes se tocan la frente cuando les duele la cabeza o se abrazan a sí mismos en señal de frío.

Ilustrativos ideográficos: aprueban o desaprueban ideas o hechos, mediante gestos prototípicos.

Ejemplos: levantar el pulgar en signo de aprobación o bajarlo en desaprobación; juntar pulgar e índice y estirar los demás dedos para expresar OK.

– Gestos reguladores

Son aquellos que regulan una conversación a través de diversas señales, por ejemplo, si alguien quiere usar la palabra, las señales con las que exteriorizará ese deseo pueden ser toser, moverse, abrir la boca. En el caso de las manos, levantar una de ellas o agitar ambas son gestos característicos de esta situación.

– Gestos adaptadores

Son gestos personales ritualizados y generalmente se producen de forma no consciente. Indican que el interlocutor intenta adecuarse a una situación con la que no está de acuerdo.

Es el caso de quienes se muerden las uñas, se acarician el rostro, manipulan objetos mientras hablan, se enrollan el pelo entre los dedos, etcétera.

– Gestos señaladores

Son involuntarios, y expresan sorpresa, satisfacción, contrariedad, entre un sinfín de emociones.

Al ser incontrolables, transmiten con mayor sinceridad los sentimientos de una persona que las propias palabras.

El gesto que expresa no saber o entender algo es universal y consta de tres partes: las manos extendidas, los hombros encogidos y las cejas levantadas.

– Gestos emblema

Son gestos simbólicos, codificados y generalizados en ciertas culturas: entre ellos, llevarse el dedo a la sien para indicar locura[11], expresar victoria con dos dedos abiertos, referirse al dinero frotando índice, medio y pulgar.

Las palmas abiertas hacia arriba comunican franqueza y honestidad. Es posible que este no sea el único signo que debamos tener en cuenta para estar seguros, pero sí es una señal importante.

---

11 También puede significar: "te llaman por teléfono". Siempre debemos tener en cuenta el contexto y la cultura antes de analizar el significado de un gesto.

Abrir las palmas de las manos y colocarlas hacia arriba al hablar con un interlocutor facilita la predisposición de este último a deponer cualquier resistencia a la comunicación.

Saber esto es muy útil para generar confianza en una entrevista de ventas, siempre que se tenga en cuenta que este gesto deberá ser congruente con el resto de los mensajes verbales y no verbales que se estén enviando.

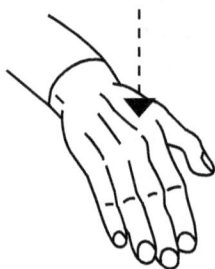

La palma de la mano hacia abajo transmite autoridad: el mensaje se recibe como una orden; en cambio, la palma hacia arriba implica un gesto de humildad que nunca será percibido como amenaza.

La palma cerrada con el dedo apuntando se percibe como uno de los gestos más agresivos, sobre todo si al mismo tiempo se golpea la mesa al ritmo de las palabras.

En cuanto a los *apretones de manos*, existen situaciones puntuales que merecen destacarse, ya que revelan mucho acerca de nuestros interlocutores:

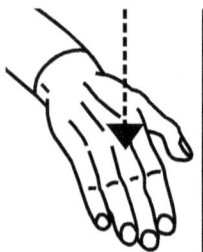

Cuando alguien da la mano apuntando la **palma hacia abajo** indica voluntad de control, de dominio sobre el otro.

Esta es una forma muy utilizada por las personas **autoritarias**, que buscan ubicar al interlocutor en una situación de inferioridad.

Cuando se da la **palma apuntando hacia arriba**, se transmite un mensaje de respeto y sumisión.

Cuando ambos interlocutores extienden la mano **manteniendo la verticalidad** en la posición de la palma, se indica una voluntad de equilibrio y respeto mutuo en la relación.

Uno de los saludos con las palmas, conocido como **guante o saludo del político**,
consiste en **abrazar la mano** (no la muñe-
ca) **del interlocutor**, tratando de transmitir una imagen de confianza, honestidad y
dignidad.

La mayoría de las veces el interlocutor
que es saludado de este modo sospecha de las intenciones del otro. Este gesto
se observa con frecuencia en los políticos y también en algunos vendedores
verborrágicos y exageradamente extravertidos, que no advierten que están
provocando una reacción negativa en sus potenciales clientes (que se sienten
invadidos o, al menos, poseídos por una sensación de incredulidad y desconfianza).

El **saludo de pescado**, con la mano abandonada y blanda, siempre produce rechazo; en particular si esta mano es fría y pegajosa. Todo negociador
va al fracaso con esta entrada, por cuanto es consciente e inconscientemente
rechazada por todos, ya que genera una imagen de falsedad. En cambio, se
dice que tender ambas manos hacia el receptor del saludo demuestra, *a priori*, confianza, sinceridad, buenos sentimientos.

Los gestos que se observan en las figuras transmiten mayor grado de
intimidad cuanto más nos acerquemos al codo; sin embargo, debemos tener en cuenta que existe el riesgo de invadir el espacio corporal de nuestro
interlocutor, por ello no son aconsejables en ninguna situación de ventas,
excepto que el vendedor se encuentre con un cliente con quien tenga lazos
emocionales.

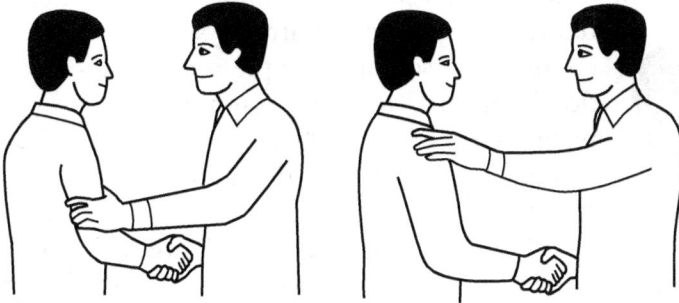

Dado que analizar la gran variedad de gestos que es posible realizar con
las manos excede el marco de esta obra, invitamos al lector a informarse
sobre el tema en la bibliografía especializada. Es muy importante que logre

conocerlos y retenerlos en detalle, tanto para interpretar a sus clientes como para mejorar su propio estilo de comunicación corporal.

1.3. La postura

La clave no verbal más fácil de descubrir es la postura. Prácticamente en todos los procesos de comunicación humana los cambios de postura acompañan el lenguaje de las palabras. El hombre adopta diferentes posturas para hablar, para escuchar, para dar órdenes, para interrogar, para dar explicaciones, etcétera. Más aún, ha sido corroborado por varias investigaciones que los movimientos corporales coinciden con los ritmos del discurso.

Por ejemplo, Albert Scheflen descubrió que las personas suelen imitar las actitudes corporales de los demás y denominó a este hecho *posturas congruentes*. Observó que dos personas que comparten un mismo punto de vista, por ejemplo, dos amigos que están conversando sobre un tema en común, suelen sentarse de la misma manera, como si se tratara de una imagen reflejada en un espejo.

En los procesos de venta institucional, en los que suelen participar varias personas de la empresa-cliente, es fácil detectar que se viene una objeción mediante la observación de las posturas. Por ejemplo, cuando alguien está por cambiar de opinión, probablemente emita una señal reacomodando la posición de su cuerpo.

La congruencia puede relacionarse también con el estatus. Las personas que comparten una determinada posición social suelen compartir una postura similar, excepto cuando es muy significativo el cambio de roles, por ejemplo, profesor-alumno, jefe y secretario. Cada uno tiene una forma personal de moverse, de controlar su cuerpo cuando está sentado, de pie o caminando. Asimismo, quienes pertenecen a un mismo círculo se pueden reconocer a la distancia por su forma de caminar o de pararse.

Otro tema al que deberá prestarle mucha atención el vendedor es a su propia situación, ya que la postura habla de la historia individual pasada y presente, hasta tal punto que los problemas personales parecen incrustados en el cuerpo.

Deprimido

Preocupado

Cuando las personas atraviesan un largo período depresivo su cuerpo cambia. Normalmente dejan de caminar en forma erguida y sus hombros se encorvan. Cuando la depresión desaparece, la postura se mantiene debido a las modificaciones que sufren los tejidos y la musculatura. En estos casos, es necesario recuperar la postura normal para que mejoren las condiciones psíquicas.

La postura también revela la actitud, los sentimientos de una persona con relación a las que la rodean. Por ejemplo, durante un famoso juicio realizado en los Estados Unidos (el de "Los Siete de Chicago"), el abogado defensor formuló una protesta formal sobre la postura del juez, que durante el alegato del fiscal se inclinaba hacia adelante, sumamente atento, pero durante la defensa se echaba hacia atrás, como si estuviera en desacuerdo o desentendiéndose de la exposición.

- En una entrevista de ventas, si el cliente se inclina levemente hacia delante, pero de manera relajada y con la espalda algo encorvada, le está diciendo que tiene interés en lo que está comunicando el vendedor.
- Si, por el contrario, se reclina en el sillón y dirige su mirada hacia otro lugar o a ninguno en particular significa que está aburrido o incómodo y que no está de acuerdo con lo que le dice su interlocutor.

2. Ritmos y expresiones corporales. ¿Se puede engañar al interlocutor?

Una pregunta que escuchamos con frecuencia es la siguiente: *¿se puede fingir el lenguaje del cuerpo?* La respuesta es sí, pero por muy poco tiempo, porque la falta de congruencia con las palabras se detecta fácilmente.

Por ejemplo, las palmas a la vista se asocian con la honestidad, pero cuando el simulador abre las palmas hacia afuera y sonríe mientras dice una mentira, habrá otros gestos que su interlocutor podrá captar, descubriendo su falta de sinceridad.

Este lenguaje se ve mucho en los políticos, normalmente durante sus discursos. El carisma de algunos no es otra cosa que una gran capacidad para fingir el lenguaje corpo-

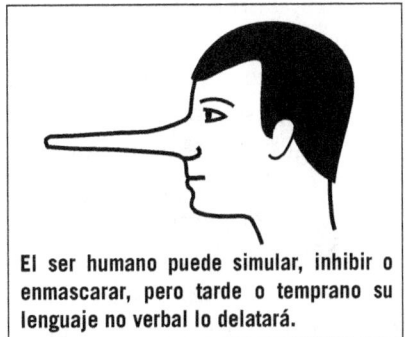

El ser humano puede simular, inhibir o enmascarar, pero tarde o temprano su lenguaje no verbal lo delatará.

ral (que suelen estudiar con minuciosidad). Sin embargo, no siempre lo consiguen debido a que su metaconsciente actúa en forma automática e independiente del lenguaje verbal; en otras palabras, el cuerpo los delata.

2.1. Sincronía interaccional: cuando el cuerpo se mueve al compás de las palabras

Los especialistas en cinesis o kinesia descubrieron que, en forma sutil, el cuerpo sigue el compás de su discurso. También descubrieron que quien escucha se mueve al ritmo del relato de quien habla, aunque esto no sea notorio. Este fue el comienzo del estudio de la sincronía interaccional.

Se trata de una especie de ritmo compartido que sería el cimiento sobre el que está edificada gran parte de la comunicación humana. Sirve para indicar a la persona que habla que se la está escuchando de verdad. Aparentemente, las personas no sincronizan entre sí porque prevean el esquema del discurso, sino por una reacción inmediata, semejante a un reflejo.

En muchos casos, se simula el lenguaje del cuerpo para ganar ventajas, como, por ejemplo, en los concursos de belleza o desfiles de modelos, en los que cada participante estudia cómo debe moverse para causar la impresión que desea. Sin embargo, y subrayando lo que dijimos anteriormente, el lenguaje corporal puede fingirse solo durante un corto lapso, llegará el momento en que el cuerpo comience a emitir señales independientes de la acción consciente.

2.2. El acompasamiento

Las sensaciones relacionadas con los territorios de seguridad y de inseguridad se reiteran, de una forma simbólica y a nivel metaconsciente, en la mayor o menor familiaridad gestual que se genera entre los interlocutores. Precisamente, durante una entrevista de ventas la comprensión y el entendimiento son mayores cuando se produce una familiarización con los términos, conceptos o gestos a partir del acompasamiento.

Algunas de las formas de acompasamiento son las siguientes:

- **De la postura**
Una vez que logramos una adaptación cómoda a la distancia adecuada para cada interlocutor, es aconsejable elegir una postura que acompase con este en relación directa o cruzada.

- **Que implica repetición discreta de la postura**

También son válidos los acompasamientos más distantes, como repetir el cruce de piernas con el cruce de brazos o movimientos determinados de una mano con similares gestos realizados con el pie.

- **De los movimientos**

Se trata de reflejar los gestos del interlocutor acompañando sus expresiones con otros similares, tratando que este reflejo no sea interpretado como burla. Esto implica acompasar discretamente, y cuando ello sea posible, con gestos de manera indirecta.

- **De la respiración**

Este acompasamiento está indicado para casos especiales debido a los riesgos de mala interpretación de los reflejos, ya que la respiración es una función inconsciente que pasa inadvertida por la contraparte. Respirar al mismo ritmo implica también hablar y sentir al mismo ritmo; en definitiva, estar al mismo ritmo.

- **De la voz**

Acompasar la voz implica reflejar el ritmo, volumen y tono del interlocutor. Es también uno de los reflejos más difíciles de notar. Como el otro no tiene exacta conciencia del sonido que emite, es prácticamente imposible que esta estrategia sea descubierta. El acompasamiento de la voz es absolutamente fácil luego de registrar el ritmo de la respiración, por cuanto aquella depende de esta.

- **Del sistema representacional**

El sistema representacional se refiere a las experiencias subjetivas (en términos sensoriales) que se reflejan en la utilización selectiva de las palabras que las describen, en la voz y en los mensajes no verbales. Como ya profundizamos detalladamente sobre cada uno de ellos[12], lo invitamos ahora a que trate de acompasar a su cliente, tanto si es *visual, auditivo* o *kinestésico*, poniendo en práctica los conocimientos que ha incorporado.

---

12 Véase apartado 4, "Sistemas de representación comunicacional", en Capítulo 2, Parte III.

Síntesis

1. Estudie: recurra a la bibliografía especializada y dedique mucho tiempo a aprender sobre lenguaje no verbal. Practique luego en su entorno más cercano: compruebe lo que ha leído en los libros.
2. Revise su propio lenguaje no verbal y realice las correcciones correspondientes: recuerde que si no hay coherencia entre su estado interior y lo que dice con sus gestos, el cliente lo percibirá.
3. Antes de la entrevista, infórmese sobre las costumbres de su interlocutor. Un solo error en este sentido, como un beso en lugar de un apretón de manos, puede afectar negativamente la relación desde el principio.
4. Al llegar, analice el modo en que lo recibe el cliente. Cómo lo mira, se mueve, se para y se sienta.
5. En todo momento, sostenga la mirada. No olvide ni por un instante lo que ha aprendido sobre el tema.
6. Preste mucha atención a los movimientos oculares de su cliente. Recuerde que las señales visuales pueden orientarlo durante la entrevista.
7. Analice lo que le dicen los movimientos de las manos, los cambios de postura y los gestos.
8. Acompáselo: recuerde que esa es una estrategia clave en el Método de Venta Neurorrelacional.
9. Si la atención decae, ahora tiene más elementos para recuperar la empatía.

Capítulo 4

Barreras corporales
y distancias zonales

CONTENIDOS

1. Barreras y bloqueos corporales

Cuando una persona cierra sus canales de comunicación normalmente lo expresa mediante bloqueos corporales o barreras.

- Los **bloqueos** consisten en refutar cualquier mensaje no deseado o que no interesa por medio de la imposición de algún objeto físico entre quien refuta y su interlocutor, por ejemplo, la utilización de anteojos negros que impiden ver los movimientos oculares.
- Las **barreras** son menos defensivas que los bloqueos y se traducen en un gesto de evaluación, de necesidad de convencimiento. Los ejemplos más claros son el cruce de manos o piernas.

1.1. Mensajes a través del cruce de brazos

Cuando el interlocutor no está de acuerdo con lo que dice el vendedor o siente desconfianza, puede expresarlo con el cuerpo de diversas formas:

CRUZADO ESTÁNDAR
Actitud defensiva y negativa. En una entrevista de ventas puede ser una señal de incertidumbre o desconfianza. También indica pérdida de empatía.

PUÑOS APRETADOS Y CRUCE DE BRAZOS
Cerrar los puños es señal de que se quiere demostrar fortaleza. Si, además, la persona cruza los brazos, transmite que está elaborando pensamientos negativos.

BRAZOS TOMADOS
Los brazos se presionan en distinto grado. Esta postura demuestra gran ansiedad o un enojo a punto de estallar. Esta contención se refleja en las manos detenidas sobre ambos brazos.

BLOQUEO PARCIAL
Menos intimidatoria que las anteriores, esta postura indica falta de confianza en la otra persona.

Durante un proceso de negociación o ventas (y también en cualquier otro aspecto de nuestra vida en el que nos relacionemos con los demás), estas posturas pueden interpretarse como señales de desacuerdo. Lo mejor es tratar de cambiar nuestro argumento sin contradecirnos y, si no hay otra opción, dar por terminada la conversación (este sería el último recurso, ya que si el otro no modifica su postura hay indicios claros de que no cambiará de idea).

1.2. Mensajes a través del cruce de piernas

El cruce de piernas puede ser una posición normal en muchas personas, sin embargo, debemos estar atentos durante las entrevistas cara a cara. Si se produce luego de la exposición del vendedor, este debe cambiar de estrategia.

LAS MANOS SUJETAN LA PIERNA	PIERNAS CRUZADAS ESTANDO DE PIE
Las manos se utilizan para acercar la pierna al cuerpo y dejarla allí. Revela una actitud muy negativa. En un proceso de negociación indica que estamos ante una persona que discutirá cada uno de nuestros argumentos.	Se observa comúnmente en personas que se introducen en grupos y no saben qué postura adoptar. Refleja incomodidad y poca disposición a abrirse.

Veamos algunos ejemplos más sobre la manera en que sin darnos cuenta nos comunicamos a través de la postura: la *posición abierta* y la *cerrada*.

La posición **ABIERTA** se observa en reuniones sociales, generalmente entre individuos del mismo sexo que no están dialogando sobre algo íntimo o privado.

El ángulo que se forma con sus cuerpos (en el caso de dos sujetos) es de aproximadamente 90°. Cuando ambos apuntan a un mismo punto (que sería el vértice del ángulo), podemos deducir que tienen un punto de vista en común.

Esta postura también revela que están dispuestos a integrar a una tercera persona a su conversación, la que pasaría a ocupar el lugar del vértice arriba mencionado. Si se integrara un cuarto individuo, se formaría un cuadrado; al incorporarse un quinto, una ronda o dos triángulos.

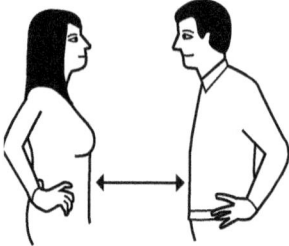

La posición **CERRADA** se adopta cuando el diálogo requiere intimidad. El ángulo que forman los participantes con sus torsos es menor a 90° y puede llegar a ser de 0°, con lo que tendríamos un diálogo frente a frente.

Si una persona desea incorporarse a la conversación, pero no es bien recibida, quienes estaban dialogando la mirarán, pero sus cuerpos seguirán en la misma posición.

Cuando participan dos personas, es interesante analizar lo que significan las siguientes posturas, ya que ello ayudará a mejorar el proceso de comunicación que se establece:

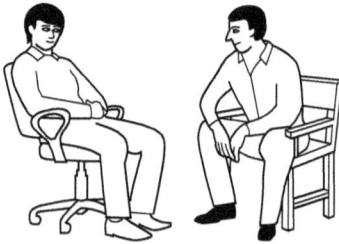

TRIANGULAR ABIERTA
Permite transmitir una actitud informal y relajada, con la que siempre es bueno comenzar cualquier conversación.

FRENTE A FRENTE
Es una manera de presionar sutilmente al interlocutor.

Esta postura se utiliza para pedir explicaciones francas y generalmente se acompaña con un movimiento hacia delante en la silla y neutralidad gestual en el rostro, con la expectativa de que la otra persona hable.

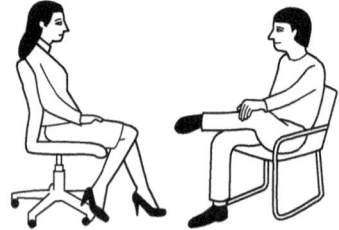

ÁNGULO RECTO
Esta postura descomprime, le quita presión a la otra persona y es adoptada para realizar preguntas delicadas o un tanto molestas, que requieren mayor libertad de respuesta.

Muchas veces es rematada con una posición cerrada que suele estar acompañada por interrogaciones, por ejemplo: "¿Está seguro de lo que me acaba de decir?".

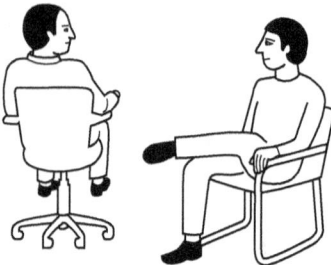

2. Proxémica: la importancia de conocer las distancias zonales

Las primeras investigaciones en proxémica se realizaron a partir de los trabajos del antropólogo Edward T. Hall, de la Escuela de Palo Alto. Una de las principales conclusiones a las que se arribó es la siguiente:

La distancia zonal entre los seres humanos está especialmente determinada por la cultura a la que estos pertenecen
y por otros elementos específicos, como el estatus, los roles, la edad y el género (entre otros).

Dado que en todo primer contacto existe una especie de apreciación *a priori*, un etiquetamiento que realizamos de nuestros interlocutores y que, recíprocamente, ellos efectúan respecto de nosotros, uno de los temas que debe dominar el vendedor es el cálculo de la distancia que le permita sentirse cómodo a su interlocutor.

La proxémica estudia las distancias físicas adecuadas para cada participante en las comunicaciones cara a cara, esto es, *el espacio que debe haber entre un individuo y otro.*

El término "territorialidad" se utiliza para designar la tendencia de cada persona a marcar el territorio que no puede atravesar su interlocutor.

Por ello, resulta imprescindible estudiar este tema en la neuroventa, ya que estar muy cerca o demasiado lejos puede implicar aspectos sutiles, bastante difíciles de captar, que molesten al interlocutor y arruinen por completo una entrevista.

Las siguientes son las principales clasificaciones que se han realizado hasta el presente en función de la cultura y/o el medio ambiente en el que vive un individuo. El intervalo expresado en centímetros indica la distancia mínima a la que debe colocarse una persona para no intimidar a otra.

DISTANCIAS ZONALES

	Zona íntima	Zona personal	Zona social	Zona pública
Próxima	15 cm	45 a 80 cm	120 a 210 cm	360 a 750 cm
Lejana	15 a 45 cm	80 a 120 cm	210 a 360 cm	más de 750 cm

En neuroventas, los aportes de la proxémica se consideran fundamentales dado que un rechazo por parte del cliente debido a un inadecuado comportamiento del vendedor en ese sentido puede generar una pésima impresión e impedir que se concrete la venta.

2.1. Influencias de la cultura y el medio ambiente

Existen características y modos de vida que diferencian claramente la distancia zonal aceptada según el género y el lugar de residencia, ya sea a nivel global (por ejemplo, grupos de Oriente versus grupos de Occidente) como regional (dentro de un mismo país). Veamos algunas de las principales clasificaciones:

- **Grupos de contacto:** los árabes, los latinoamericanos y los europeos del sur usan más el tacto, necesitan palpar, tocar al otro y a veces saludarlo con besos, más allá del grado de intimidad dado por el conocimiento previo. Se enfrentan más directamente a las situaciones y son capaces de mirar a los ojos con firmeza, algo que no ocurre en otras culturas.

- **Grupos de no contacto** (o más distantes): están integrados por asiáticos, hindúes, paquistaníes, europeos del norte y americanos del norte. Por ejemplo, los árabes están acostumbrados a estar muy cerca uno del otro, sintiendo físicamente el hálito de su interlocutor. En Occidente, esta cercanía sería tomada como intrusiva.

- **Género:** algunos estudios realizados demuestran que las distancias medias aceptadas para interactuar suelen ser superiores entre hombres que entre mujeres. Asimismo, y dentro de cada género, las interacciones son más cercanas entre personas de la misma edad.

- **Lugar de residencia:** existe una notable diferencia entre las distancias que aceptan los pobladores de zonas rurales con respecto a aquellos que vivieron toda su vida en grandes ciudades. Los habitantes del campo tienen una zona personal de un metro o más, mientras que los de la ciudad apenas tienen unos 45 centímetros.

Las investigaciones en proxémica son imprescindibles para comenzar bien una entrevista.

El vendedor debe tener en claro el ámbito territorial en el que se desenvuelve el cliente así como también su origen, ya que este será el que prevalezca en la distancia zonal que acepte.

De esto se desprende claramente que un vendedor que traspase esa distancia con una persona habituada a espacios amplios estará invadiendo su territorio, aun cuando su vida actual transcurra en una gran ciudad.

Naturalmente, hay que tener en cuenta que tampoco se debe estar en una zona más alejada de lo que corresponde, ya que esto puede hacer que la otra persona no preste atención o sienta que no se le da importancia.

2.2. Espacios y ubicaciones más convenientes para negociar y vender

Este campo de análisis se conoce como **ecología del pequeño grupo**, y deriva del reconocimiento de que cuando elegimos un asiento en una mesa de negociaciones nuestra conducta no es accidental ni azarosa. Más aún, no será neutra en sus efectos. Debemos registrar, entonces, qué significan las posiciones que han sido estudiadas hasta el presente.

2.2.1. Posiciones relativas para sentarse a la mesa

Tomando como referencia las investigaciones de Knapp[1], el vendedor deberá estudiar el ambiente en el que se desarrolle la entrevista, ya que la ubicación de los asientos, así como la distancia entre las mesas, tienen gran influencia en la comunicación.

Para comenzar, ejemplificaremos las posiciones clásicas recurriendo a una oficina equipada con un escritorio rectangular.

La persona simbolizada por la letra B puede adoptar cuatro posiciones relativas básicas respecto de A (interlocutor, o potencial cliente).

B1: Posición de negociación.
B2: Posición de colaboración.
B3: Posición competitivo-defensiva.
B4: Posición independiente o aislada.

Posición de negociación (B1)

El costado del escritorio constituye una barrera, aunque parcial, útil para el caso de que el cliente se sienta amenazado. Sin embargo, no implica división

1 Knapp, Mark L., *La comunicación no verbal, el cuerpo y el entorno,* 4ª edición, Paidós, Barcelona, 1982.

Posición de negociación (B1)

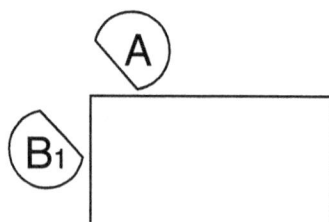

territorial, como la mesa ubicada en el medio, que veremos al analizar la posición **B3**.

Es usada comúnmente en una conversación amistosa e informal. La posición permite el contacto visual ilimitado y proporciona la oportunidad de desplegar numerosos gestos y observar los del otro.

La posición estratégica más favorable para que un vendedor presente su producto es la **B1**. Colocando la silla de esta manera, puede aliviar un ambiente tenso, aumentando la probabilidad de cerrar el trato comercial.

Posición de colaboración (B2)

Esta es una de las posiciones más estratégicas para que se tenga en cuenta lo que uno dice. Como contrapartida, es una posición que invade la zona personal de A. Es muy importante que B ocupe su posición sin que A (cuando A es el cliente) sienta que su territorio ha sido invadido.

Posición de colaboración (B2)

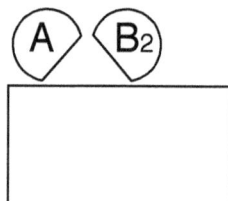

Esta es una muy buena disposición para segundas entrevistas, en las que el vendedor puede llevar, por ejemplo, a un técnico especialista en la instalación del equipo que intenta vender. En este caso, la siguiente es, a nuestro criterio, la estrategia la más apropiada: el técnico se sienta en la posición B3, frente al cliente A. El vendedor puede ubicarse en posición **B2** (de colaboración) o **B1** (en ángulo). Eso le permite "estar del lado del cliente", y formular preguntas al técnico "en favor del cliente". Esa posición se conoce también como la de "trabajar con el cliente".

Posición competitiva-defensiva (B3)

La posición competitiva-defensiva tendrá que ser acompañada de manera coherente con otras comunicaciones, verbales y no verbales. Normalmente la sola ubicación crea un ambiente competitivo y transmite la idea de que se está a la defensiva, y eso puede llevar a cada participante a encerrarse en su punto de vista.

Esta posición es adoptada por las personas que compiten entre sí o cuando una reprocha algo a la otra. También establece la situación de superiorsubordinado cuando la entrevista se realiza en la oficina de A. Si lo que B desea es persuadir a A, la posición competitiva-defensiva disminuye la probabilidad de éxito, a menos que B se siente frente a A como parte de una estrategia planificada previamente.

Posición competitiva defensiva (B3)

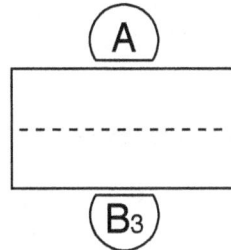

Por ejemplo, puede ser que A sea un gerente que debe reprender con severidad al empleado B. La posición competitiva reforzaría su actitud. También puede ser necesario para B hacer sentir a A que es superior, entonces se sienta *ex profeso* frente a A.

En el caso que un cliente adopte la posición A, al vendedor le conviene desarticularla mostrándole algo, como un libro o un folleto, colocándolo sobre la mesa, justo en el medio. Aquí pueden darse las siguientes situaciones:

Si se inclina hacia delante y observa, le está diciendo: "quédese en su lugar, no se mueva"; está estudiando la situación.

Si lleva el objeto hacia su campo, está admitiendo la posibilidad de que entre a su espacio personal. En este caso, rápidamente adopte la posición de negociación o la de colaboración.

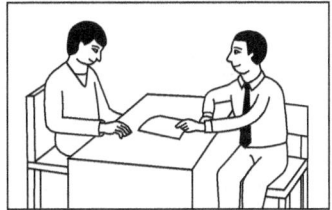

Si empuja el objeto hacia su territorio: ¡cuidado, hay problemas! Busque alternativas.

Lo invitamos a que, para comenzar, compruebe estas situaciones poniéndolas en práctica con un colega sin que él lo sepa.

Posición independiente (B4)

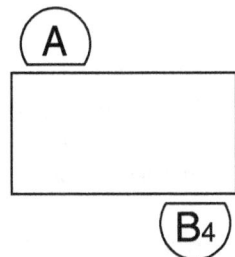

Posición independiente (B4)

Esta es la ubicación más distante, una posición de no diálogo, aislada. Es una situación que se observa frecuentemente en lugares como bibliotecas, bancos de plaza y restaurantes e indica falta de interés.

Si una de las personas traspasa la barrera territorial inconscientemente edificada, su actitud será considerada como de manifiesta hostilidad. Obviamente, esta es la posición menos indicada para un vendedor.

2.2.2. Posiciones en mesas rectangulares, redondas y cuadradas

En situaciones de negociación y ventas se comparten mesas con frecuencia. Por ello es conveniente conocer las influencias en la comunicación y el comportamiento que deriva tanto de la forma de estas como de la ubicación de las personas.

Mesa cuadrada

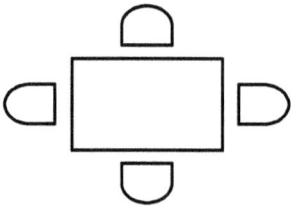

En las mesas cuadradas se establece una situación más formal, en la que se crean relaciones superior-subalterno o actitudes defensivas, si es que las personas que se reúnen tienen el mismo estatus.

Generalmente, se observa predisposición a una mayor colaboración de parte de quienes están a los costados respecto de quienes están enfrentados. Con respecto a las personas ubicadas a ambos costados, es posible lograr mejor colaboración de la que se encuentra a la derecha.

Mesa redonda

En la actividad comercial suele ser necesario contar con mesas donde, informalmente y en un ambiente expansivo, se comparta un café y se utilicen determinados tiempos para lograr una mayor capacidad de persuasión durante la negociación; de allí que se observa una preferencia por las mesas redondas para equipar despachos y comedores.

Las mesas bajas (ratonas) reducen aún más la formalidad y la división de campos, así como aumentan las posibilidades de una relación más cercana y estrecha. Por el mismo motivo, el escritorio tiende a ser cuadrado o ligeramente rectangular cuando se trata de conversaciones más formales o más breves, por ejemplo, para impartir órdenes y/o llamados de atención.

Mesa rectangular

En las mesas rectangulares es importante estructurar las ubicaciones a fin
de lograr la influencia máxima, lo cual
también depende de la existencia y
posición de puertas y ventanas.

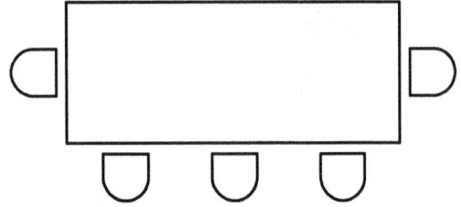

Por ejemplo, en una cena de negocios es importante tener en cuenta ciertos factores que, sin desmerecer la importancia de otros, pueden dar
mayores oportunidades de éxito. En primer término, es esencial generar un
ambiente sin tensiones, relajado y confortable, que ayude a que el interlocutor baje sus barreras defensivo-competitivas. Para ello, además de luz baja y
música suave, es conveniente que la mesa esté alejada de ventanas o puertas,
más aún si estas dan al exterior, al nivel de la calle.

Tamaño de los asientos y accesorios

Cuando visite a un cliente, tenga en cuenta que la altura del respaldo del
sillón es símbolo de mayor o menor estatus. A mayor altura, mayor sensación
de poder. Los sillones giratorios dan mayor predominancia que los fijos.

En todo proceso de comunicación existe una serie de gestos que indican
la actitud de escucha que el vendedor debe reconocer. Los siguientes son
algunos ejemplos:

3. Actitudes de escucha: análisis a través de los gestos

3.1. Evaluación

Cuando tenga oportunidad de presentar una idea particular y logre densidad
de atención en un grupo de personas, obsérvelas cuidadosamente y notará
algo fascinante. La mayoría se llevará una mano a la cara y comenzará a hacer gestos de evaluación. Luego, cuando termine su exposición, la mano se
colocará en la barbilla (algunos comenzarán a repasarla). Eso es una pista de
que están por tomar algún tipo de decisión.

En una reunión de ventas, el cambio de los gestos de evaluación por
otros es un indicio de que el cliente está por comenzar el proceso de cierre.
Los movimientos siguientes indicarán si las decisiones que va a tomar son

positivas o negativas en términos de si compra o no el producto o servicio.

Importante: el vendedor actuaría de manera irresponsable si hablara en el momento en que su interlocutor comienza a acariciarse el mentón. La mejor estrategia es la observación atenta de sus gestos, porque son ellos los que le indicarán la actitud a seguir. Por ejemplo, si se echa hacia atrás en el asiento y cruza los brazos y las piernas después de haberse acariciado el mentón, está diciendo claramente: "no".

Aburrimiento

Normalmente, los vendedores admiten estar a oscuras durante algunos momentos; por ejemplo, cuando el cliente habla poco mientras los observa. Por suerte, si el cliente hace algunos gestos llevando la mano a la mejilla o al mentón el vendedor puede tener un indicio sobre cómo le está yendo:

- Si el cliente comienza a apoyar la cabeza en la mano está dando señales de aburrimiento.
- Si trata de sostenerla pesadamente no hay ninguna duda (el grado de aburrimiento está en relación directa con la fuerza con que el brazo y la mano sostienen la cabeza).
- Si sostiene totalmente la cabeza con la mano, está completamente aburrido.

Dele la palabra ¡ya!, y termine cuanto antes la entrevista.

Desacuerdo

Cuando el cliente se cruza de brazos, es razonable suponer que hemos dicho algo con lo que no está de acuerdo, por lo que sería en vano continuar en la misma línea de argumentación.

El objetivo debe ser, entonces, averiguar la causa del cruce de brazos y provocar un movimiento hacia una posición más receptiva al mismo tiempo que se varía la argumentación, por ejemplo, alcanzándole un folleto, una lapicera o algo que lo obligue a liberar los brazos para tomarlo.

Tenga presente que no es conveniente efectuar la presentación del producto hasta que no se detecte por qué cruzó los brazos o, en todo caso, hasta que no se desbloquee la comunicación con alguna argucia que le haga descruzarlos.

4. Congruencia y eficacia

Todo mensaje emitido es una expresión de estados internos que se manifiestan a través de un conjunto de signos, tanto visuales como auditivos y kinestésicos. Si hay coherencia entre estos signos se transmite una imagen de autenticidad y sinceridad. Recuerde:

- Cuando todos los gestos de una persona apoyan su discurso y la expresión de la cara y las manos refuerzan el contenido, hay congruencia.
- Cuando el contenido del discurso se contradice con el tono de la voz y/o con los gestos que lo acompañan, se produce un malestar en la comunicación: hay incongruencia.

La incongruencia se observa con mucha claridad en varias situaciones de la vida cotidiana. Por ejemplo, en las campañas políticas la falta de sinceridad siempre se percibe. Por más que los candidatos estudien y memoricen la impostación de gestos para acompañar sus discursos, no pueden engañar. Lo mismo sucede diariamente en los centros comerciales, ya que las sonrisas de las vendedoras que no están contentas en su lugar de trabajo rara vez son creíbles.

4.1. Cómo modificar estados interiores para que haya congruencia

El trabajo de hacer congruente las expresiones debe dirigirse más bien a la causa (el estado interno), que al efecto (expresiones verbales, visuales o kinestésicas). Puede ocurrirnos que realmente no estemos bien por alguna circunstancia personal, pero debamos afrontar el día como si estuviéramos bien. Esto mismo le puede ocurrir a un cliente, y lo notamos apenas iniciamos una reunión. ¿Cómo cambiar estos estados internos negativos?

Por suerte, contamos con un conjunto de recursos que nos permitirán trabajar sobre nosotros mismos y también sobre nuestros clientes para la generación de estados positivos. A continuación, veremos algunos de ellos.

4.1.1. Situación de recurso y anclaje

Existen comportamientos que surgen de manera automática en determinados contextos, como sensaciones de estrés, temor, nerviosismo. Si bien en un principio pudieron tener justificación, no necesariamente son apropiados en todos los contextos.

Esto revela la existencia de condicionamientos que podemos aprovechar para provocar estados interiores convenientes a partir de informaciones visuales, auditivas y/o kinestésicas que nos ayudarán a remitirnos a situaciones positivas y a manejar adecuadamente determinados casos.

Esta metodología se denomina *anclaje*.

> **El anclaje es un fenómeno de asociación existente entre una información y un estado interior que se desencadena a partir de aquella.**

En realidad, de manera permanente tenemos anclajes de todo tipo, aunque en muchos casos los registremos en forma inconsciente. Por ejemplo, cuando observamos una fotografía del verano pasado en la playa, revivimos situaciones seguramente placenteras que constituyen un anclaje que modifica nuestro estado interior presente.

El objetivo pasa, entonces, por aprovechar la metodología del anclaje en dos sentidos: autoprovocarnos estados comunicacionales positivos[2] y, al mismo tiempo, intentar generarlos en el cliente. En este caso, ¿cómo hacemos?

Una de las técnicas consiste en recurrir a preguntas o abordar temas agradables, para lo cual es muy útil observar el ámbito en que nos recibe el cliente. Como casi todos los objetos y fotografías son **indicios relacionales** (indicadores de su personalidad o estilo de vida)[3], una imagen sobre un torneo de golf, por ejemplo, nos puede dar pie para dialogar sobre un tema que ablande la estructura defensiva (natural en alguien que prácticamente no nos conoce).

---

2 En la Parte IV de esta obra se desarrollan varias técnicas para mejorar el estado interior del vendedor.

3 Véase Parte II, Capítulo 2, apartado 2.1.

Otro recurso interesante es mencionar al referido o la persona que nos contactó. De esta manera, incorporamos desde el comienzo un nivel de trato hacia nosotros similar al que el cliente le dispensaría a quien nos ha presentado. Existen básicamente tres tipos de anclajes:

Anclaje visual

Se verifica cuando determinados estados interiores surgen a partir de la visualización de situaciones, gráficas o fotografías. La publicidad televisiva utiliza intensamente este tipo de anclaje para que el cliente asocie hechos agradables, situaciones placenteras o emociones con determinados productos y servicios. El vendedor debe recurrir a la misma técnica con los recursos que estén a su alcance.

Anclaje auditivo

Se vincula con asociaciones que se realizan a partir de sonidos y vocalizaciones. Por ejemplo, algunos vendedores relatan que es usual que en las empresas que visitan los llamen y reconozcan por el nombre de la marca que comercializan, por ejemplo, hoy viene "Carlos de Basf". Esta asociación puede ser utilizada con inteligencia en futuras presentaciones, empleando ellos mismos el nombre de la marca vinculándola fuertemente a su presencia. De esta manera, se induce un estado positivo en el cliente.

Anclaje kinestésico

Se vincula con la calidad de la sensación táctil y olfativa que experimente el cliente. Este tipo de anclaje es tan importante que normalmente conduce a estados interiores de aceptación o rechazo. Por eso es imprescindible la buena presencia, el perfume agradable, la firmeza en el momento de estrechar la mano y el respeto por el territorio del cliente.

> **Recuerde: la técnica del anclaje le permitirá generar el estado interior necesario para la entrevista tanto en usted como en su cliente.**
>
> • **En el plano personal le convendrá prepararse interiormente, por ejemplo, utilizando todos sus sentidos para revivir a través del pensamiento momentos en los que se ha sentido feliz, exitoso.**
>
> • **En lo relacionado con sus clientes el anclaje deberá ser inducido, para lo cual le convendrá crear su propio repertorio de técnicas que lo ayuden a lograr este objetivo.**

Síntesis

1. Estudie el tema de las barreras y bloqueos corporales para detectar si el cliente le está enviando un mensaje en ese sentido. ¿Cómo cruza los brazos y las piernas en diferentes momentos de la entrevista? Aplique lo que ha aprendido.
2. Infórmese sobre la procedencia de su cliente, detecte el tipo de distancia zonal admitida y póngala en práctica. No invada jamás la zona de seguridad de su interlocutor.
3. No pierda de vista las posiciones más adecuadas para vender en mesas rectangulares, redondas y cuadradas cuando la reunión se realice entre varias personas.
4. Esté atento a la presencia de gestos de evaluación, aburrimiento o desacuerdo. Intente cerrar la entrevista o redirecciónela en función de estas señales.
5. Actúe con congruencia: recuerde que cuando no hay sinceridad su interlocutor lo detectará. Si su trabajo no le gusta, cambie. La sonrisa forzada no engaña a nadie.
6. Utilice las técnicas de anclaje.

PARTE IV

DESARROLLO CEREBRAL
DEL VENDEDOR

El entrenamiento neurocognitivo, así como también la aplicación de herramientas destinadas al logro de autoliderazgo emocional, proporcionan enormes beneficios:

• Potencian las capacidades de comunicación intra e interpersonal.
• Contribuyen al desarrollo de habilidades para generar empatía.
• Mejoran las relaciones en el trabajo, el hogar y los ámbitos sociales.
• Desarrollan las relaciones con los clientes.
*• Enriquecen las relaciones con pares
y superiores.*
*• Mejoran las capacidades de atención, aprendizaje, memoria, concentración, planificación
y toma de decisiones.*
• Aumentan la velocidad en el procesamiento de información.
• Incrementan la seguridad y el bienestar del vendedor consigo mismo y con los demás.

Y, fundamentalmente:
lo ayudan a ser más feliz.

¡Comience hoy mismo!

Néstor Braidot

CONTENIDOS

1. DESARROLLO CEREBRAL DEL VENDEDOR: HACIA LA NEUROPLASTICIDAD AUTODIRIGIDA

2. ETAPAS EN EL ENTRENAMIENTO CEREBRAL DEL VENDEDOR

    2.1. Etapa 1: diagnóstico de la capacidad de autorregulación emocional

    2.2. Etapa 2: diagnóstico neurocognitivo

    2.3. Etapa 3: entrenamiento emocional

    2.4. Etapa 4: entrenamiento neurocognitivo

3. EN PRÁCTICA

    3.1. Modelos de ejercicios de entrenamiento emocional

    3.2. Modelos de ejercicios de entrenamiento neurocognitivo

4. PRÁCTICAS ASISTIDAS

1. Desarrollo cerebral del vendedor: hacia la neuroplasticidad autodirigida

Al abordar el tema de la neuroplasticidad[1], quedó claro que los seres humanos pueden desarrollar y fortalecer sus capacidades cerebrales durante toda la vida, de hecho, hay ancianos que sorprenden por su memoria y velocidad en el procesamiento de la información.

La mayoría de ellos son personas cuyo cerebro está permanentemente activo: les encanta experimentar con actividades nuevas (cursos, deportes, hobbies, incluso carreras universitarias), han aprendido a controlar el estrés y le prestan mucha atención a su alimentación. En esta parte de la obra, suministraremos ejemplos de las principales técnicas que se están implementando en la actualidad para que el vendedor se vaya familiarizando, practique y verifique la importancia de entrenar su cerebro.

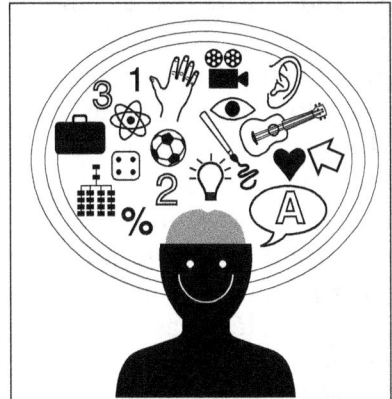

El potencial cerebral no depende de la cantidad y la variedad de células nerviosas con las que venimos al mundo, sino de lo que nosotros hagamos para multiplicar las conexiones que se generen entre ellas.

Esto significa que si en vez de dejar el cerebro a la deriva (como ocurre con el cuerpo cuando no hacemos ejercicios físicos) trabajamos en pos del desarrollo de su potencial, las redes neuronales se incrementarán y mejorará nuestro desempeño, tanto a nivel cognitivo como emocional.

2. Etapas en el entrenamiento cerebral del vendedor

Todo proceso de entrenamiento cerebral tiene básicamente cuatro etapas, que son las siguientes:

1. Diagnóstico de la capacidad de autorregulación emocional.
2. Diagnóstico neurocognitivo.
3. Entrenamiento para el autoliderazgo emocional.
4. Entrenamiento neurocognitivo.

El orden del entrenamiento (etapas 3 y 4) depende de lo que decidan el vendedor y su trainer. Por ejemplo, puede comenzar con un programa de entrenamiento neurocognitivo y continuar luego con el emocional, o viceversa. También puede optar por un programa que le permita combinarlos.

---

1 Véase Parte I, Capítulo 1, apartado 5.

Quienes decidan transitar por esas cuatro etapas serán sorprendidos, en un período mucho más breve de lo que imaginan, por sus enormes beneficios. Veamos en qué consiste cada una de ellas.

2.1. Etapa 1: diagnóstico de la capacidad de autorregulación emocional

Este diagnóstico es sumamente importante ya que un déficit en este sentido no solo afecta las capacidades de comunicación y relacionamiento del vendedor con su cliente, también interfiere en el desempeño de sus funciones ejecutivas.

Normalmente se utilizan varias técnicas, como el *biofeedback*, que mide los procesos del cuerpo a través de sensores que se colocan sobre la piel, y el *neurofeedback*, que brinda información sobre la actividad eléctrica del cerebro.

Estas técnicas se complementan con los test que permiten analizar cómo se encuentra anímicamente el vendedor, si está estresado o no, y cómo repercuten sus emociones en su desempeño intelectual.

2.2. Etapa 2: diagnóstico neurocognitivo

Se realiza en forma individual con el fin de conocer las capacidades cognitivas del vendedor, por ejemplo, cómo está su memoria, cuál es el nivel de atención, cómo razona. Luego se diseña el entrenamiento necesario y, posteriormente, se analiza cuánto ha progresado así como también los aspectos sobre los que deberá continuar trabajando. Los instrumentos que se utilizan han sido validados por estudios con neuroimágenes, por ello también es muy sencillo detectar cuál es la función cognitiva que está débil, para poder mejorarla.

2.3. Etapa 3: entrenamiento emocional

Las técnicas de autorregulación emocional son muy variadas y, en conjunto, proporcionan grandes **beneficios**, no solo para establecer mejores relaciones con los clientes, sino también, y fundamentalmente, para que el vendedor se sienta bien consigo mismo y viva en armonía con los demás. Entre los beneficios que generan estas técnicas podemos mencionar que:

- Mejoran el rendimiento neurocognitivo: atención, concentración, aprendizaje, memoria, planificación de las entrevistas, toma de decisiones.
- Aumentan los niveles de tolerancia ante clientes complicados.
- Disminuyen la ansiedad y el cansancio.
- Incrementan la resistencia al estrés.
- Mejoran el bienestar psicológico del vendedor.
- Contribuyen al desarrollo de la inteligencia emocional del vendedor.
- Enriquecen sus relaciones, tanto con los clientes como con pares y personas vinculadas a su ámbito familiar y social.

La mayoría de estas técnicas intentan neutralizar neurocircuitos que son muy resistentes, como los del mal humor o la negatividad (una verdadera amenaza para una gestión de ventas eficaz), y fortalecer otros, como los vinculados a la empatía, la creatividad, el placer y el bienestar.

2.4. Etapa 4: entrenamiento neurocognitivo

El entrenamiento neurocognitivo está destinado al desarrollo de capacidades cerebrales como el aprendizaje, la memoria y la velocidad de procesamiento de información.

Por ejemplo, un vendedor que necesite recurrir al papel para mantener on line la información relevante deberá ejercitar su memoria de trabajo, dado que no es aconsejable que tome nota en forma constante mientras dialoga con el cliente. Más aún, si le toca negociar con personas hiperactivas o muy ágiles mentalmente (típicas de la industria del software) deberá incrementar su velocidad de procesamiento y lograr una elevada capacidad atencional, de lo contrario no podrá seguirlas.

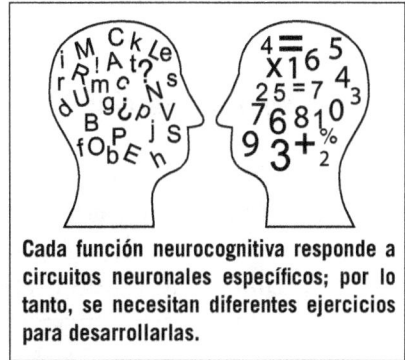

Cada función neurocognitiva responde a circuitos neuronales específicos; por lo tanto, se necesitan diferentes ejercicios para desarrollarlas.

Si tiene dificultades para recordar los rostros, se trabajará sobre ese sistema de memoria; si tiende a desconcentrarse, se profundizará en los ejercicios destinados a focalizar la atención, si nota que con el correr de los años le cuesta retener lo que estudia, se realizarán prácticas para mejorar el aprendizaje.

En realidad, todas las funciones cerebrales pueden mejorarse. Lo único que se necesita es voluntad para hacerlo con continuidad y constancia.

3. En práctica

Comenzaremos por los ejercicios destinados a la obtención de autorregulación emocional y continuaremos con los vinculados al desarrollo neurocognitivo.

Usted puede elegir el orden que prefiera, e incluso alternarlos. Para el entrenamiento neurocognitivo algunos ejercicios necesitan de un cronómetro. El objetivo es que usted pueda evaluar sus logros, tanto a partir de las prácticas que proponemos aquí como de las que podrá encontrar en la bibliografía especializada. En dos apartados los ejercicios le pedirán respuestas. Las hallará al final del presente capítulo.

PREPARACIÓN MENTAL DEL VENDEDOR

El entrenamiento físico consigue que el cuerpo esté preparado para una alta performance.

La preparación mental es similar.

3.1. Modelos de ejercicios de entrenamiento emocional

Cualquier hecho que nos desequilibre en el aspecto emocional actúa en un doble sentido. Por un lado, afecta las funciones ejecutivas del cerebro (principalmente la concentración y la memoria); por el otro, puede dañarnos el cuerpo, comprometiendo nuestra salud.

Liderar las emociones no quiere decir ignorarlas ni reprimirlas.

Significa reconocerlas y automonitorearlas, esto es, canalizarlas hacia la dirección más conveniente tanto para la gestión de ventas como para lograr una mejor relación con uno mismo y con su entorno.

Algunos vendedores comienzan con problemas que son controlables, como los estomacales, mientras que otros suelen alcanzar grados de estrés tan elevados que llegan a enfermarse.

Atendiendo a ambos temas, esto es, no solo a la eficacia en la gestión sino también al logro de una mejor calidad de vida, sugerimos al lector que le preste especial importancia al entrenamiento que proponemos en esta parte de nuestra obra.

Ya hemos dicho que constantemente la neurociencia confirma que es posible crear y fortalecer neurocircuitos asociados a emociones positivas y, al mismo tiempo, neutralizar aquellos que, por su naturaleza negativa, condicionan tanto nuestro desempeño como nuestro bienestar.

¡Manos a la obra!

Sonría, genere una actitud emocional positiva apenas abre los ojos

El cerebro necesita que sintonicemos en positivo a primera hora del día, por eso mi principal recomendación es que postergue lo más que pueda el instante en el que sintoniza el noticiero.

La risa provoca la activación del núcleo accumbens. Esto hace que el organismo segregue endorfina, lo cual favorece los procesos cerebrales de atención y comunicación.

Hay infinidad de aparatos, inclusive los móviles, que pueden programarse para un despertar agradable, por ejemplo, con música clásica (si es su estilo), rock (hay quienes aseguran que energiza) o la que prefiera.

Recuerde que la risa levanta el ánimo; consecuentemente, incrementa la creatividad y la lucidez mental. Es suficiente con estirar la comisura de los labios y sonreír mirándose al espejo apenas sale de la cama. Al principio le puede resultar extraño, incluso un poco tonto, sin embargo, pruebe y verá que con el correr de los días esta práctica cotidiana le cambiará el humor.

Genere sus propios espacios de relajación y concentración: aprenda a respirar

Básicamente, existen dos tipos de respiración, la torácica y la abdominal, o diafragmática. La respiración torácica se realiza expandiendo y contrayendo el tórax. La respiración diafragmática es más profunda, fundamentalmente porque permite un mayor ingreso de aire en los pulmones. Lo ideal es combinarlas:

Ejercicio de respiración completa

Cierre los ojos y continúe con los siguientes pasos (puede aprenderlos de memoria o bien grabarlos para autoguiarse durante el proceso):

1. Inhale lentamente, expanda el abdomen, luego el tórax y, por último, la parte superior de los pulmones.
2. Deje salir lentamente el aire en el mismo orden, permitiendo que el abdomen ceda mientras lo expulsa.
3. Exhale completamente, trayendo los músculos del abdomen hacia adentro.
4. Inhale otra vez en forma suave y lenta por la nariz, mientras distiende el abdomen. Puede complementar el ejercicio con imágenes mentales placenteras, por ejemplo, un lugar que le genere paz y tranquilidad. Lleve la respiración hasta el fondo de sus pulmones permitiendo que su pecho se expanda ligeramente sin que sus hombros se eleven.
5. Exhale despacio por la boca, mientras se concentra en los músculos del abdomen sin mover los hombros mientras lo hace. Puede realizar el ejercicio mental de expulsar de su interior aquello que lo incomoda o lo tensiona.
6. Repita estos pasos dos veces más.

Aplique las técnicas de visualización creativa

La efectividad de la visualización creativa también ha sido comprobada por las neurociencias. Como usted ya sabe, consiste en utilizar la imaginación para influir positivamente en el logro de determinados objetivos. Ahora vamos a experimentarla en profundidad.

Luego de relajarse por completo mediante la respiración, usted puede trabajar con representaciones mentales para inducir cambios emocionales positivos: recuerde que el cerebro no distingue entre lo real y lo imaginario.

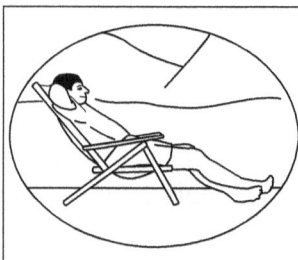

PRIMEROS PASOS HACIA EL AUTOLIDERAZGO EMOCIONAL

- Relájese.
- Haga un ejercicio de respiración completa.
- Recurra a la visualización creativa.
- Utilice todos sus sentidos.
- Genere un estado de ánimo positivo.
- Piense en positivo: recuerde que el lenguaje mental crea realidades.

Para visualizar puede crear su propio taller mental. Sugerencias: elija un lugar que le guste mucho, por ejemplo, una hostería en la montaña. Sumérjase en el agua cristalina del río que pasa por allí, "mire" los diferentes tonos de verde, "sienta" la temperatura sobre su piel, "escuche" el canto de los pájaros, pruebe el "sabor" del agua dulce, "sienta" el viento sobre su cabello o su piel. También puede disfrutar de un desayuno internacional (saboreando una por una las exquisiteces), descansar en una hamaca a la sombra de los árboles, tirarse al sol como una cigarra. Deje volar su imaginación. Lo importante es que logre el resultado que se propone con esta práctica: una sensación de bienestar, de placer.

Si le agrada, medite

La meditación fortalece los neurocircuitos de la concentración (lo cual influye en un mejor rendimiento de las funciones ejecutivas) y los de la empatía (que es fundamental durante la implementación del método de venta neurorrelacional). También es extraordinaria como técnica de relajación.

Una de las universidades pioneras en estudiar sus enormes beneficios es la de Wisconsin, en los Estados Unidos, donde se realizaron varios experimentos con monjes budistas mediante fMRI para verificar los cambios positivos que esta técnica milenaria produce en el cerebro.

Genere emociones positivas con el pensamiento toda vez que pueda

Usted se encuentra conduciendo o en el metro (en viaje hacia su trabajo) y mastica rabia debido a una situación que le generó un cliente insoportable. También puede suceder que piense en su jefe y ello lo ponga mal porque no le gusta cómo está actuando últimamente. En este caso:

> **Haga conscientes los malos pensamientos y reviértalos de inmediato.**

Sugerencias: reemplácelos por acontecimientos felices, placenteros, que no tengan que ver con ámbitos laborales (esto evitará que el pensamiento negativo encuentre un atajo por donde inmiscuirse). Piense, por ejemplo, en las personas que ama, en la última travesura de sus hijos, en el último partido que ganó (si es deportista), etc. Seguramente hay muchos episodios felices en su vida. Lo importante es que su cerebro reciba un mensaje como el siguiente: "me siento bien".

Cuando llegue a la oficina, las cosas le irán mucho mejor en la medida en que aprenda a realizar esta especie de gimnasia mental, y la practique cotidianamente. Recuerde que existen trucos sencillos para automonitorear las emociones, y uno de ellos es tomar conciencia de que hay pensamientos que nos abruman tanto que es imprescindible desplazarlos.

Potencie su sistema de percepción exterior

El vendedor debe entrenarse especialmente para percibir más y mejor, es decir, para captar más estímulos de los que capta de manera habitual en su plano consciente. Esto se logra con el tiempo, mediante prácticas que exigen concentración.

Para comenzar, busque un lugar cómodo y tranquilo, donde pueda relajarse y trabajar sin interrupciones.

a) Aumente su percepción visual

No importa dónde se encuentre, puede ser la oficina, su hogar, un parque. Lo importante es que pueda enfocar la atención tratando de percibir la mayor cantidad posible de imágenes. Hágalo utilizando las submodalidades de la percepción visual: forma, tamaño, color, sombra, luz, distancia, proporción, movimiento, ubicación, límites, profundidad... ¿Halló alguna más? Escriba la submodalidad y, al lado, los aspectos que conscientemente ha percibido.

b) Mejore su percepción auditiva

Preste atención a su entorno y trate de percibir por el oído la máxima cantidad de cosas que pueda, registrando las diferentes submodalidades de la percepción auditiva: volumen, timbre de voz, tonos, dirección (desde dónde vienen los sonidos), distancia (¿están lejos o cerca?)... ¿encontró alguna más? Escriba la submodalidad y, al lado, los aspectos que conscientemente ha percibido.

c) Enriquezca su percepción kinestésica (tacto, olfato, gusto)

Póngale atención a su entorno y trate de percibir aromas, texturas, sabores y sensaciones táctiles. Distinga las diferentes submodalidades de la percepción kinestésica: forma, tamaño, peso, textura, presión, temperatura, humedad, aromas, sabores. ¿Halló alguna más? Escriba la submodalidad y, al lado, los aspectos que conscientemente ha percibido.

Potencie su sistema de percepción interior

El vendedor neurorrelacional debe ser un experto en el arte de registrar lo que le ocurre internamente, e implementar procesos efectivos de auto-comunicación. Esta práctica le aportará importantes beneficios, como por ejemplo:

- Obtener un mejor estado comunicante[2].
- Aumentar su capacidad de generación de empatía[3].
- Adquirir mayor confianza en sí mismo[4].
- Establecer mejores relaciones consigo mismo y con los demás[5].

Por lo tanto:

> Cuanto mejor es la percepción interior, mayor es la capacidad de autoliderazgo emocional.

a) Aumente la percepción visual interior

Relájese, cierre los ojos y fije la atención en su interior. Evoque imágenes de personas, acontecimientos, objetos, rostros, lugares que haya visto anteriormente. Trate de percibir todas las submodalidades visuales que pueda: imagine, con lujo de detalles, luz, color, forma, aspecto, esto es, utilice todas las representaciones que se le ocurran o vayan surgiendo de manera espontánea.

b) Mejore la percepción auditiva interior

Nuevamente, cierre los ojos y relájese, ahora enfoque su atención en usted. Recuerde voces, diálogos, tonos, conversaciones. Enriquezca esta evocación con todas las submodalidades auditivas que pueda: ruidos, melodías, voces o cualquier otro que se emplace en su mente. Enriquezca esas evocaciones con la mayor cantidad de detalles y submodalidades que pueda.

c) Enriquezca la percepción kinestésica interior (tacto, olfato, gusto)

Otra vez en estado de relajación, ponga su atención interiormente. Evoque aromas, sabores, temperaturas, texturas. Enriquezca estos recuerdos con

---

2 Véase Parte III, Capítulo 1, apartado 1.1.
3 Véase Parte II, Capítulo 3, apartado 1.
4 Véase Parte II, Capítulo 1, apartado 1.1.
5 Véase Parte III, Capítulo 1, apartados 1.2 a 1.4 inclusive.

la mayor cantidad de detalles y submodalidades kinestésicas que pueda. Imagine cómo disfruta con la mayor cantidad de submodalidades que le resulte posible.

d) Agudice su capacidad de percepción en sus actividades habituales
Ejemplos:

* Sintonice un canal que emita películas en otro idioma y sin subtítulos (o utilice alguna que pueda comprar o descargar legalmente de internet).
Elija una que no haya visto.
Elimine el sonido por completo.
Trate de entender qué es lo que está ocurriendo a través de las imágenes visuales durante unos diez minutos, aproximadamente (puede repetir esta acción una vez si lo considera necesario). Luego, con sonido y subtítulos, verifique qué es lo que comprendió y lo que no.
* Utilice otra película, esta vez debe estar hablada en su idioma. Elimine la imagen o cierre los ojos. Intente comprender qué es lo que está ocurriendo a través de las voces y demás sonidos durante unos diez minutos aproximadamente (puede repetir esta acción una vez si lo considera necesario). Luego verifique qué es lo que entendió y lo que no.
* De vez en cuando, cierre los ojos y trate de registrar lo que ocurre a su alrededor. Puede hacerlo durante su viaje en el bus o en el metro, mientras se ducha o cuando se sienta en el jardín de su casa. En este caso, además de la auditiva, utilice la percepción kinestésica.

Visualice "como en el cine" sus metas realizadas

Comience por relajarse con la técnica que prefiera. Luego proyecte una película en la pantalla donde se vea a usted mismo logrando lo que desea. Por ejemplo, si lo que quiere es concretar la venta de la iluminación completa de un conjunto de edificios que están en construcción, visualice el momento en que firma el contrato. Incluya otros eventos y agrándelos: observe las abultadas cifras, disfrute de las felicitaciones de su jefe, "viva" la reunión en la que le anuncian un premio especial por el logro de semejante objetivo, "viaje" al lugar con el que siempre soñó.

Como siempre: **utilice todos sus sentidos. Incorpore, en forma consciente y proactiva, todo lo que desea que su cerebro asuma y registre como real.**

3.2. Modelos de ejercicios de entrenamiento neurocognitivo

Entrenamiento de la atención y el razonamiento

¿Qué número debe ir en la cabeza del tercer vaquero? Encuentre la respuesta al final del capítulo.

Entrenamiento de la memoria semántica

Por cada uno de los siguientes adjetivos relacionados con clientes con los que trata en forma cotidiana, escriba cinco sinónimos o términos que expresen aproximadamente lo mismo.

agradable   bellísima
insoportable   odioso
hiperactivo   incurable
femenina   desconfiado
agresivo   desatento

Ahora relate, mentalmente o sobre papel (como prefiera), un episodio que haya vivido con cada uno de los clientes que han merecido esos calificativo y explique por qué.

Entrenamiento de la memoria episódica

Narre sobre un papel las entrevistas que realizó durante los últimos tres días hábiles (contando desde ayer hacia atrás) con lujo de detalles: qué clientes entrevistó, a qué hora, con quién o quiénes estaban, en qué lugar, qué medio y qué camino eligió para ir, cuáles fueron los requerimientos y demás detalles de la reunión.

Utilice los cinco sentidos: vista, tacto, oído, olfato, gusto, por ejemplo: ¿cómo estaba vestido su cliente? ¿Cómo estaba decorada la oficina? ¿Qué le sirvieron para beber o comer? ¿Había música de fondo? ¿De qué tipo? ¿Qué le llamó la atención particularmente? Sea honesto con usted mismo: no recurra a su notebook o a algún *paper* donde haya tomado nota. Utilice únicamente su memoria.

Entrenamiento de la atención y la memoria de trabajo

En general, los compradores son ágiles para la aritmética mental. Prepárese para seguirlos con la misma metodología.

a) Realice las siguientes cuentas sin utilizar calculadora ni papel, registre el tiempo que le insumen:

Hora inicial: _____   Hora final: _____

84 / 3 =	19 x 4 =	18 x 3 =
85 - 14 =	13 + 52 =	35 x 3 =
90 / 3 =	17 - 4 =	29 + 12 =
8 + 18 =	17 + 9 =	15 + 2 =
28 / 4 =	11 - 3 =	7 + 9 =
22 - 7 =	35 - 3 =	19 - 6 =
32 / 8 =	17 + 5 =	15 - 3 =
38 - 3 =	54 + 13 =	77 + 24 =
72 / 6 =	16 + 4 =	15 x 5 =
2 + 7 =	4 x 8 =	7 x 2 =
28 - 5 =	17 x 3 =	72 / 24 =
98 / 2 =	96 x 2 =	14 x 4 =
23 + 45 =	98 - 5 =	12 + 34 =

Corteza prefrontal dorsolateral

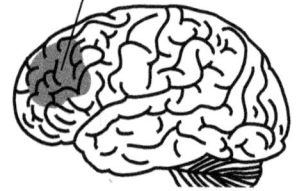

La memoria de trabajo se relaciona con una mayor activación de la corteza prefrontal, específicamente la región dorsolateral.

Si el cerebro de una persona es estudiado mientras realiza estos ejercicios, se observará un mayor flujo sanguíneo en esta zona.

b) Repita la experiencia con ejercicios similares e intente ir más allá, por ejemplo, utilizando un libro de matemáticas del secundario para resolver ecuaciones, largas operaciones con fracciones, etc. También le sugerimos que compre libros sobre matemáticas divertidos como el siguiente, que se encuentra en internet: http://www.sectormatematica.cl/librosmat/mat-divertida.pdf.

Le va a venir muy bien rememorar lo aprendido y, mucho mejor, incorporar cosas nuevas.

Entrenamiento de la memoria de corto plazo

Usted debe hablar con su jefe sobre la reunión que mantuvo hace dos horas con Charly Parker, gerente de compras de una constructora muy importante. El mencionado encuentro fue informal, ya que la intención de este cliente potencial fue tomar contacto para invitarlos a cotizar la iluminación de una obra de envergadura. No obstante, le dio bastante información.

    a) Léala atentamente una sola vez, como cuando lee el diario o un libro con mucha concentración:

1. Las especificaciones técnicas estarán listas para el 15 de julio de 2012, fecha en la que se llamará a licitación.
2. El edificio se construirá en la calle Perú 365 y tendrá ocho pisos y dos subsuelos. Cada piso tendrá aproximadamente 600 metros cuadrados. El segundo subsuelo funcionará como cochera y en el primero se construirá un salón destinado a eventos especiales.
3. En la planta planta baja estará la recepción en la que se ubicará la gente de seguridad. Se creará un sector especial para la exhibición de obras de arte. Detrás habrá un restaurante especializado en comida japonesa.
4. Los pisos 1, 2, 4 y 6 tendrán seis oficinas destinadas a alquiler.
5. El piso 5 ya se vendió a un instituto de capacitación. Tendrá una recepción, una oficina, dos baños y ocho aulas.
6. En el piso 3 se ubicará una compañía de seguros.
7. El piso 7 aún no fue vendido ni alquilado.
8. El piso 8 ya fue vendido a una compañía de servicios inmobiliarios.

Ahora anote sobre papel todo lo que recordó. ¿Cómo le fue?

    b) Repita este ejercicio realizando usted mismo la selección de textos. Lo ideal es que elija una o dos páginas sobre temas que no le interesen; por ejemplo, en mi caso, yo seleccionaría relatos de pescadores, noticias sobre torneos mundiales de bochas, una revista de costura o un libro sobre zoología. Estos ejercicios son muy efectivos para agilizar la memoria de corto plazo, ya que siempre tendemos a recordar mejor lo que nos interesa.

Inhibición de automatismos comportamentales

Comience a modificar muchas de las cosas que hace cotidianamente. Ello le ayudará a movilizar otras redes neuronales. Sugerencia:

- Utilice nuevos caminos para ir al trabajo.
- Intente utilizar la mano izquierda para lo que habitualmente hace con la derecha, como cepillarse los dientes o prender la luz cuando llega a su casa.
- Revise su ropa, ¿no es hora de cambiar? ¿Y su cabello?, ¿no le vendría bien probar con otra peluquería y, si se anima, con otro color?
- Si hace gimnasia tradicional, pruebe con la danza o las nuevas modalidades.
- Si le gusta la música, aprenda a tocar un instrumento. Si disfruta el baile, anótese en alguna academia.
- Elija un día al mes para hacer cosas diferentes a las que su cerebro está habituado.

Recuerde:

Combatir la fuerza de la costumbre es muy importante para la salud del cerebro.

Entrenamiento de las memorias operativa y semántica

Combinando de manera diferente las letras que dan forma a los siguientes términos, se pueden obtener palabras nuevas. Trate de encontrarlas apelando a su memoria de corto plazo. Recuerde que puede haber más de una, y que está permitido utilizar verbos y adjetivos, además de sustantivos.

abril:

alegre:

aparten:

cabello:

caber:

caros:

escape:

local:

tramar:

Memoria operativa, hemisferio izquierdo

Razone mentalmente y trace una línea entre cada cada cuenta y el resultado que le corresponde:

84 - (4 x 3)	1.124 / 2	1.134 - 87	86 - 7 + 700	65 x 3 x 4	99 + 15 - 3	34 + (90 x 2)	88 + 45 - 7
1.047	779	111	72	562	214	126	780

Controle con su calculadora, y de paso se ejercita para utilizarla con mayor rapidez.

Entrenamiento de la atención sostenida, la memoria de trabajo y el hemisferio izquierdo (orden, secuencia)

Con la mayor velocidad posible, complete la cuadrilla inferior (sin saltearse ningún casillero) con los símbolos que muestra el siguiente modelo, en el orden indicado y sobre todo... ¡sin distraerse!

β	2	^	Π	*

La memoria de trabajo está estrechamente ligada a la capacidad atencional.

El método de venta neurorrelacional exige una concentración extrema en todo lo que comunica el cliente, tanto a través de sus palabras como mediante una enorme cantidad de mensajes no verbales.

¿Cúanto tardó? ¿Tuvo demasiados errores? Repita esta práctica y otras similares que encuentre en la bibliografía especializada. Utilice un cronómetro y vaya evaluando sus progresos.

Entrenamiento de la memoria visual

Observe durante dos minutos estos objetos.

Ahora escriba las imágenes que recuerda.

Uno de los mejores ejercicios para entrenar este tipo de memoria consiste en recordar una serie de objetos durante un tiempo determinado y repetir la práctica con cierta constancia. Busque estos ejercicios en otros libros y practique. Con el tiempo observará extraordinarios resultados.

Atención y concentración

Marque con un círculo todos los números 4 que encuentre en la siguiente tabla. Utilice un cronómetro al comenzar y finalizar (son 14 en total).

Hora inicial: _____   Hora final: _____

1	4	5	6	9	8	7	5	6	9	0	8	5	3	5
7	8	5	6	8	6	9	0	8	7	6	6	3	8	5
6	7	8	2	8	2	1	3	8	2	4	5	8	9	7
9	8	0	4	7	6	8	5	4	3	8	2	4	5	8
6	5	1	8	5	6	5	8	9	0	2	3	4	8	1
1	4	5	1	0	9	8	5	6	4	8	7	6	5	2
8	2	4	3	1	4	5	6	8	0	5	4	8	0	9
2	3	7	8	2	8	9	0	4	5	8	7	6	5	8
1	2	3	9	6	3	4	1	2	7	5	2	3	4	1

Recuerde:

> **Prestar atención permite centrarse en un objetivo. Ello genera nuevas conexiones neuronales y fortalece otras ya existentes.**

Hay varias estructuras que intervienen en los sistemas atencionales, por ello, cuando los ejercicios apuntan al desarrollo de la atención, el cerebro aumenta su capacidad de concentración, generando un mayor potencial de aprendizaje, memoria y efectividad de las funciones ejecutivas.

Memoria de trabajo, hemisferio izquierdo

Realice los siguientes cálculos mentalmente

23 + 4 + 56 - 2 =	90 - 45 + 2 - 23 =	12 + 34 + 67 - 3 =
11 + 3 + 5 - 12 =	12 + 34 + 3 - 6 =	12 + 56 + 7 - 12 =
45 - 6 + 23 - 4 =	89 + 23 - 3 + 7 =	45 - 34 + 23 - 2 =
11 + 3 + 45 - 12 =	7 + 56 + 4 - 21 =	123 - 20 + 14 =

Controle con su calculadora; de paso, aumentará su velocidad de digitación.

Hemisferio derecho, creatividad

Convierta los siguientes círculos en imágenes de objetos o personas, según el ejemplo, o bien, utilizando más de una figura. No olvide tener a mano el cronómetro. Tiempo máximo: 2 minutos.

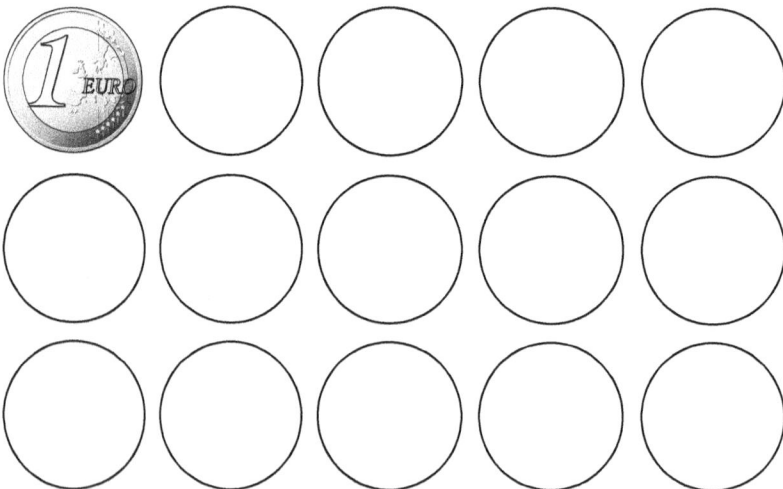

Fluidez verbal, memoria priming, hemisferio derecho

Con la mayor rapidez posible, escriba en forma horizontal palabras en singular y encadenadas por la última sílaba, según el siguiente ejemplo:

AMÍGDA**LA**				
LACRIMÓGE**NO**				
NOCIVO				

Capacidad visuoespacial, hemisferio derecho[6]

a) ¿Cuál de las cuatro piezas inferiores es necesaria para formar, junto con las cuatro piezas superiores, un círculo perfecto? Encuentre la respuesta al final del capítulo.

b) ¿Qué dado no puede construirse con esta plantilla? Encuentre la respuesta al final del capítulo.

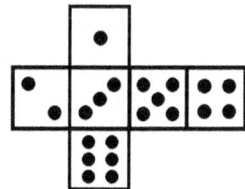

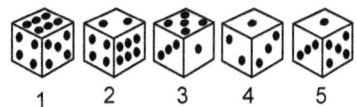

6   Tomados de Braidot, N., *Neuromanagement*, Ediciones Granica, Buenos Aires, 2007, Capítulo 16.

c) Observe durante unos segundos el dibujo de la izquierda y luego, sin mirar, reprodúzcalo en el lado derecho.

Memoria de trabajo, hemisferio izquierdo

Complete las siguientes series:

14	23	32															185

181	172	163															10

128	122	116															26

5	17	29															233

Memoria semántica, hemisferio derecho[7]

Asociaciones ilógicas: este ejercicio apunta a desarrollar su capacidad de reversibilidad del pensamiento, evitando respuestas lineales. Utilizando todos los sentidos, visualice las siguientes expresiones juntas y cree mentalmente una pequeña historia que las relacione:

calculadora - barba	pasta dental - cine	cristales - harina
pato - Madrid	chocolates - tenazas	muñeca - impresora
aros - árbol	pastas - rubio	verde - arroz
habano - horno	alfombra - banana	sombrero - jirafa

---

7 Tomados de Braidot, N., *Sácale partido a tu cerebro*, Ediciones Gestión 2000, Barcelona, 2011, Capítulo 16.

Ahora tape la tabla precedente y trate de recordar la expresión a la que estaba asociada:

calculadora -	pasta dental -	cristales -
pato -	chocolates -	muñeca -
aros -	pastas -	verde -
habano -	alfombra -	sombrero -

Repita el ejercicio al revés.

barba -	cine -	harina -
Madrid -	tenazas -	impresora -
árbol -	rubio -	arroz -
horno -	banana -	jirafa -

Neurocomunicaciones: sistema de representación comunicacional

Entrénese para descubrir si un cliente es preferentemente visual, auditivo o kinestésico. Escriba palabras o frases en las columnas correspondientes. La primera línea le servirá de ayuda.

Visual	Auditivo	Kinestésico
Pintoresco	Me suena raro	Suave

4. Prácticas asistidas

Estas prácticas se realizan en instituciones especializadas, siempre con la intervención de un entrenador. Pueden ser individuales (diseñadas a medida de las necesidades del vendedor) o grupales (son semiestandarizadas, se realizan en equipo y son sumamente efectivas ya que los participantes desempeñan actividades similares o compatibles).

Siempre se realiza un diagnóstico neurocognitivo y emocional[8] que permite evaluar cómo se encuentra el vendedor en cada uno de los aspectos que es necesario analizar y, posteriormente, se diseña el tipo de entrenamiento que necesita. Por ejemplo, una persona con muy buena memoria no deberá dedicarle mucho tiempo a las prácticas destinadas a mejorarla en comparación con otras que tengan debilidades en ese sentido.

A medida que el participante avanza, y tanto en lo neurocognitivo como en lo emocional, él mismo puede ir analizando su propia evolución. En función de los resultados obtenidos, su *trainer* diseñará los ejercicios que necesita. Este sistema es muy efectivo ya que las personas suelen bloquearse ante situaciones que parecen exámenes. Es preferible que manejen ellas mismas aparatos como cronómetros u otros instrumentos de medición y que informen con honestidad cómo les ha ido.

Con respecto al entrenamiento neurocognitivo, se suministran ejercicios diferentes de los que ya ha realizado el participante, pero que apuntan al mismo objetivo, por ejemplo, verificar si aumentó la velocidad en el procesamiento de información, si logró una mayor capacidad de atención luego de las prácticas, si puede retener mejor rostros, nombres, hechos (según el sistema de memoria entrenado y la intensidad y frecuencia de las prácticas).

En lo relacionado con el entrenamiento para el autoliderazgo emocional, normalmente se ponen a disposición de los participantes un conjunto de ordenadores con un software muy sencillo que les permite observar en gráficas muy simples los resultados de sus prácticas, por ejemplo, cuánto repercuten sus pensamientos, emociones y preocupaciones en su nivel de estrés con respecto a mediciones anteriores. Obviamente, la evaluación final está a cargo del trainer (siempre que el vendedor lo desee). Asimismo, todas las evaluaciones pueden ser realizadas por este, si el participante lo prefiere.

Como vemos, los programas de entrenamiento cerebral son flexibles y muy interesantes. Nuestra experiencia indica que prácticamente nadie se aburre o se dispersa con estas prácticas, sino todo lo contrario: la voluntad de

---

8 Véanse los apartados 2.1 y 2.2 en el presente capítulo.

sumergirse en este tipo de capacitación apasionante tiene enormes compen-
saciones, ya que los resultados se observan en el corto plazo, y no se reducen
a la profesión de vender.

Recuerde:

En el entrenamiento cerebral no hay un techo.

Hay una base de la cual se parte.

Todos podemos modificar nuestros circuitos cerebrales si trabajamos EN forma sistemática para mejorar nuestro rendimiento neurocognitivo, cambiar nuestra manera de pensar, comunicarnos y relacionarnos armónicamente con los demás y con nosotros mismos, cualquiera sea nuestra profesión o nuestro lugar en el mundo.

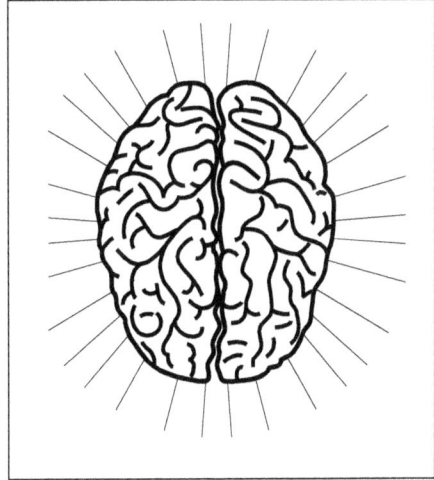

RESPUESTAS

Entrenamiento de la atención y el razonamiento

El número es el 7 (la suma de los números de los pies de los vaqueros
se resta de la suma de los números de las manos).

Hemisferio derecho, capacidad visuoespacial

a) La pieza es la número 2.
b) El dado es el número 3.

Bibliografía consultada

Aguilar, M., *El vendedor de élite*, Marcombo, Barcelona, 1994.

Albrecht, K., *Servicio al cliente interno*, Paidós, Buenos Aires, 1992.

Anderson S. *et al.*, *Humans Asociative Memory*, V.H. Winston, New York, 1973.

Anderson, J.R., *Language, Memory, and Thought*, Hillsdale, Erlbaum, New York, 1976.

Anderson, J.R., *The Architecture of Cognition*, Harvard University Press, Cambridge, MA, 1983.

Andreas, T. y Andreas, C., *La transformación esencial*, Gaia, Madrid, 1995.

Arieti, S., *La creatividad. La síntesis mágica*, Fondo de Cultura Económica, México, 1993.

Baddeley Alan D. *et al.*, *The Handbook of Memory Disorders*, John Wiley, Chichester, England, 1996.

Bandler, R. y Grinder, J., *La estructura de la magia*, Volumen 1, "Lenguaje y terapia", Cuatro Vientos, Santiago de Chile, 1980.

Bandler, R., *Use su cabeza para variar*, Cuatro Vientos, Santiago de Chile, 1994.

Baron Cohen, S., *La gran diferencia*, Alfaomega Grupo Editor, Barcelona, 2009.

Bartlett, Frederick C., *Remembering*, Cambridge University Press, New York, 1967.

Bateson, G. *et. al.*, *La nueva comunicación*, Kairós, Barcelona, 1984.

Baumgartner, T.; Esslen, M., y Jancke, L., "From emotion perception to emotion experience: Emotions evoked by pictures and classical music". En: *International Journal of Psychophysiology* 60, 2006, págs. 34-43.

Bear, M.F. y Connors, B.W., *Neurociencia, explorando el cerebro*, Masson Williams y Williams, Barcelona, 1995.

Bechara, A., y Damasio, A., "The somatic marker hypothesis: a neural theory of economic decision-making". En: *Games and Economic Behavior*, 52: 336-372, 2005.

Berlo, D., *El proceso de la comunicación*, El Ateneo, Buenos Aires, 1987.

Bourdieu, Pierre, *Sociología y cultura*, Grijalbo, México, 1990.

Braidot, N., *Venta inteligente*, Editorial Puerto Norte-Sur, Madrid, 2006.

Braidot, N., *Comunicación relacional en ventas*, Fundación OSDE, Buenos Aires, 1997.

Braidot, N., *Neuromarketing, neuroeconomía y negocios*, Editorial Puerto Norte-Sur, Madrid, 2005.

Braidot, N., *Neuromanagement*, Ediciones Granica, Buenos Aires, 2008.

Braidot, N., *Venta inteligente*, Editorial Puerto Norte-Sur, Madrid, 2007.

Braidot, N., *Neuromarketing en acción*, Ediciones Granica, Buenos Aires, 2011.

Braidot, N., *Sácale partido a tu cerebro*, Ediciones Gestión 2000, Barcelona, 2011.

Brizendine L., *El cerebro femenino*, Del Nuevo Extremo, Buenos Aires, 2007.

Brizendine L., *El cerebro masculino*, RBA Libros, Barcelona, 2010.

Buzán, T., *Cómo crear mapas mentales*, Urano, Barcelona, 2004.

Cardinali, D., *Manual de neurofisiología*, editado por el autor, Universidad Nacional de Buenos Aires, 2005.

Carrión López, S., *Inteligencia emocional con PNL*, Editorial Edaf, México, 2001.

Churchland, P.M., *Matter and Consciousness*, M.A. Bradford Press, Cambridge, 1984.

Ciaramicoli, A. y Ketcham K., *El poder de la empatía*, Ediciones Argentina, Buenos Aires, 2000.

Classen, C., *Worlds of Sense: Exploring the Senses in History and Across Cultures*, Routledge, London, 1993.

Cudicio C., *PNL y comunicación*, Ediciones Granica, Buenos Aires, 1992.

Cudicio, C., *Cómo comprender la PNL*, Ediciones Granica, Buenos Aires, 1991.

Cudicio, C., *Cómo vender mejor con la PNL*, Ediciones Granica, Buenos Aires, 1991.

Cytowic, R., *Synaesthesia: a Union of Senses*, Springer Verlag, New York, 1989.

Damasio, A., *En busca de Spinoza*, Crítica, Barcelona, 2006.

Damasio, A., *El error de Descartes: la razón de las emociones*, Andrés Bello, Madrid, 1999.

Dávila, J., "Percepción, ¿realidad o ficción?". En: http://www.encuentros.uma.es, Facultad de Ciencias de la Universidad de Málaga, 2007.

Davis, F., *La comunicación no verbal*, Alianza, Madrid, 1976.

Davis, K. y Newstrom J., *Comportamiento humano en el trabajo*, McGraw-Hill, México, 1991.

Davitz, H.J., *The Language of Emotion*, Academic Press, Londres, 1969.

Dilts, R., *Creación de los modelos con PNL*, Urano, Barcelona, 1999.

Dilts, R., *Cómo cambiar creencias con la PNL*, Sirio, Málaga, 2000.

Dispenza, Joe, *Desarrolla tu cerebro*, tercera edición, Palmira, Madrid, 2008.

Edwards, B., *Aprender a dibujar con el lado derecho del cerebro*, Urano, Barcelona, 1994.

Ehrenberg, M. y Ehrenberg, O., *Cómo desarrollar una máxima capacidad cerebral*, Edaf, Madrid, 1986.

Ekman, P. y Davidson, R.J., *The nature of emotions, Fundamental questions*, Oxford University Press, New York, 1994.

Gamon D., *Potencia tu fuerza mental: ejercicios para desarrollar las seis zonas de la inteligencia*, Susaeta, Madrid, 2003.

Gamon D. y Bragdon A., *Potencia tu fuerza mental*, Tikal, Madrid, 1992.

García Rodríguez, F., *El sistema humano y su mente*, Díaz de Santos Ediciones, Madrid, 1992.

Gardner, H., *Frames of mind. The theory of multiple intelligences*, Basic Books, New York, 1983.

Gathercole, S.E. y Baddeley, A.D., *Working memory and language*, Hove: Lawrence Erlbaum Associates, England, 1993.

Gawain, S., *Visualización creativa*, Sirio, Málaga, 1990.

Gawain, S., *Visualización creativa*, Aletheia, Buenos Aires, 1986.

Gerula, R., *Pensamientos, actitudes y salud*, Cristal, Buenos Aires, 1992.

Golberg, P., *Las ventajas de la intuición*, Diana, México, 1990.

Goldbert E., *El cerebro ejecutivo*, Crítica, Barcelona, 2004.

Goleman, D., *La inteligencia emocional*, Javier Vergara Editor, Buenos Aires, 1996.

Golombek, Diego, *Cerebro: últimas noticias*, Ediciones Colihue, Buenos Aires, 2004.

Greenfield, S., El poder del cerebro, Crítica, Barcelona, 2007.

Hall, E., *El lenguaje silencioso*, Alianza, Madrid, 1989.

Jáuregui J., Cerebro y emociones, Maeva Ediciones, Madrid, 1997.

Johnson, M., *The Body in the Mind: the Bodily Basis of Meaning, Imagination, and Reason*, University of Chicago Press, Chicago, 1957.

Kandel, E.; Jessell, T. y Schwartz, J., *Neurociencia y conducta*, Prentice Hall, Madrid, 1997.

Kandel, E., *En busca de la memoria: el nacimiento de una nueva ciencia de la mente*, Katz Editores, Madrid, 2007.

Knapp, M., *La comunicación no verbal, el cuerpo y el entorno*, Paidós, Barcelona, 1982.

Le Doux, Joseph, *The Emotional Brain*, Simon and Shuster, New York, 1996.

Lezak, Muriel *et al.*, *Neuropsychological assessment*, cuarta edición, Oxford University Press, Oxford, 2006.

Llinás, Rodolfo R., *El cerebro y el mito del yo*, Norma, Bogotá, 2003.

Masters, R., *Neurocomunicación*, Urano, Barcelona, 1996.

Maturana, H., *La realidad ¿objetiva o construida?*, Anthropos, México, 1996.

Mc Entee E., *Comunicación intercultural*, McGraw-Hill, México, 1998.

Monserrat, J., "El libre albedrío". En: http://www.tendencias21.net.

Nogués, Ramón R., *Sexo, cerebro y género*, Fundació Vidal i Barraquer, Paidós, Barcelona, 2003.

O'Connor, J. y Seymour J., *Introducción a la Programación Neurolingüística*, Urano, Barcelona, 1992

Oliverio, A., *La memoria, el arte de recordar*, Alianza Editorial, Madrid, 2000.

Ornstein, R., *La evolución de la conciencia; los límites del pensamiento racional*, Emecé, Barcelona, 1994.

Peace, Allan y Peace, Bárbara, *Por qué los hombres no escuchan y las mujeres no entienden los mapas*, Amat, Barcelona, 2001.

Pease A., *El lenguaje del cuerpo*, Sudamericana-Planeta, Barcelona, 1987.

Pitluk R. y Rao O., *El poder del propio pensar*, Troquel, Buenos Aires, 2004.

Puente, A., *Memoria semántica, teorías y modelos*, McGraw-Hill, Caracas, 1995.

Rubia, Francisco J., *El cerebro nos engaña*, Ediciones Temas de Hoy, Madrid, 2000.

Rubia, Francisco J., *El sexo del cerebro*, Ediciones Temas de Hoy, Madrid, 2007.

Silva, J. y Bernd, E. Jr., *El poder de la venta. El método Silva*, Editorial Vergara, Buenos Aires, 1992.

Soler, J. y Conangla, M., *La ecología emocional*, RBA Libros, Barcelona, 2007.

Springer, S.P. y Deutsch, G., *Cerebro izquierdo, cerebro derecho*, Gedisa, Barcelona, 2006.

Sternberg, R.J. y Detterman, D.K., *¿Qué es la inteligencia?*, Pirámide, Madrid, 1988.

Tournebise, T., *El arte de comunicarse*, Robin Book, Barcelona, 1996.

Uzcátegui, J.L., *Emociones inteligentes: el manual de la inteligencia emocional*, Litho Polar, Caracas, 1998.

Vallejo Nágera, A. y Colom Marañón, R., *Tu inteligencia: cómo entenderla y mejorarla*, Aguilar, Madrid, 2004.

Vincent, Jean-Didier, *Voyage extraordinaire au centre du cerveau*, Odile Jacob, París, 2007.

Watzlawick, P. *et al.*, *Teoría de la comunicación humana*, Herder, Barcelona, 1981.

Wilder, C., *Cómo vender sus ideas, productos y servicios*, Paraninfo, Madrid, 1991.

Zaltman, G., *Cómo piensan los consumidores*, Urano, Barcelona, 2004.

Zeki, S., *Una visión del cerebro*, Ariel, Barcelona, 1995.